古代歷史文化研究輯刊

二四編

王明蓀 主編

第 19 冊

中國五嶽嶽廟建築制度研究（下）

楊博 著

國家圖書館出版品預行編目資料

中國五嶽嶽廟建築制度研究(下)／楊博 著 -- 初版 -- 新北市：
花木蘭文化事業有限公司，2020〔民 109〕
目 6+212 面；19×26 公分
（古代歷史文化研究輯刊 二四編；第 19 冊）
ISBN 978-986-518-269-4（精裝）
1. 寺廟 2. 建築史 3. 建築物構造 4. 中國
618   109011145

ISBN-978-986-518-269-4

9 789865 182694

古代歷史文化研究輯刊
二四編 第十九冊   ISBN：978-986-518-269-4

中國五嶽嶽廟建築制度研究（下）

作 者 楊博
主 編 王明蓀
總 編 輯 杜潔祥
副總編輯 楊嘉樂
編 輯 許郁翎、張雅淋 美術編輯 陳逸婷
出 版 花木蘭文化事業有限公司
發 行 人 高小娟
聯絡地址 235 新北市中和區中安街七二號十三樓
電話：02-2923-1455 ／傳真：02-2923-1452
網 址 http://www.huamulan.tw 信箱 hml810518@gmail.com
印 刷 普羅文化出版廣告事業
初 版 2020 年 9 月
全書字數 246305 字
定 價 二四編 21 冊（精裝）台幣 62,000 元   版權所有‧請勿翻印

中國五嶽嶽廟建築制度研究（下）

楊博 著

目

次

上 冊

第 1 章 緒 論 ……………………………………………… 1

1.1 選題 ……………………………………………………… 2

1.2 研究對象與時間範圍 ………………………………… 3

　1.2.1 研究對象 ………………………………………… 3

　1.2.2 研究時間範圍 …………………………………… 4

1.3 研究視角與研究方法的思考 ……………………… 5

　1.3.1 研究視角 ………………………………………… 5

　1.3.2 研究方法 ………………………………………… 5

1.4 文獻綜述 …………………………………………… 6

　1.4.1 1949 年以前的史料文獻 ……………………… 7

　1.4.2 五嶽嶽廟相關研究的現狀綜述 ……………… 7

1.5 研究架構 …………………………………………… 12

第 2 章 中國五嶽的祭祀制度 ……………………… 15

2.1 中國五嶽的崇拜與祭祀 …………………………… 15

　2.1.1 中國五嶽崇拜的起源 ………………………… 16

　2.1.2 中國五嶽的歷史變遷 ………………………… 20

2.2 五嶽祭祀制度的確立與祭祀方式 ……………… 24

　2.2.1 五嶽祭祀制度的起源與發展 ………………… 24

　2.2.2 五嶽祭祀方式 ………………………………… 25

　2.2.3 五嶽祭祀的場所及嶽廟的產生 ……………… 29

2.2.4 五嶽祭祀地方管理制度 ················30

2.3 五嶽祭祀制度產生的影響 ················32

2.3.1 五嶽祭祀的等級 ················33

2.3.2 五嶽祭祀的政治影響 ················36

2.3.3 五嶽祭祀的經濟影響 ················40

2.3.4 五嶽祭祀的宗教影響 ················42

2.3.5 五嶽祭祀的文化影響 ················46

2.4 本章小結 ················49

第 3 章 五嶽嶽廟的選址與環境 ················51

3.1 五嶽嶽廟與各自所在山嶽的關係 ················52

3.1.1 岱廟與東嶽泰山 ················52

3.1.2 南嶽廟與南嶽衡山 ················55

3.1.3 西嶽廟與西嶽華山 ················57

3.1.4 北嶽廟與北嶽恒山 ················60

3.1.5 中嶽廟與中嶽嵩山 ················65

3.1.6 小結 ················68

3.2 五嶽嶽廟與各自所在城市的關係 ················69

3.2.1 五嶽嶽廟與當地城市空間位置關係 ····70

3.2.2 五嶽嶽廟與當地城市基址規模的比

較研究 ················76

3.2.3 五嶽嶽廟對城市的影響 ················79

3.2.4 小結 ················85

3.3 本章小結 ················87

第 4 章 五嶽嶽廟的歷史沿革 ················89

4.1 岱廟的歷史沿革 ················89

4.1.1 岱廟的創建與發展時期 ················92

4.1.2 岱廟的增擴與隆崇時期 ················101

4.1.3 岱廟的全盛與穩定時期 ················115

4.1.4 小結 ················127

4.2 南嶽廟的歷史沿革 ················127

4.2.1 南嶽廟的創建與發展時期 ················131

4.2.2 南嶽廟的全盛與穩定時期 ················133

4.2.3 小結 ················135

4.3 西嶽廟的歷史沿革 ················136

　　　4.3.1　西嶽廟的創建與發展時期 ················ 138
　　　4.3.2　西嶽廟的全盛與穩定時期 ············ 143
　　　4.3.3　小結 ···································· 145
　4.4　曲陽北嶽廟的歷史沿革 ······················ 145
　　　4.4.1　曲陽北嶽廟濫觴之探討 ············ 148
　　　4.4.2　曲陽北嶽廟的全盛與穩定時期 ······· 148
　　　4.4.3　小結 ···································· 150
　4.5　渾源北嶽廟的歷史沿革 ······················ 150
　　　4.5.1　渾源北嶽廟的創建與發展時期 ······· 150
　　　4.5.2　渾源北嶽廟的全盛與穩定時期 ······· 152
　　　4.5.3　小結 ···································· 154
　4.6　中嶽廟的歷史沿革 ·························· 154
　　　4.6.1　中嶽廟的創建與發展時期 ············ 154
　　　4.6.2　中嶽廟的全盛與穩定時期 ············ 157
　　　4.6.3　小結 ···································· 160
　4.7　本章小結 ···································· 160
第 5 章　五嶽嶽廟基址規模的尺度分析 ············ 165
　5.1　岱廟基址規模的尺度分析 ···················· 166
　　　5.1.1　宋、金、元 ······················ 167
　　　5.1.2　明、清 ···························· 168
　5.2　南嶽廟基址規模的尺度分析 ················ 170
　　　5.2.1　宋、金、元 ······················ 171
　　　5.2.2　明、清 ···························· 172
　5.3　西嶽廟基址規模的尺度分析 ················ 173
　　　5.3.1　南北朝 ···························· 173
　　　5.3.2　隋、唐 ···························· 173
　　　5.3.3　宋、金、元 ······················ 176
　　　5.3.4　明、清 ···························· 177
　5.4　曲陽北嶽廟基址規模的尺度分析 ············ 185
　　　5.4.1　明 ································ 186
　　　5.4.2　清 ································ 191
　5.5　中嶽廟基址規模的尺度分析 ················ 192
　　　5.5.1　宋、金 ···························· 192
　　　5.5.2　明、清 ·························· 194

5.6 五嶽嶽廟的基址規模研究綜述 ·············· 197
　　5.6.1 嶽廟整體基址規模 ·············· 199
　　5.6.2 核心院落基址規模 ·············· 203
5.7 本章小結 ·················· 205

下　冊
第6章　五嶽嶽廟的建築布局與形制分析 ········· 207
6.1 岱廟建築布局與形制分析 ·············· 207
　　6.1.1 唐及唐以前 ·················· 209
　　6.1.2 宋、金、元 ·················· 210
　　6.1.3 明、清 ···················· 214
6.2 南嶽廟建築布局與形制分析 ·············· 234
　　6.2.1 唐及唐以前 ·················· 234
　　6.2.2 宋、金、元 ·················· 236
　　6.2.3 明、清 ···················· 242
6.3 西嶽廟建築布局與形制分析 ·············· 249
　　6.3.1 南北朝 ···················· 255
　　6.3.2 隋、唐 ···················· 255
　　6.3.3 宋、金、元 ·················· 256
　　6.3.4 明、清 ···················· 258
6.4 曲陽北嶽廟建築布局與形制分析 ··········· 264
　　6.4.1 唐及唐以前 ·················· 265
　　6.4.2 宋、金、元 ·················· 265
　　6.4.3 明、清 ···················· 266
6.5 渾源北嶽廟建築布局與形制分析 ··········· 272
　　6.5.1 明以前 ···················· 272
　　6.5.2 明、清 ···················· 274
6.6 中嶽廟建築布局與形制分析 ·············· 277
　　6.6.1 宋、金及宋以前 ··············· 278
　　6.6.2 明、清 ···················· 281
6.7 五嶽嶽廟的建築形制綜述 ·············· 287
　　6.7.1 廟前前部空間 ················ 292
　　6.7.2 四面蕭牆闕門、臺門之制 ········ 299
　　6.7.3 堞城、角樓之制 ··············· 301

6.7.4　中軸線重門之制 ⋯⋯⋯⋯⋯⋯⋯ 302

6.7.5　鐘鼓樓之制 ⋯⋯⋯⋯⋯⋯⋯⋯ 303

6.7.6　碑樓、碑亭之制 ⋯⋯⋯⋯⋯⋯ 304

6.7.7　中軸線其餘建築 ⋯⋯⋯⋯⋯⋯ 305

6.7.8　正殿核心廊院 ⋯⋯⋯⋯⋯⋯⋯ 308

6.7.9　御書樓之制 ⋯⋯⋯⋯⋯⋯⋯⋯ 320

6.7.10　東西兩路祭祀附屬建築 ⋯⋯⋯ 321

6.7.11　東西兩路行宮、座落、駐蹕亭之制 · 322

6.7.12　嶽廟宗教建築 ⋯⋯⋯⋯⋯⋯⋯ 324

6.7.13　嶽廟方位朝向問題 ⋯⋯⋯⋯⋯ 325

6.8　本章小結 ⋯⋯⋯⋯⋯⋯⋯⋯⋯⋯⋯ 326

6.8.1　五嶽嶽廟形制變遷綜述 ⋯⋯⋯ 326

6.8.2　五嶽嶽廟形制布局特點 ⋯⋯⋯ 327

第7章　結　論 ⋯⋯⋯⋯⋯⋯⋯⋯⋯⋯⋯⋯ 329

7.1　五嶽祭祀制度與國家統治 ⋯⋯⋯⋯ 329

7.2　五嶽嶽廟的基址規模和建築形制 ⋯ 330

7.3　五嶽嶽廟在國家祭祀建築中的等級 ⋯ 331

7.4　值得深入的問題 ⋯⋯⋯⋯⋯⋯⋯⋯ 331

參考文獻 ⋯⋯⋯⋯⋯⋯⋯⋯⋯⋯⋯⋯⋯⋯ 333

致　謝 ⋯⋯⋯⋯⋯⋯⋯⋯⋯⋯⋯⋯⋯⋯⋯ 353

附錄A　中國五嶽祭祀歷史沿革記錄 ⋯⋯⋯ 355

A.1　東嶽泰山祭祀沿革 ⋯⋯⋯⋯⋯⋯⋯ 355

A.2　南嶽衡山祭祀沿革 ⋯⋯⋯⋯⋯⋯⋯ 366

A.3　西嶽華山祭祀沿革 ⋯⋯⋯⋯⋯⋯⋯ 370

A.4　古北嶽大茂山祭祀沿革 ⋯⋯⋯⋯⋯ 377

A.5　北嶽恒山祭祀沿革 ⋯⋯⋯⋯⋯⋯⋯ 381

A.6　中嶽嵩山祭祀沿革 ⋯⋯⋯⋯⋯⋯⋯ 383

附錄B　中國五嶽嶽廟歷代重修記錄 ⋯⋯⋯ 387

B.1　岱廟歷代重修記錄 ⋯⋯⋯⋯⋯⋯⋯ 387

B.2　南嶽廟歷代重修記錄 ⋯⋯⋯⋯⋯⋯ 396

B.3　西嶽廟歷代重修記錄 ⋯⋯⋯⋯⋯⋯ 401

B.4　曲陽北嶽廟歷代重修記錄 ⋯⋯⋯⋯ 406

B.5　渾源北嶽廟歷代重修記錄 ⋯⋯⋯⋯ 412

B.6　中嶽廟歷代重修記錄 ⋯⋯⋯⋯⋯⋯ 414

第 6 章　五嶽嶽廟的建築布局與形制分析

本章為五嶽嶽廟建築布局形制與其相應的禮制等級關係的研究專題。由五嶽嶽廟的相關規制出發，按年代分為三個階段：唐及唐以前、宋金元時期以及明清時期，分別對五嶽嶽廟的建築制度進行文獻梳理和比較分析，主要從建築群不同時期的布局形制變遷、處於不同位置的建築單體形制分析以及嶽廟建築形制等級等三方面著手進行研究。

通過以下研究，試圖闡明五嶽嶽廟這一五嶽祭祀建築群等級形制之間的整體關聯，找出五嶽嶽廟特有的建築形制特點和規律，以此更深入的理解國家政治格局和禮制等級約束下的嶽廟建築群的整體狀況。

傅熹年先生在其著作《中國古代城市規劃、建築群布局及建築設計方法研究》中對五嶽嶽廟的建築形制和基址規模進行了詳盡地分析，採用方格網的計量方法，將五嶽中的岱廟、南嶽廟、中嶽廟這三座保留宋代祠廟規制的嶽廟〔註1〕仔細比較，得出若干結論。本章將以此為對照，結合五嶽嶽廟最新的數據文獻，將西嶽廟和北嶽廟也一起進行匯總分析，以期得到更多新的成果。

6.1　岱廟建築布局與形制分析

岱廟現存山東省泰安市泰山腳下。傅熹年先生認為，岱廟現存規模是「北宋大中祥符五年（1012 年）左右形成的。雖金元以來歷經修繕，基本布局仍

〔註 1〕　傅熹年，《中國古代城市規劃、建築群布局及建築設計方法研究‧祭祀建築》，北京：中國建築工業出版社，2001 年，頁 35～44。

是宋代之舊。岱廟平面呈縱長矩形，東面外隆，稍不規整。廟四周繚以城牆，東西寬 236.7m，南北深 405.7m，四面各建城門，四角建二重角闕。其南面城門下開三個門道，左右各有掖門，三門並列，近於宮廷體制。」〔註2〕

圖 6.1　岱廟現狀測繪總平面圖

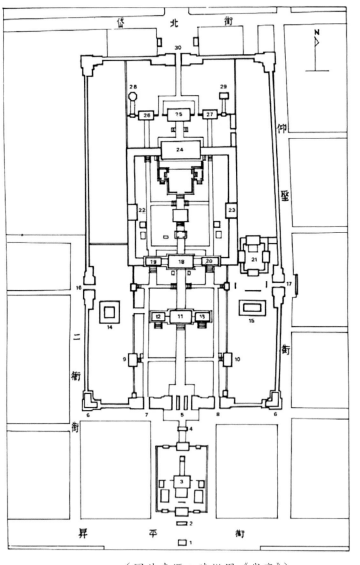

①雙龍池
②遙參坊
③元君殿
④岱廟坊
⑤正陽門
⑥角樓
⑦仰高門
⑧見大門
⑨延禧門
⑩炳靈門
⑪配天門
⑫太尉
⑬藏俵
⑭文物庫
⑮漢柏院
⑯西華門
⑰東華門
⑱仁安門
⑲神門
⑳神門
㉑東御座
㉒鼓樓
㉓鐘樓
㉔天貺殿
㉕正寢宮
㉖西寢宮
㉗東寢宮
㉘鐵塔
㉙金闕
㉚厚載門

（圖片來源：陳從周《岱廟》）

〔註2〕傅熹年，《中國古代城市規劃、建築群布局及建築設計方法研究‧祭祀建築》，北京：中國建築工業出版社，2001 年，頁 40。

6.1.1　唐及唐以前

　　有關岱廟或泰山廟的在唐以前建築形制的具體情況，目前基本上已不得其詳。根據前文章節對岱廟歷史沿革的分析，可對唐以前泰山東嶽廟的建築形制略窺一二。

　　關於泰山祠廟最初的建築形制，可能僅僅設壇，行柴望之禮，並無祠廟建築的設置，所以東嶽廟最初的形制究竟是壇壝之制還是廟堂之制，成為歷代禮官定禮爭論和後世文人著述修書的研究焦點。

　　明萬曆三十六年黃克纘《重修東嶽廟碑》中云：

>　　古者有事於山川，皆除地為壇。嶽廟之建或曰唐人為之。然開
> 元勒銘猶云，設壇場於山下，躬封燎於山上，則未有廟也。

>　　至宋大中祥符間，肇修封祀。躬款祠下，念唐封王爵，未足對
> 揚休應，遂偕五嶽咸升帝號，大修廟祀。宣和因之，益宏厥制，繚
> 牆外周，杲罳分翼，儼然帝者之居，實自宋也。〔註3〕

　　清康熙十七年施天裔《重修東嶽廟碑》載：

>　　岱宗長五嶽，為古帝王巡封柴望處，其載在《詩》、《書》、《史
> 傳》者已詳。登封有臺，肆覲有堂，記功德有碑，周、秦諸遺址，
> 歷歷可緒，至為廟以祀，莫詳所始。〔註4〕

　　說明，明清兩代官員抑或學者關於泰山祠廟的初創時期的形制都認為是壇壝之制，「除地為壇」才符合上古帝王巡封柴望之禮，廟堂建築的設置並不合於古制。

　　不過，漢代也曾有祭祀泰山君的建築存在，宋太宗太平興國八年李昉撰《太平御覽》引東漢末年《泰山記》中將其稱為泰山廟：

>　　《泰山記》曰，泰山廟在山南，悉種柏樹千株，大者十五六圍，
> 父老傳雲漢武所種，廟及東西房三十餘間，並高樓三處，春秋饗祀，
> 泰山君嘗在此壇。〔註5〕

　　由上可知，漢末年泰山祠廟建築已經初具規模，廟及東西房三十餘間，並高樓三處，比單純的壇兆豐富了很多。若以漢武所植柏樹千株，大者十五

〔註3〕黃克纘，《明萬曆三十六年重修東嶽廟碑》//唐仲冕，《乾隆岱覽》，清嘉慶十二年刻本。

〔註4〕施天裔，《清康熙十七年重修東嶽廟碑》//唐仲冕，《乾隆岱覽》，清嘉慶十二年刻本。

〔註5〕李昉等，《太平御覽》，卷三十九，上海：上海古籍出版社，2008年。

六圍來計，則其庭院的規模也一定相當宏大。

　　結合北魏酈道元《水經注》卷二十四《汶水》中引《從征記》中有關泰山廟的記載，可知在北魏之前，泰山腳下確已有廟祀之設：

　　　　奉高縣，漢武帝元封元年立，以奉泰山之祀，泰山郡治也。……，又合環水，水出泰山南溪，南流歷中下兩廟間。

　　　　《從征記》曰，泰山有下中上三廟，牆闕嚴整。廟中柏樹夾兩階。大二十餘圍，蓋漢武所植也。赤眉嘗斫一樹，見血而止，今斧創猶存。門合三重，樓榭四所，三層壇一所，高丈餘，廣八尺，樹前有大井，極香冷異於凡水，不知何代所掘，不常濬渫而水旱不減。庫中有漢時故樂器及神車木偶，皆靡密巧麗。又有石虎建武十三年，永貴侯張余上金馬一匹，高二尺餘，形制甚精。〔註6〕

　　這說明在北魏時，泰山祠廟已有上、中、下三廟，皆牆闕嚴整，可以得知三廟均有廟牆環繞，規制崇麗。下廟中柏樹夾兩階，大二十餘圍，後世研究岱廟濫觴的學者多認為，此東嶽下廟可能即為今之岱廟。〔註7〕與東漢末年泰山廟相比，柏樹在庭院中夾著中軸通道，同時由大者十五六圍長到大二十餘圍，可以看出泰山廟的發展延續性；在建築方面，由東漢末年的「廟及東西房三十餘間，並高樓三處」發展到北魏時期的「門合三重，樓榭四所，三層壇一所，高丈餘，廣八尺，」並有珍藏樂器貢品的庫房，由此看出，在這兩百多年間，泰山廟的基址規模和建築形制均在不斷地擴大之中。

6.1.2　宋、金、元

　　縱覽北宋一百多年間，有明確記載的增修東嶽廟的記錄有三：

　　第一次增修東嶽廟是在宋真宗大中祥符五年（1012 年）～六年（1013 年）之間。引《岱覽》卷六「宋大中祥符六年晁迴奉敕撰《大宋東嶽天齊仁聖帝碑》記其事曰：

　　　　封巒之後，復增謚號曰「仁聖天齊王」。……，復思嚴飾廟貌，彰灼威靈，責大匠之職，議惟新之制。……，規劃盡妙，樂勤忘勞，逾年而成，不愬於素。棟宇加宏麗之狀，像設貴端莊之容，凡所對

〔註 6〕酈道元，《水經注》，卷二十四，呼和浩特：遠方出版社，2007 年。
〔註 7〕清嘉慶《岱覽》卷六中所述：「伍緝之《從征記》中記載：泰山有下、中、上三廟，此蓋下廟也。」《岱覽》作者清代學人唐仲冕認為北魏時泰山下廟即今之岱廟也。清乾隆《泰山道里記》也認為，「按此廟蓋下廟也」。

　　越，肅恭逾至。四年春，舉汾陰后土之祀，……，特尊列嶽，咸加
帝號。由是奉升泰山之神曰「天齊仁聖帝」。乃命馳道之東偏，直宸
居之巽位，闢地經始，別建五嶽帝宮，以申崇尚之禮焉。……，遂
志勒石，遍立於五嶽廟庭，從近臣之議也。是歲冬，並命使介，分
詣諸嶽，……，越明年，詔五臣撰辭，各建碑於嶽廟。〔註8〕

　　這次修理「規劃盡妙，樂勤忘勞，逾年而成」，使得修整後的東嶽廟「棟
宇加宏麗之狀，像設賁端莊之容」。但文中「別建五嶽帝宮」之語值得探討，
對於東嶽廟來說，可能是擇地另建東嶽帝宮，也可能是重建東嶽廟使其達到
帝宮的等級，以申崇尚之禮。從曾肇所撰《東嶽廟碑》中「天子親奉玉檢，
登封降禪，禮成臨拜嶽祠，猶以為未足，又加天齊王以帝號，廟制祠具，與
次俱升。」〔註9〕得知宋真宗在封禪泰山之後立即重修東嶽廟的原因——東嶽
泰山王號升為帝號，廟制祠具與次俱升，以期達到其應有的祭祀建築等級。
毋庸置疑，大中祥符五年這次東嶽廟修建活動是對原有嶽廟進行增擴，使其
加封帝號後達到帝宮的崇祀之禮。

　　第二次是在哲宗紹聖四年（1097 年）～徽宗建中靖國元年（1101 年）之
間對東嶽廟大規模的修繕。事見《玉海》云，「哲宗元符三年修東嶽廟，命會
肇為碑，為殿三，曰嘉寧、蕃祉、儲祐矣。徽宗宣和而極盛，後災於金之大
定，戊戌再災。」〔註10〕同時，在《曲阜集》中引宋人曾肇奉敕撰《東嶽廟
碑》，其中詳細記錄這次修建的內容：

　　　　先是魯人相率出財，為正殿，重門，頗極壯麗，而他殿若門、
若廊制度庳隘，不足以稱。雖有囿遊而無亭觀，以待神御，乃因舊
益新。南為臺門，一曰太嶽，為披門二，曰錫符、錫羨。直太嶽為
重門二。曰鎮安、靈貺。東西北為門各一。曰青陽、素景、魯瞻。
中為殿三：曰嘉寧、蕃祉、儲祐、旁為殿堂二十有三、為碑樓四、
後為殿亭五、以臨池籜殿曰神遊。飛觀列峙，修廊周施，總為屋七
百九十有三區，繚以崇墉，表以雙闕，積工五十四萬有奇，用錢六

〔註 8〕晁迥、奉敕撰，《大宋東嶽天齊仁聖帝碑》//唐仲冕，《乾隆岱覽》，卷第六，
　　　　岱廟上，清嘉慶十二年刻本。
〔註 9〕曾肇撰，《曲阜集》，卷三 // 紀昀、永瑢等纂，《景印文淵閣四庫全書》，第一
　　　　一〇一冊，《集部》，四〇，《別集類》，臺北：臺灣商務印書館股份有限公司，
　　　　2008 年。
〔註10〕唐仲冕，《乾隆岱覽》，卷第六，岱廟上，清嘉慶十二年刻本。

千八百萬有奇，改作於紹聖四年六月，至今皇帝即位之明年，實建
中靖國元年十月告成，前詔翰林學士臣肇為之記。〔註11〕

可以看出哲宗朝這次擴建是因舊益新，經過四年的修治使得東嶽廟的規
模已有「屋七百九十有三區」〔註12〕，重門之制、中有三殿、碑樓殿亭、繚
以崇墉，表以雙闕，使其形制大備。

第三次為徽宗宣和年間又一次增修東嶽廟，並於宣和四年（1123 年）修
完，根據宣和六年宇文粹中所撰《重修泰嶽廟碑記》可知：

宣和四年九月，（1123 年），有司以泰嶽宮廟完成，奏功制
詔。……念唐開元始封王爵，禮加三公一等，未足以對揚休應，遂
偕五嶽咸升帝號。自是宮廟加修焉，獻加厚，……，增治宮宇，隙
牆外周，罘罳分翼，歸然如清都紫極，望之者知其為神靈所宅。凡
為殿寢堂閣門亭庫館樓觀廊廡，合八百一十有三楹。〔註13〕

這次的擴建使得東嶽廟達到歷史上最大規模，殿寢、堂閣、門亭、庫館、
樓觀、廊廡達到八百一十有三楹之多，較 22 年前的增修後的「793 區」還多
出了 20 間，由此可以看出，宋徽宗繼承了先祖崇祀泰山的傳統，將東嶽廟的
宮廟加修到了「神靈所宅」的宏偉宮廟。

金代雖是由北方游牧民族立國，但在對嶽鎮海瀆禮制的尊崇上，並不亞
於中原漢族王朝。金世宗大定二十一年（1181 年），「正月十二日，奉敕旨東
嶽宮，裏蓋來底，五大殿、三大門撰名。閏三月一日奏定：正殿曰仁安，皇
后殿曰蕃祉，寢殿曰嘉祥，真君殿曰廣福，炳靈王殿曰威明，外門曰配天，
東門曰晨暉，西門曰圓景。」〔註14〕

可知，大定二十一年修廟之中，金世宗親自為岱廟五大殿、三大門命名。
有關大定年間這次重修岱廟的具體情形從大定二十二年楊伯仁撰《大金重修
東嶽廟碑》即可得知：

彰德軍節度判官王元忠佐之，皆選能也。命馳驛以圖來上，入

〔註11〕 曾肇撰，《曲阜集》，卷三 // 紀昀、永瑢等纂，《景印文淵閣四庫全書》，第一
一○一冊，《集部》，四○，《別集類》，臺北：臺灣商務印書館股份有限公司，
2008 年。

〔註12〕 區、楹等皆為古時表示建築開間數目的量詞，見王貴祥等著，《中國古代建築
基址規模研究·上編》，北京：中國建築工業出版社，2008 年，頁 163～164。

〔註13〕 唐仲冕，《乾隆岱覽》，卷第六，《岱廟下》，清嘉慶十二年刻本。

〔註14〕 張瑋，《大金集禮》，卷三十四 // 《景印文淵閣四庫全書》，648 冊，臺北：臺
灣商務印書館，1983 年。

受訓誡，示之期約。且擇尚方良工偕往營之，出內帑錢以貫計者十有六萬，黃金以兩計者二百四十有六，及民之願出資呂助者幾十萬千，且運南都之材以足之，復詔其工役勿煩，吾民給以傭直，故皆悅而忘勞矣。二十一年辛丑冬告成，凡殿、寢、門、闈、亭、觀、廊、廡、齋、庫，雖仍舊制，加壯麗焉。詔謂：「格神之道，所貴致潔。」其當陽之像毋用漆塑，以涿郡白玉石為之。殿楹高敞，勿視蔽障，殿闥周□，設為儲胥，俾四方士民遠致奠獻者，皆遂其瞻禱之心，而無褻瀆之患。廟之西南隅舊設舍館，賓客往來皆止焉，郡吏時率倡樂以娛之，……，或終夜歡嘩。詔以「神靈靜謐之宅，豈可使之污漫如此。」即其地更置廟庫，俾門禁加嚴，蓋所以崇肅敬也。〔註15〕

這次重修岱廟金世宗親發內帑錢以修之，應為敕建東嶽廟之發端。同時，世宗命令負責重修官員將重建廟圖奉上，並告其工程竣工日期，均體現了這次修廟充分得到皇帝重視，「且運南都之材以足之」，推知這次重修可能使用了金南京開封汴梁宮殿的建築構件，因此這必然是一次大規模的修建活動，並使得重修後的岱廟建築單體可能帶有皇家建築特徵。待到二十一年修廟結束，雖仍舊制，加壯麗焉，「嶽廟殿廊共八百五十四間」〔註16〕，確實比宋徽宗宣和四年修完東嶽廟的規模還要宏偉壯闊，崇祀規制提高。正殿當陽之像，不用原來漆塑而以涿郡白玉石為之，使得泰山神像進一步崇高崇敬。在修廟中還取消位於廟中西南隅舍館，因其終夜歡嘩，不敬神靈，於其地更置府庫，門禁加嚴，以崇肅靜，這些又都說明了金世宗對東嶽祠廟莊嚴肅穆的祭祀氛圍的追求，以妥嶽靈。

元至正十三年杜翱撰《東嶽別殿重修堂廡碑》中的記載可總結泰山岱廟自唐至金增擴的沿革：

岱宗有祠，實自唐始，宋大中祥符肇建今祠，大其制，一如王者居。其殿宇、門觀、長廊、回閣，總八百一十有二楹，其內城西南隅有殿曰延禧，有堂曰誠明，繚以迴廊，別以庖湢，以待天子。

〔註15〕楊伯仁，《大金重修東嶽廟碑》//唐仲冕，《乾隆岱覽》，卷第六，岱廟上，清嘉慶十二年刻本。

〔註16〕張瑋，《大金集禮》，卷三十四//《景印文淵閣四庫全書》，648 冊，臺北：臺灣商務印書館，1983 年。「（大定）二十二年二月，兵部擬呈，嶽廟殿廊共八百五十四間，各設兵士三十人，依舊清衛指揮名稱，常穿日夜巡防，如有修造便充夫役，蒙批降。據請受錢糧招置分例，並於香火錢內支遣，餘並準行。」

行人銜王命以代祀者，至則奠香幣於殿，退齋於學，垂思儲精，卜
日涓吉，乃有事於東嶽天齊大生仁聖帝，示弗敢褻也。三百年來，
嶽祠再廢再作，金季俶擾，復毀於寇，唯斯殿與堂獨存。〔註17〕

這說明，泰山岱廟，肇自唐始，漢代泰山廟可能另在他址，宋大中祥符
年間增擴廟制，使之如王者居，奠定了岱廟建築規制的基調。經過有宋一代
的不斷修建，岱廟總建築規模共計八百一十多間，達到其修建歷史上的最大
建築規模。之後，宋、金、元戰亂不止，嶽祠屢廢屢建，金季俶擾，復毀於
寇，只剩下收奠香幣的延禧殿和作為齋堂的誠明堂尚存，與金人元好問所記
「客省及誠享殿」稱謂不同，分析其建築功能都為收貯祭祀用品，應為相同
建築，只是建築名稱不同。這樣岱廟在這數百年間的歷史沿革一目了然，宋
金時期的重修活動為岱廟今後的發展延續奠定了堅實的基礎。（表 6.1）

表 6.1　宋金時期岱廟總建築間數變遷

朝　代	修廟時間	具體描述	文獻出處
宋	紹聖四年	修廊周施，總為屋七百九十有三區，繚以崇墉，表以雙闕（793 間）	《曲阜集》中引宋曾肇《東嶽廟碑》
	宣和四年	凡為殿寢堂閣門亭庫館樓觀廊廡，合八百一十有三楹（812 間）	宋宇文粹中《重修泰嶽廟碑記》
金	大定年間	嶽廟殿廊共八百五十四間（854 間）	《大金集禮》

6.1.3　明、清

通過梳理文獻，發現明代岱廟的形制已經基本成型，天順時期城有四門
變為萬曆時期八座城門，東南方的誠享殿變為萬曆時的炳靈殿，其他附屬建
築更加完備，明代岱廟建築形制的變遷如表 6.2 所示：

表 6.2　明代岱廟建築布局形制變遷

年　代	嶽廟規制	文獻出處	備　註
天順五年	垣以磚城。城有四門。其中三殿，正曰仁安，東南曰誠享，西南曰延禧。	天順明一統志	東南為誠享殿，非炳靈殿
天順六年	殿宇、周廊、門觀、繚垣，悉皆完備，不陋於前，不侈於後。	重修東嶽廟碑	外有城牆、殿前有廊廡

〔註17〕杜翱，《東嶽別殿重修堂廡碑》∥汪子卿，《嘉靖泰山志》，明嘉靖三十三年刻
　　　　本。

弘治元年	具體廟制，詳見表 6.4。	泰安州志	
嘉靖四十二年	嘉靖丁未冬，嶽廟災。殿宇、廊廡以及賓館、宅居、門闈、樓觀蕩然一空，其僅存者，後寢三殿與炳靈、延禧二宮而已。	重修東嶽廟碑	確有後寢三殿、炳靈宮、延禧宮
萬曆甲申	其門有堞城為門者八，四角有樓，前有殿，後有寢，兩傍有廡，儼如王者居。	重修岱廟碑	城門有八
萬曆三十六年	計所繕治為正殿者一、為宮者三、為小殿者二、為樓者七、為亭者二、為門者十一、為城者百堞，以及齋房、步檐、神祠、客舍罔不修飾。	重修東嶽廟碑	
萬曆	具體廟制，詳見表 6.5。	岱史	

　　參考潘谷西先生《中國古代建築史（第四卷）元、明建築》中第三章壇廟建築「東嶽泰山岱廟」所附圖〔註18〕，可看出元明時期岱廟形制的變遷。

圖 6.2　元明岱廟建築形制比較圖

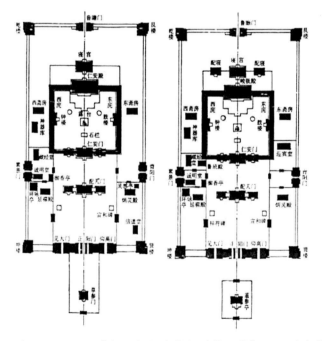

（圖片來源：潘谷西《中國古代建築史（第四卷）元、明建築》）

〔註18〕潘谷西，《中國古代建築史（第四卷）元明建築》，北京：中國建築工業出版社，2001 年，頁 138。

由上圖中可看出岱廟形制在元明時期稍有變化，具體建築形制變遷詳見表 6.3。

表 6.3　元明時期岱廟形制變遷

位　置	元	明
中　路	無東西配寢	增補
東　路	無迎賓堂及南側小門	增補
	東路南側，有靈感亭和信道堂	無
西　路	無魯班殿及南側小門	增補
遙參亭	遙參門	加以院牆，由附屬於廟變為自成一區

明弘治十二年，詔修東嶽廟〔註19〕，弘治 15 年的《孝宗御製重修東嶽廟記》記載其修廟過程：

> 宏治己未冬，敬承祖宗禮神之意，發內帑銀八千餘兩，並在廟積貯香錢，命山東鎮巡等官葺之。自壬戌冬，越明年夏，乃就。訖自三殿而下，若廊廡、若門垣等凡傾者以易，圯者以完，漫漶者以鮮以潔，金璧輝映，廟貌深嚴。〔註20〕

可知，弘治前後的岱廟的形制已經完備，結合弘治初年的《泰安州志》可知明中期岱廟的建築形制，如表 6.4 所示：

表 6.4　明弘治時期岱廟建築布局形制

位　置	區域	建築名稱	具體描述
蕭牆前		遙參亭	岱獄門正南有草參亭，前達通衢，亭有銅鏡一面。
		石闕	左石闕，右石闕
		燈樓	左燈樓，右燈樓
蕭　牆	牆	堞城	金大定間鼎砌磚城，周圍二里，高二丈。建四門，各有樓。

〔註19〕金棨，《光緒泰山志》，清光緒二十四年刻本重修，清嘉慶刻本。

〔註20〕《明孝宗弘御製重修東嶽廟記》//金棨，《光緒泰山志》，清光緒二十四年刻本重修清嘉慶刻本。

	門	南門	南曰岱嶽
		東門	東曰青陽
		西門	西曰素景
		北門	北曰魯瞻
	角樓	四角亦建樓	西北曰乾樓，東北曰艮樓，東南曰巽樓，西南曰坤樓。
蕭牆內	正殿前部	重門	
		碑亭	
	正殿區域	正殿門	
		正殿	中為正殿曰仁安，天順間知府陳銓改創今殿。
		後殿	後則廣福、威明
		寢殿	東寢、西寢
		正殿後其他殿	東閣、西閣、注祿、注福及諸神殿。
		鐘鼓樓	鐘樓、鼓樓具備
	其他		齋心、洗心堂、井亭、神庫具備。

（資料來源：明弘治元年《泰安州志》）

　　明嘉靖時期岱廟發生火災，損毀嚴重。「嘉靖丁未，廟災。僅存寢宮及炳靈、延禧二宮。」〔註 21〕於是嘉靖四十二年，地方官員請旨修廟。據嘉靖李欽《重修東嶽廟碑》云：「越十五年，壬戌始興修，凡數十月告成，經費皆藉香帛。董其事者，濟南同知翟濤，岱史所具碑略如此。」〔註 22〕

　　嘉靖時期重修之後的廟制，在嘉靖時期汪子卿撰《泰山志》〔註 23〕嶽廟圖中可以得到大致瞭解，此時遙參亭已經自成一區，岱廟堞城角樓完備，如圖 6.3 所示。

　　之後的萬曆朝對岱廟也進行了重修工程，萬曆版《岱史》〔註 24〕對其建築布局形制有詳細的描述，見圖 6.4 和表 6.5 所示。

〔註21〕李欽，《嘉靖四十二年重修東嶽廟碑》//唐仲冕，《乾隆岱覽》，卷第六，岱廟下，清嘉慶十二年刻本。

〔註22〕李欽，《嘉靖四十二年重修東嶽廟碑》//唐仲冕，《乾隆岱覽》，卷第六，岱廟下，清嘉慶十二年刻本。

〔註23〕汪子卿撰，周郢校證，《泰山志校證》，合肥：黃山書社，2006 年，頁 3。

〔註24〕查志隆，《萬曆岱史》，卷九，明萬曆刻本。

圖 6.3　明嘉靖岱廟建築形制圖

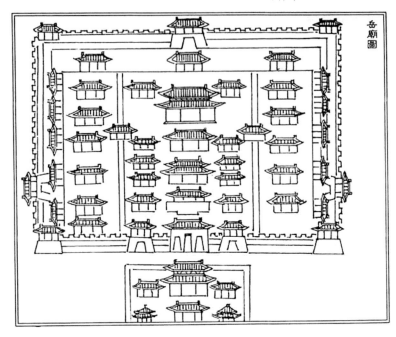

（圖片來源：嘉靖《泰山志》）

圖 6.4　明萬曆岱廟建築形制圖

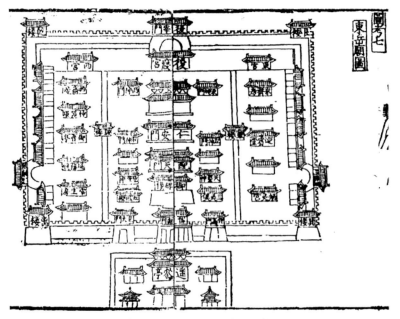

（圖片來源：萬曆《岱史》）

表 6.5　明萬曆時期岱廟建築布局形制

位　置	區域	建築名稱	具體描述
蕭牆前		遙參亭	廟前有亭，曰遙參亭，前為遙參門，門之前為御街，而實為廟之第一門也。舊榜曰草參門，門中有臺，臺上有亭，亭重簷四面十有六角，峻嶒綺麗；昔凡有事於嶽者，先拜於亭，而後入廟，故曰草參。
蕭　牆	牆	堞城	高二丈，周三里，城門有八，凡門各有樓。
	門	南門（五門洞）	南闕者五而正中曰岱廟門，東偏曰仰高門，西偏曰見大門。
		東華門	東闕者一曰東華門
		西華門	西闕者一曰西華門
		後載門（北門）	後闕者一曰後載門
	角樓	角樓亦四	東南曰巽樓，東北曰艮樓，西北曰乾樓，西南曰坤樓。
蕭牆內	正殿前部	重門	重門為配天門，配天門左為三靈祠，右為太尉祠。
		碑亭	碑亭三，其一當岱嶽、配天二門之間。
	正殿區域	正殿門	次為仁安
		正殿	再上為仁安殿。露臺東下聯屬者二。其規模宏侈，儼如王者居。
		穿殿	無
		寢殿	殿後為寢宮，宮左右為配寢
		殿前廊廡	殿前兩廡，
		鐘鼓樓	殿前兩廡之中為鐘、鼓樓，樓之後各為齋房
		碑亭	其二對峙於鐘、鼓樓側。三亭皆為國（明）朝御製碑建。
		殿前配景	殿前古松數十株，蟠結偃蓋，非他境所有。奇石玲瓏者九。
	正殿後部		無
	軸線東側	炳靈殿	祠前東廡別殿曰炳靈，炳靈殿前則漢柏。
		迎賓堂	在嶽祠東，有司宴主人、大賓客之所。
		齋房	鐘鼓樓之後各為齋房

軸線西側	延禧殿	祠前西廡別殿口延禧，延禧殿前則唐槐
	誠明堂	在嶽廟內之西延禧殿後，凡朝廷遣大臣有事於嶽者，居之。
	御香亭	在誠明堂後，凡朝廷遣使齋香於嶽祠，先置於亭，擇吉而後奠神，垣周石刻名人詩文。
	環詠亭	於御香亭西，周垣畝許，四面皆石刻古今人詩文，故名。有韓琦、蔡襄、范仲淹、歐陽修、石曼卿、蘇子美、林逋諸公題識種放會真宮詩，而放刻則湮沒不可見矣。
	齋房	鐘鼓樓之後各為齋房

（資料來源：萬曆《岱史》）

　　由上述文獻記載可知，明代是岱廟建築群發展承前啟後的重要時期，岱廟廟制基本完備，為之後清代的歷次重修打下堅實的基礎。清代康熙、乾隆二位帝王巡幸江南途經泰山，必來岱廟拈香祭告，具體祀典可見第二章中岱廟祀典的分析。岱廟在康熙初年震後的重建工程，奠定了現今遺存的基礎，之後還有數次重修，清代岱廟的建築布局變遷如表 6.6 所示。

表 6.6　清代岱廟建築布局形制變遷

年　代	嶽廟規制	文獻出處	備　註
康熙六年	東嶽廟在泰安州治西北隅，實嶽之南麓，前三門，門三塗，樓峙其前，神之居在五重，端冕秉圭一如帝者之儀。	重修泰安州東嶽廟碑	
康熙十年	與明萬曆時期基本一致，廟制詳見後表 6.7。	泰安州志	
康熙六年～十七年	廟制詳見後表 6.7、表 6.8、表 6.9。岱廟歷經兩次大修，第一次修好突遇地震，第二次歷經十年大修。	重修東嶽廟碑	創建岱廟坊、經堂、魯班殿
乾隆二十五年	廟制詳見後表 6.11。	泰安州志	創建三茅殿、環詠亭改為駐蹕亭

　　通過第四章對岱廟的歷史沿革分析，從康熙《泰安州志》〔註 25〕發現清康熙初年與明萬曆岱廟的建築形制基本一致，沒有大的變化，可見明末清初的戰亂並未對其造成大的影響，形制完備。（表 6.7）

〔註25〕任弘烈，鄒文郁續修，《康熙泰安州志》，清康熙十年刻本。

表 6.7　清康熙十年岱廟建築布局形制

位　置	區域	建築名稱	具體描述
蕭牆前		遙參亭	廟前有亭，曰遙參亭，前為遙參門，門之前為御街，而實為廟之第一門也。舊榜曰草參門，門中有臺，臺上有亭，亭重簷四面十有六角，峻嶒綺麗；昔凡有事於嶽者，先拜於亭，而後入廟，故曰草參。
蕭　牆	牆	堞城	高二丈，周三里，城門有八。
	門	南門（三門）	南闢者五而正中曰岱廟門，東偏曰仰高門，西偏曰見大門。
		東華門	東闢者一曰東華門
		西華門	西闢者一曰西華門
		後載門（北門）	後闢者一曰後載門
	角樓	角樓亦四	東南曰巽樓，東北曰艮樓，西北曰乾樓，西南曰坤樓。
蕭牆內	正殿前部	重門	重門為配天門，配天門左為三靈祠，右為太尉祠。
		碑亭	碑亭三，其一當岱嶽、配天二門之間
	正殿區域	正殿門	次為仁安
		正殿	再上為仁安殿。露臺東下聯屬者二。其規模宏侈，儼如王者居。
		寢殿	殿後為寢宮，宮左右為配寢
		殿前廊廡	殿前兩廡
		鐘鼓樓	殿前兩廡之中為鐘、鼓樓，樓之後各為齋房
		碑亭	其二對峙於鐘、鼓樓側。三亭皆為國朝御製碑建。
		殿前配景	殿前古松數十株，蟠結偃蓋，非他境所有。奇石玲瓏者九。
	軸線東側	炳靈殿	祠前東廡別殿曰炳靈，炳靈殿前則漢柏
		迎賓堂	在嶽祠東，有司宴王人、大賓客之所。
		齋房	鐘鼓樓之後各為齋房
	軸線西側	延禧殿	祠前西廡別殿曰延禧，延禧殿前則唐槐
		誠明堂	在嶽廟內之西延禧殿後，凡朝廷遣大臣有事於嶽者，居之。
		御香亭	在誠明堂後，凡朝廷遣使齋香於嶽祠，先置於亭，擇吉而後奠神，垣周石刻名人詩文。

	環詠亭	於御香亭西，周垣畝許，四面皆石刻古今人詩文，故名。有韓琦、蔡襄、范仲淹、歐陽修、石曼卿、蘇子美、林逋諸公題識種放會真宮詩，而放刻則湮沒不可見矣。
	齋房	鐘鼓樓之後各為齋房

（資料來源：康熙《泰安州志》）

　　清康熙朝對岱廟進行兩次大修，一是康熙六年至康熙七年，形制大備。然而，就在這次修繕工程竣工的康熙七年（1668年）六月，泰安發生大地震〔註26〕，剛剛修好的岱廟又一次遭遇極大地破壞。震後，泰安地方官府與當年積極重修岱廟，歷經十年，完成了岱廟歷史上規模最大的一次重修。由下表6.8和表6.9中可知康熙朝岱廟兩次大修之後岱廟的形制。

表6.8　清康熙七年岱廟地震後建築布局形制

位　置	區域	建築名稱	具體描述
蕭牆前		遙參亭	
蕭　牆	牆	堞城	彼時，周圍垣牆俱已坍塌
	門	南門（三門）	惟前面城上僅存五鳳樓三座，止存樑柱
		東華門	東華門並城上門樓僅存基址。
		西華門	西華門並城上門樓僅存基址。
		後載門（北門）	後載門一座，止存樑柱
	角樓	角樓亦四	四角樓僅存基址。
蕭牆內	正殿前部	重門	御碑樓、仁安門、配天門、三靈侯殿、太尉殿，瓦片、牆垣俱已攤（坍）塌，椽板俱已殘毀，其樑柱檁枋堪用者十分之三。
		碑亭	
	正殿區域	正殿門	
		正殿	大殿琉璃脊獸、瓦片、上層下層周圍椽板俱已毀壞，牆根俱已碎塌，檁枋俱壞大半，惟樑柱可用。

〔註26〕清康熙十年《泰安州志》卷一「康熙七年六月，……，泰安州十七日戌時忽有白氣衝起，天鼓忽鳴，地隨大震，聲如雷鳴，音如風吼，隱隱有戈甲之聲，或自東南震起，或自西北震起，勢若掀翻，樹皆仆地，食時方止。城垣房屋塌坍大半，城市鄉村人皆露處。……，泰山頂廟鐘鼓皆自鳴有聲……。」說明這次泰安州地震強度很大，城內房屋坍塌大半，《岱廟》也不得幸免。

		寢殿	後寢宮三座，瓦片、牆垣俱已攤（坍）塌，椽板俱已殘毀，其樑柱檁枋堪用者十分之三。
		殿前廊廡	廊房百間，止有二十三間僅存樑柱，其餘七十七間僅存基址。
		鐘鼓樓	瓦片、牆垣俱已攤（坍）塌，椽板俱已殘毀，其樑柱檁枋堪用者十分之三。
		碑亭	
		殿前配景	
	軸線東側	炳靈殿	炳靈宮一座，大門一座，僅存基址
		經堂	經堂五間俱已塌壞。（康熙六年重修岱廟，新加附屬建築）
	軸線西側	延禧殿	延禧殿一座，大門一座，僅存基址

（資料來源：康熙十七年《重修東嶽廟碑》、《重修岱廟履歷記事》）

　　康熙年間泰山地區的大地震對於剛修好的岱廟不啻為天災，多數建築損毀始盡。但是重修工程的官員和工匠重整旗鼓，於次年又一次重建岱廟，歷經十年，終將岱廟恢復到鼎盛時期的風貌，此番重建之後的岱廟廟制如表 6.9 所示。

表 6.9　清康熙十七年岱廟大修後建築布局形制

位　置	區域	建築名稱	具體描述
蕭牆前		遙參亭	
		岱廟坊	門前創建玲瓏石碑坊一座。（康熙十七年重修岱廟新加建築）
蕭　牆	牆	堞城	周圍城牆俱拆到地，刨添石根腳五行，俱用新磚灌漿壘至牆頂。
	門	南門（午門）	五鳳樓三座，俱將瓦片木料並牆拆卸到地，俱換新者。
		東華門	東華門並樓、西華門並樓，無根椽片瓦，俱如創新。
		西華門	
		後載門（北門）	後載門一座，俱將瓦片木料並牆拆卸到地，俱換新者。
	角樓	角樓亦四	四角樓，無根椽片瓦，俱如創新。

蕭牆內	正殿前部	重門	配天門
		碑亭	御碑樓俱將瓦片木料並牆拆卸到地，俱換新者
	正殿區域	正殿門	仁安門俱將瓦片木料並牆拆卸到地，俱換新者。
		正殿	次拆卸大殿，將碎壞殿牆俱易為石，其檁枋壞爛者，俱換新料；至於椽子、望板俱換，瓦片、脊獸盡另燒造。
		寢殿	後寢宮三座，俱將瓦片木料並牆拆卸到地，俱換新者。
		殿前廊廡	先派木作百人修廊房七十七間，木料磚瓦俱如創建，尚有二十三間僅存檁柱者，俱添換新料修葺。
		鐘鼓樓	鐘鼓樓，御碑樓俱將瓦片木料並牆拆卸到地，俱換新者。
		碑亭	
		殿前配景	
	軸線東側	炳靈殿	東宮門、炳靈宮
		迎賓堂	
		齋房	
		經堂	又創經堂五間、配殿二座。（康熙十七年重修岱廟新加建築）
	軸線西側	延禧殿	西宮門、延禧殿
		誠明堂	
		御香亭	
		環詠亭	又創環詠亭。（康熙十七年重修，岱廟新修建築）
		齋房	
		魯班殿	又創魯班殿。（康熙十七年重修岱廟新加建築）
其他工程		油漆、彩畫	闔廟殿宇，俱用金朱彩繪油漆，大殿內牆、兩廊內牆，俱用畫工書像。
		神龕	各殿神龕俱創作者
		甬道	自大殿東西兩邊，俱鋪新踴路至午門者。
		神像	南京請皇路聖像六十軸，鎖金法衣四身，北京鑄銅案一付，重三百斤。
	植樹工程	午門內	午門內栽柏樹八十五株，楊樹四十株，槐樹二十二株，白果樹二株。

	仁安門前	栽柏樹五十三株，槐樹十二株。
	大殿左右丹墀	栽柏樹五十九株，松樹四株，白果樹二株，楊樹五株，槐樹九株。
	後寢宮	栽柏樹三十一株，楊樹十八株，白果樹二株，槐樹二株。
	寢宮後	栽榆樹三百株

（資料來源：康熙十七年《重修東嶽廟碑》、《重修岱廟履歷記事》）

　　從上面表格中文獻中可知，岱廟的重修後的廟制與大修前基本保持一致，地震中損毀較重的殿宇都得到重建或者重修，殿內塑像、廟內樹木以及各種建築彩畫都得到很好的恢復，甚至超越以往。康熙朝的大修工程，還增建了幾座新的建築單體，如雕工精美的石製岱廟坊、經堂、配殿、魯班殿以及岱廟聞名遐邇的碑刻勝地——環詠亭。

　　之後，乾隆皇帝對岱廟更加重視，多次重修後，岱廟的廟制至此穩定下來。在已搜集到的地方志和泰山山志等各種歷史文獻中，可知乾隆朝對於岱廟廟制的記載有三個時間節點，分別是乾隆元年、乾隆二十五年和乾隆三十八年。由乾隆版《山東通志》〔註27〕中可知乾隆元年岱廟的廟制。（表 6.10）

表 6.10　清乾隆元年岱廟建築布局形制

位　置	區域	建築名稱	具體描述
蕭牆前		遙參亭	廟前曰遙參亭，又前曰遙參門，門之前為御街，宋東封警蹕之地，實廟之第一門也。門中有臺，亭在其上，亭重簷四面十有六角，凡有事於嶽者先拜於亭，而後入門，故又謂之草參亭。
蕭牆	牆	堞城	堞城高三丈，周三里，城有六門，凡門有樓
	門	南門（三門）	南闕者中曰嶽廟，左曰仰高，右曰見大
		東華門	東一門曰青陽，又曰東華
		西華門	西一門曰索景，又曰西華
		後載門（北門）	北一門曰魯瞻，又曰後宰

〔註27〕岳濬、法敏修，杜詔等，《山東通志》，清乾隆元年刻本。

	角樓		而角樓亦四。
蕭牆內	正殿前部	重門	由嶽廟門而上，二重門曰配天。配天門左為三靈祠，右為太尉祠。
		碑亭	碑亭三，其一當岱嶽、配天二門之間
	正殿區域	正殿門	三重門曰仁安
		正殿	內為仁安殿
		寢殿	房殿後為寢宮，左右曰配寢。
		殿前廊廡	正殿前兩廡
		鐘鼓樓	殿前兩廡之中為鐘鼓樓，樓之後各為齋
		碑亭	其二對峙於鐘、鼓樓側。三亭皆為國朝御製碑建。
		殿前配景	殿前古松數十株，蟠結偃蓋，非他境所有。奇石玲瓏者九。
	軸線東側	炳靈殿	左為炳靈殿，前有漢柏。
		迎賓堂	在嶽祠東，有司宴王人、大賓客之所。
		齋房	鐘鼓樓之後各為齋房
		經堂	經堂五間、配殿二座。（康熙十七年重修岱廟新加建築）
	軸線西側	延禧殿	右為延禧殿，前有唐槐
		誠明堂	在嶽廟內之西延禧殿後，凡朝廷遣大臣有事於嶽者，居之。
		御香亭	在誠明堂後，凡朝廷遣使齋香於嶽祠，先置於亭，擇吉而後奠神，垣周石刻名人詩文。
		環詠亭	於御香亭西，周垣畝許，四面皆石刻古今人詩文，故名。有韓琦、蔡襄、范仲淹、歐陽修、石曼卿、蘇子美、林逋諸公題識種放會真宮詩，而放刻則湮沒不可見矣。
		齋房	鐘鼓樓之後各為齋房
		魯班殿	魯班殿。（康熙十七年重修岱廟新加建築）

（資料來源：乾隆《山東通志》）

　　由上可見，乾隆元年的岱廟廟制與康熙大修後的基本一致，相差無幾。乾隆《泰山道里記》〔註28〕中有岱廟圖，成為記載乾隆時期岱廟建築形制珍貴的圖像資料。（圖6.5）

〔註28〕聶鈫，《光緒泰山道里記》，清光緒四年影印本。

圖 6.5　清乾隆岱廟建築形制圖

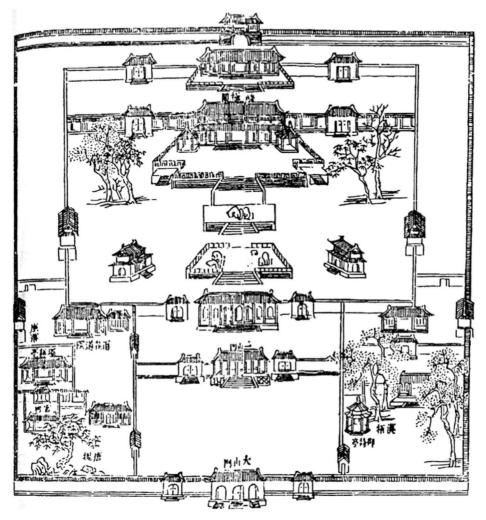

（圖片來源：乾隆《泰山道里記》）

　　之後，乾隆版《泰安府志》〔註 29〕中詳述了乾隆二十五年岱廟的建築布局形制，發現岱廟軸線西側變化較大，其中誠明堂和御香亭已廢，環詠亭獨特的文化氛圍使其成為乾隆帝在岱廟內的行宮，並於乾隆十二年擴建為帶有垂花門的獨立庭院。其具體建築形制如表 6.11 所示。

〔註29〕顏希深等，成城，《乾隆泰安府志》，清乾隆二十五年刻本。

表 6.11 清乾隆二十五年岱廟建築布局形制

位 置	區域	建築名稱	具體描述
蕭牆前		遙參亭	初為遙參門，門與城南門相直，其前舊為宋真宗警蹕之地，門北為遙參亭，亭一名草參，凡有事嶽者，先拜於亭而後入，是為入廟之始。 自前明於亭中置祀元君，亭與廟隔，輦路始不相通矣。
蕭　牆	牆	堞城	亭北為廟城，牆高三丈，周三里，凡門各有樓
	門	南門 （三門）	南五門，中為嶽廟門，左右為掖門。掖門左為仰高門，掖門右為見大門。
		東華門	東一門曰青陽，又曰東華
		西華門	西一門曰索景，又曰西華
		後載門 （北門）	北一門曰魯瞻，又曰後載
	角樓		而角樓亦四。
蕭牆內	正殿前部	重門	由中門而上，北為配天門，門之東為靈侯殿，門之西為太尉殿。
		碑亭	炳靈殿門外則有宋宣和修廟碑、延禧殿門外則有宋祥符加封碑。
	正殿區域	正殿門	又北為任安門，門前左右碑石林立，國朝御祭碑十四。
		正殿	又為仁安殿，今額曰峻極，其神即泰山。唐元宗加封為天齊王者也，宋真宗加封仁聖天齊帝，元世祖加封天齊大生仁聖帝，明興改稱東嶽泰山之神，今仍之。歷代及國朝東巡秩祀於此。
		寢殿	又北為寢殿，其神為東嶽夫人。宋真宗冊封淑明後。
		殿前廊廡	正殿前兩廡
		鐘鼓樓	兩廡之間為鐘、鼓樓
		碑亭	樓之前為左右碑亭二座
		露臺	又北為露臺，臺右有宋襄慶守錢伯言遊覽記碑一，明重修碑二。
		碑臺	碑臺四座，其在左者，金重修碑一、明告祭碑七、國朝告祭碑二。

			其在右者，宋天貺殿碑一、明修廟、告廟碑七、國朝康熙間十七年布政使施天裔、武舉張所存修廟碑一、又有石碑一，制若石塔，剝蝕無字，俗亦以無字碑名之。
		殿前配景	其中玲瓏石九，每石皆有獻石人題名，今多漫漶不能辨。
	軸線東側	炳靈殿	靈侯殿東為炳靈殿。後唐長興四年詔以泰山三郎為威雄將軍，即此宋真宗加封炳靈公，祀於別殿。 殿前有古柏，傳雲漢植。
		三茅殿	炳靈殿北為三茅殿，祀三茅真人，集仙傳所謂東嶽上卿，漢茅盈及弟茅固茅衷是也。
		迎賓堂	在嶽祠東，有司宴王人、大賓客之所。
		齋房	鐘鼓樓之後各為齋房
		經堂	經堂五間、配殿二座。（康熙十七年重修岱廟新加建築）
	軸線西側	延禧殿	太尉殿西為延禧殿，祀延禧真人。其中有古槐，傳云唐槐。
		誠明堂	亭前舊有誠明堂，為祭官齋宿之所，今亦廢。
		御香亭	亭左舊有御香亭，為收貯御香之所，今廢。
		環詠亭	駐蹕亭：一在岱廟內，即環詠亭。周垣深十一丈五尺，廣四丈五尺。南向亭三間，其南為垂花門，東西有兩角門，又南為大門，乾隆十二年修。 延禧殿北為環詠亭，周垣各嵌石刻，皆宋元明八題詠。
		齋房	鐘鼓樓之後各為齋房
		魯班殿	魯班殿。（康熙十七年重修岱廟新加建築）

（資料來源：乾隆《泰安府志》）

　　乾隆中後期的岱廟建築形制，在眾多泰山山志〔註30〕中都有詳細記載，乾隆三十八年是其重要的時間節點，與乾隆朝前期的廟制變遷點聚焦在岱廟軸線兩側，主要體現在一些附屬殿宇的毀圮和東路新建乾隆行宮座落及駐蹕亭。（表6.12）

〔註30〕轟釳，《光緒泰山道里記》：清光緒四年刊本影印，《中國方志叢書・華北地方（70）》，臺北：成文出版社，1968年；朱孝純，《乾隆泰山圖志》，清乾隆刻本；宋思仁，《乾隆泰山述記》，清乾隆五十五年刻本；金棨，《泰山志》，清嘉慶刻本；唐仲冕，《乾隆岱覽・總覽三》，卷六，卷七，清嘉慶十二年刻本；徐宗幹，《道光泰安縣志》，清道光八年刻版重修。

表6.12 清乾隆三十八年之後岱廟建築布局形制

位 置	區域	建築名稱	具體描述
蕭牆前		遙參亭	其制：初為遙參門，門與城南門相直。其前即宋真宗警蹕之地也。門外為臺，上起石坊，乾隆三十五年奉敕增修，額「遙參亭」三字。北為遙參亭，亭一名草參。凡有事嶽者，拜於亭而後入。是為入廟之始，自明人設元君像於亭中，遂與廟隔，不可通輦路矣。 廟前有遙參亭，昔凡有事於廟者，先拜於亭而後入，故名遙參。前為坊，坊北為殿，祀碧霞元君，兩廡翼之。
		岱廟坊	亭後為岱廟坊，康熙間布政使施天裔剏建。
蕭　牆	牆	堞城	北為廟城堞，繚以雉堞，方三里，高三丈，門八。如宮禁之制。
	門	南門（三門）	南闕者五，中為正陽，三十五年奉敕重建，額「岱廟」二字。東西兩掖門，東掖之東曰仰高，西掖之西曰見大。
		東華門	東一門曰青陽，又曰東華
		西華門	西一門曰索景，又曰西華
		後載門（北門）	北一門曰魯瞻，又曰厚載
	角樓		而角樓亦四。
蕭牆內	正殿前部	重門	由中門而上，北為配天門，其東為三靈侯殿，西為太尉殿。
		碑	炳靈殿門外則有《宋宣和宇文粹中撰修廟碑》 延禧殿門外則有《宋祥符晁迥撰加封禪》
	正殿區域	正殿門	配天門北為仁安門，門前有國朝（清）告祭碑十三，修廟碑一。之南為仁安門，東西便門。
		正殿	露臺北為峻極殿，即宋之天貺殿，九間重簷八角，祀泰山之神。 巍然中宅者，曰峻極殿。明《泰山志》曰，仁安殿；《泰山圖志》云，即宋之天貺殿。 殿九楹，廣十二筵，修絅三之一，四阿重筰，觚稜罘罳，亦五門，丹柱繪垣，欒櫨疊嶐，上覆黃瓦，中祀泰山之神像，設如帝者。
		正殿前御碑亭	有《御製岱廟詩》六首，並勒殿前東西碑亭。 殿前東西碑亭二，勒御製謁岱廟詩。 在峻極殿前，東西對峙，撫臣分亭勒石恭紀御製詩章。

	寢殿	後為寢宮，宮五間，宋大中祥符五年，冊封東嶽淑明后，今上額曰「權與造化」。東西曰配寢。 殿北為寢宮。廣如殿之九五。
	殿前廊廡	周以迴廊，各繪冥司善惡狀，形狀面目傳神，無一相同者，真丹青妙手也。
	鐘鼓樓	東廊中間為鼓樓、西廊中間為鐘樓
	碑亭	左右環立門內東西碑亭二。 露臺東西有碑樓二，東為御製重修岱廟碑，西則明太祖制改泰山封號碑也。
	露臺	北為露臺，臺之上屹然中立者曰扶桑石，挺然北向曰孤忠柏。
	東西二井	露臺東西雙井夾之，西井味尤甘美，有明州人李欽《古井記》。《朱之蕃詩》稱：「香井是也」。又有鐵桶二，大數抱，宋建中靖國元年造，奉符縣人李瓊《題記》。
	碑臺	碑臺四，其在東者《金大定楊伯仁撰重修廟碑》一，明告祭碑六，國朝（清）告祭碑五。御墨亭碑，今上《御製重修廟碑》一。 其在西者《宋祥符楊億撰天貺殿碑》一，明初《詔去封號碑》一、告祭碑五、天順間薛瑄撰修廟文並勒天貺殿碑，後面國朝康熙間施天裔修廟碑一，告祭碑一。又有石幢一，制最古，通蓋趺高可二丈八，面剝蝕無字，俗亦以無字碑呼之。而宋宣和襄守《錢伯言記遊碑》，碑陰勒明鄒宏文跋。嘉靖間李欽撰《修廟碑》及明代御祭各碑，悉為工人撤毀。
	殿前配景	中為石欄，欄內外怪石凡九，皆有題勒。 廟內階旁有古檜數十，蟠結枝枒，此即《從征記》所稱：「漢柏夾兩階者」。其餘翠柏森列，惟露臺西南二株倒垂如綴，皆施天裔修廟時所植也。
軸線東側	炳靈殿	三靈侯殿又東為炳靈殿。《文獻通考》：後唐長興三年，詔以泰山三郎為威雄將軍，即此。 大中祥符元年十月封禪畢，親幸加封，令兗州增葺祠宇。又於廟北壖建亭，名曰靈感。肖像一男一女，亭圮，移像於後寢宮，今乃建祀於此。
	漢柏圖碑亭	殿前漢柏六株，老幹扶疏，有明陳昌言《漢柏圖贊》，西北隅一株兩幹，乾隆二十七年御製《漢柏圖詩》，碑陰勒詩一首，並建亭於殿西。 炳靈宮內，古柏六株，黛色參天，霜皮□□，不數孔明廟前物也。御製漢柏詩以寵之，並為繪圖。撫臣勒石以誌，草木遭逢之幸，因建此亭。

		信道堂	其殿南乃木採明復初闢學館處,名為信道堂,並自為記。金黨懷英《魯雨先生祠碑》云:孫石雨先生講學舊館,為岱廟所併,猶名為柏林地,歲分施錢為養士之費,今則盡歸道士矣。
		三茅殿 迎賓堂	炳靈殿北舊為迎賓館,為侯主人之所。康熙間增置三茅殿,乾隆三十五年拓建駐蹕亭,改三茅殿於延禧殿。
		齋房	鼓樓後有東齋房,圯。
		經堂	經堂五間、配殿二座。(康熙十七年重修岱廟新加建築)
		岱廟座落	撫臣於青陽門內恭建行殿,爰闢西扉,以通岱廟焉。復於此恭構行殿數楹,皇上省方秩祀胥,於是乎愒適焉。乾隆三十五年建。殿東北青陽門內為皇上謁祠駐蹕之亭,舊祀東嶽上卿、三茅真人,今移延禧殿內。
	軸線西側	延禧殿	太尉殿又西為延禧殿,今並祀三茅於內。《集仙傳》所謂東嶽上卿漢茅盈,及弟茅固茅衷是也。殿前有元聖旨,泰定鼠兒年、至正猴兒年碑。及杜翱撰《東嶽別殿重修堂廡碑》,並亡。中階唐槐一株,古幹中劈,蔭覆半畝。有明甘一驥大書「唐槐」二字碑。
		誠明堂 御香亭	延熹殿北舊有御香亭,為收貯御香之所;有誠明堂,為祭官齋宿之所,並圯。
		環詠亭	西為環詠亭,四垣嵌歷代石刻百餘計,種放題跋其尤也。明萬曆間重建,乾隆十二年拓新之,今上東巡謁岱廟,四陟岱巔,嘗駐蹕於此。有《勒御製環詠亭詩》三首,勒亭壁。明萬曆間重修,乾隆十二年拓新。環詠亭:在岱廟西偏中,羅歷代遊人題詠,勒石四周,亭壁幾滿,撫臣因其舊址改建數楹,以供宸憩,仍存其名。
		藏經堂	北為藏經堂,內貯歷代經文典誥。
		魯班殿	東為魯班殿,殿前有乾隆三十五年內務府大臣劉浩齎帑《重修泰山神廟告竣題名碑》。
		神器庫	鐘樓後有神器庫,今亡。《從征記》曰:庫中有漢時故樂器及神車木偶,皆靡密巧麗,又有石勒,建武十三年永貴侯張余上金馬一匹,高二尺餘,形制甚精,不知亡於何時。
		齋房	神器庫北有西齋房,今並亡。
		雨花道院	清嘉慶《岱覽》岱廟上,但無具體描述。

　　在乾隆《泰安府志》〔註31〕和道光《泰安縣志》〔註32〕中都載有岱廟圖，形象地摹畫出這一時期岱廟的建築形制，如圖 6.6 中所示。

圖 6.6　清乾隆三十八年後岱廟建築形制圖

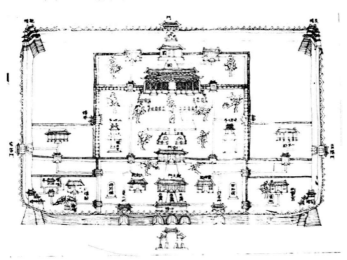

泰安府志岱廟圖

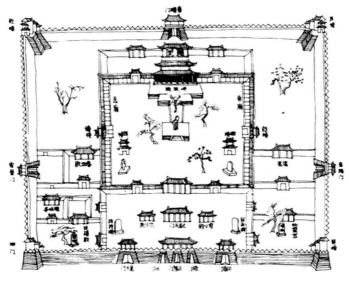

泰安縣志岱廟圖

（圖片來源：乾隆《泰安府志》、道光《泰安縣志》）

〔註31〕顏希深等，《成城‧乾隆泰安府志》，清乾隆二十五年刻本。
〔註32〕徐宗幹，《道光泰安縣志》，清道光八年刻版重修。

6.2 南嶽廟建築布局與形制分析

　　南嶽廟坐落在湖南省衡山腳下的南嶽鎮，現為南嶽區。傅熹年先生在其研究中認為，衡山南嶽廟「始建於唐，宋大中祥符五年（1012年）拓建，形成現在的規模，以後屢毀屢建，現狀為清光緒八年（1882年）重修的結果。它也是一座縱長矩形的小城，四角的角闕歷經重修已演化為角樓。廟南門開三門，東、北、西三面各開一門。南面三門中，正門下開三個門道，左右側各有掖門，與岱廟的規制相同。廟牆之內分為三路，中路為主殿院，東西路現已發展為若干寺院，原布置已不可考。和中嶽廟、岱廟不同，南嶽廟在南門和主院間減去一重門和橫牆，不再分隔處前院，入門即見主殿院。主殿院為縱長矩形，由門殿及廊廡圍成，南面中軸線上為正門嘉應門，左右廊廡上各開一側門。嘉應門內殿庭中於中軸線上自南而北為御書樓、土臺，它們應即相當於中嶽廟之隆神殿和露臺。土臺北即正殿，殿北有甬道連寢宮。推想其原狀也應是工字殿，並在主殿左右也有斜廊通東西廡，與岱廟、中嶽廟相似。」〔註33〕（圖6.7）

6.2.1 唐及唐以前

　　南嶽廟在唐以前廟制不可考，僅知道嶽廟「在祝融峰上，隋代還移」〔註34〕，現祝融峰頂舊廟猶存，名曰祝融廟。

　　唐初，「建司天霍王廟，開元十三年，建南嶽真君祠」〔註35〕。唐咸通李沖昭所撰《南嶽小錄》中詳細記載了隋唐時期的南嶽祠廟情況：

> 　　司天霍王廟，在嶽觀前，去觀百餘步，今以南方屬火，配神曰祝融，玄宗封為司天王，以配夏享。有廟令司人，本廟在祝融峰上，隋代還移，廢華藪觀而建立，今祝融峰頂有石廟基存焉。
>
> 　　真君廟，在嶽觀之東五十餘步，本與司天王同廟各殿，開元中，司馬天師上言：五嶽洞天，各有上真所治，不可以皿□之神同享零祀，既協聖旨，爰創清廟是嶽也。啟夏之際，潔齋致醮，兼度道士五人長備焚修灑掃。……

〔註33〕傅熹年，《中國古代城市規劃、建築群布局及建築設計方法研究·祭祀建築》，北京：中國建築工業出版社，2001年，頁41。

〔註34〕李沖昭撰，《唐咸通南嶽小錄》，南京：江蘇古籍出版社，2000年。

〔註35〕李瀚章、曾國荃等，《光緒湖南通志》，清光緒十一年刻本中記載：唐初建司天霍王廟。

　　衡嶽觀，在華蓋峰下。案舊碑：晉太康八年，徐真人靈期、鄧
真人郁之建置；梁天監三年，周真人靜真，再加弘葺；武帝賜三百
戶莊田充基業；至隋大業八年，詔請蔡天師法濤、李天師法超在觀
焚修，興行教法，其衡州府庫田疇雜物，並賜觀資用。〔註36〕

圖 6.7　南嶽廟現狀總平面圖

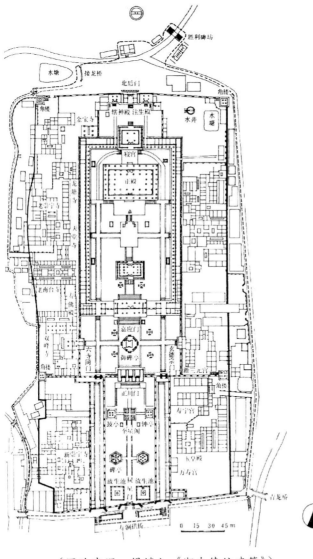

（圖片來源：楊慎初《湖南傳統建築》）

〔註36〕李沖昭撰，《唐咸通南嶽小錄》，南京：江蘇古籍出版社，2000 年。

　　這段記載中，可知此時華蓋峰下，即衡嶽山腳下已有三座南嶽祠宇，即唐初始建的司天霍王廟、玄宗時應天台道士司馬承禎之請敕命五嶽皆建的真君祠〔註37〕，以及晉人便於華蓋峰下始建的道觀——衡嶽觀。

　　文中司天霍王廟和南嶽真君祠均以衡嶽觀為座標原點，相距不遠，司天霍王廟為本在祝融峰頂的舊廟遷建而來，依前面材料分析，該廟依據古太貞觀基址而建，玄宗開元年間封南嶽神為司天王〔註38〕，其廟必然於舊址增擴，即為現存南嶽廟廟址所在，不再變遷。而後建的真君祠原本是司天霍王廟中另外一殿，後遷出擴建，自成一區，形象地說明了隋唐時期南嶽祭祀備受隆崇，祠宇不斷增多，其影響力在不斷擴大，為後世的發展奠定了基礎。

6.2.2　宋、金、元

　　宋代南嶽廟建築群規制宏大，有詳細歷史文獻記載，具體情況如表 6.13 所示。

表 6.13　宋代南嶽廟建築布局形制

位　置	區域	建築名稱	具體描述
南嶽廟總況		廟址	嶽廟，在紫蓋峰南，下喜陽峰之西，集賢峰之東，吐霧面其南，軫宿距其北。
		基址規模	周圍二三里，約八百餘間。
		形勝	千杉翠擁，萬瓦煙生。一水三期，群峰四合。靈壽潤水，九滿三疊，下注島石，繞赤帝峰分支東流，入廟內雞鳴池，出欞星門外護龍池，西流合大澗，分注平野。
蕭牆前		欞星門	欞星門，三間。東西有水池、火池。
		護龍池	前有護龍池。

〔註37〕王欽若，《冊府元龜》，卷五十三，《帝王部》，尚黃老：玄宗開元十九年正月壬戌，置五嶽真君祠廟各於嶽下，選德行道士數人焚香灑掃焉。初司馬承禎隱於天台，徵至京師，承禎因上言，五嶽神祇皆是山林之神，非真正之神也。五嶽皆洞府，各有上清真人降任其職，山川風雨陰陽氣序是所理焉，冠冕章服佐從神仙皆有名數，請立齋祠之所，帝從其言。因敕五嶽各置真君祠一所，其形象、制度，皆令承禎推按道經創意為之。

〔註38〕劉昫，《舊唐書·玄宗本紀》，北京：中華書局，1975 年：天寶五載春，正月封中嶽為中天王，南嶽為司天王，北嶽為安天王，天下山水名稱或同義且不經，多因於里諺，宜令所司，各據圖籍改定。

		監官廨宇	次北有監官廨宇，前有司房、客位。
蕭　牆	牆	堞城	四河各有角樓，兩廡土偶仗衛，皆取則帝所。
	門	南門	嘉應門，五間。門裏西設鼓司神二尊，門外修廟碑，熙寧三年，諫議大夫燕度立、節度推官吳居厚撰。
		南門附屬建築	門下有準令下馬亭。 東有左掖門，西有右掖門。 東西廊二十六間，壁畫甲馬、兵戈、鬼神像之。 嘉應門之東，有監廟廨宇，其次有小東門。
		東華門	東華門，並廊七間，有塑畫儀衛兵馬像。
		西華門	西華門，並廊七間，有塑畫儀衛兵馬像。
		北門	靈貺門，為廟之北門，又曰兵門。有神樟一株。凡啟告請兵，必開此門。非時，並鎖閉。遇有請禱，皆獲靈感。紹興元年十月二十四日，帥臣子□祭告文在殿側。 廟吏常鐍後宮門，非命官盛服，毋得擅入。
		北門附屬建築	靈貺門有北門侍郎廟。紹興五年四月一日，準敕封顯著侯廟，湖南安撫向子□修致祭文碑。庭下有雷先鋒神位，祈禱靈應。
	角樓	東北角樓	東北角樓，大宋新修。南嶽司天王廟碑，翰林學士李昉奉敕撰，景德三年二月二十五日立。樓上懸鐵鐘一座。
		東南角樓	紹興十一年，安仁縣百姓捨東南角樓。大宋南嶽司天昭聖帝碑，翰林學士李宗諤奉敕撰，大中祥符八年九月一日立。
		西北角樓	西北角樓，大宋重修南嶽司天王碑，翰林學士蘇易簡奉敕撰，待詔黃識篆碑，陰有楷書。樓上有衙鼓一，端拱二年六月五日立。
		西南角樓	西南角樓，大宋新修司天五王碑，右司諫晁迥奉敕撰，景德二年七月六日立。
蕭牆內	正殿前部	重門一	休祐門，三間，有天禧三年御製醮告汾陰禮畢。 廊十六間，畫百官像。
		重門二	順成門，三間。有乾德三年，潭州修廟記碑。兵部郎中賈□撰。帥臣潘美，立廊十六間，畫百官像。
			南海廣利王殿、江瀆源王殿，廊各十四間。
		東西便門	東西便門，廊各十四間。畫神儀隊仗、雷雨部眾。
	正殿區域	正殿門	鎮南門，五間。有篆書「南嶽」二字。轉運判官文勳篆，雄偉勁淨，為世所珍。

	正殿	鎮南殿，以尊奉司大昭聖帝。內殿門外，西設四嶽聖帝神座，前列六丞相；東奉安玉清上真九位醮牌，西奉安皇帝壽星位。殿東西列侍讀四學士，東西廡設諸星宿醮牌。鎮南殿東序，設十學士塑像，有政和七年轉運副使聶山修聖像記碑。鎮南殿西序，亦設十學士塑像。正殿獨一神座，監廟與禮直官日上香火。
	寢殿	蕃禧殿，以尊奉司天昭聖帝、景明聖后，皆御服、襆頭、冠披。殿內兩側設東西寢帳，妝奩梳洗之屬。後殿乃與后並處。殿後東、西、北三廊壁畫，後宮武洞清所作。
	寢殿朵殿	朵殿又畫嬪御上直奩香籌衣之事，尤為精研。
	正殿迴廊	東太子殿，建炎中並封侯爵，曰世德侯、世列侯、世顯侯。西公主殿，奉安三位公主。三十六宮，計屋六十六間。
		東西各有門，周回壁畫宮嬪，乃國初武岳筆。至政和八年，丹青塵晦，乃修飾之。
	正殿迴廊東門	東香火門，三間，廊十七間。塑輦官，設儀仗，壁畫扈從威儀。有政和丙午修玉冊，轉運副使聶山立庭下奉神述，乃真宗皇帝大中祥符四年御製書奉神述。
	正殿迴廊西門	西香火門，三間，廊十七間。塑輦官，設儀衛仗物，壁畫扈從威儀。庭下玉冊碑亭，真宗皇帝上帝徽號，冊文玉冊，金貫寶匣。紹興元年三月內，孔彥舟盜毀，不存此文。元祐元年六月十日，監管黃安期刊石。
	殿前配景	鎮南殿前，石龕燈一座，前廣西提舉呂渭然，捨然燈。唐楚王，捨鐵盆。湖南馬氏所植古松滿庭。
	露臺卦亭	露臺卦亭，塑壁樂部百戲神像，乃蕭牆也。
軸線東側	東廊外	東廊外有滴漏、雞鳴池，銅壺、漏箭、景樂等。
		次北有清齋宮，前有九紫八白堂。前刊嶽山圖碑、祭儀碑、禁□山碑、唐咸通記異碑、折參政謁南嶽廟詩碑、解□石、朝廷遣使醮告致齋於此。
		北有神廚，門之南，監生太保位，逐月造酌獻祭食。
		次北有蒼龍井。
	東壁列七座堂殿	東壁列東嶽聖帝殿、東門侍郎堂、天曹君殿、地府君殿、司命君殿、北嶽聖帝殿、龍王堂廟。
軸線西側	西廊外	西廊外有神庫、倉庫、廳共二十間。中庭有金砂井。
	東壁列九座堂殿	西壁列西嶽聖帝殿、南門侍郎堂、南方七宿殿、司錄君殿、中嶽聖帝殿、西門侍郎堂、忠靖王殿、五通殿、土地堂。

（資料來源：宋陳田夫《南嶽總勝集‧敘嶽祠》、宋丁謂《玉冊文》、范成大《驂鸞記》）

以上為宋代南嶽廟的建築形制的詳細記載，詳述了南嶽廟中各個區域的建築布局、單體形制、建築間數以及修建時間和彩畫碑刻等內容，值得進行深入的研究。基於如此豐富的歷史信息，不少學者已對宋時南嶽廟進行了復原研究，其中以郭黛姮先生和南嶽管理局相關研究〔註 39〕較為突出，具體復原方案如圖 6.8、圖 6.9 所示。

圖 6.8　宋代南嶽廟建築形制復原圖一

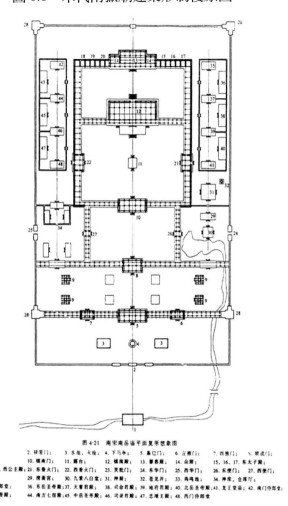

（圖片來源：郭黛姮《中國古代建築史（第三卷）宋、西夏、遼、金建築》）

〔註39〕郭黛姮，《中國古代建築史（第三卷）》宋、西夏、遼、金建築，第四章，《祠廟》，北京：中國建築工業出版社，2003 年，頁 154；湖南省南嶽管理局，《南嶽衡山文化遺產調研文集（內部資料)》，《衡陽》，2008 年，頁 102。

圖 69　宋代南嶽廟建築形制復原圖二

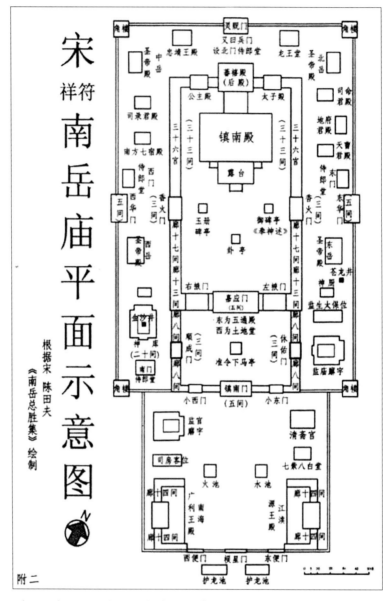

（圖片來源：湖南省南嶽管理局《南嶽衡山文化遺產調研文集》）

　　以上兩個復原方案，對於宋代南嶽廟的具體廟制都有各自的理解和推測，儘管存在一些偏殿的位置或者建築間數設置的不同，但是研究者對於宋代嶽廟的基本規制都較好的把握，尤其是重門之制、堞城角樓之制以及正殿核心庭院的特點都明白無誤的表現出來。

　　關於元代南嶽廟的建築形制，可從《永樂大典》所載元《明善敕賜南嶽昭聖萬壽宮碑》〔註40〕的記載中略知一二，具體廟制如表 6.14 所示。

表6.14　元代大德七年南嶽廟建築布局形制

位　置	區域	建築名稱	具體描述
蕭牆前		櫺星門	南為櫺星之門
		護龍池	門內有池，池有橋
		首參亭	建亭，鎮南門外首參亭
蕭　牆	牆	堞城	外為都宮
	門	南門	橋北為大門五間，大門左右各橫廡三間。
		東門	日華門
		西門	月華門
蕭牆內	正殿前部	重門	大門內為重屋，曰集禧殿，五間
	正殿區域	正殿門	嘉應門
		正殿	集禧北為大重屋，曰廖陽殿，兩殿皆五間
		寢殿	兼建廟之寢殿
		正殿前兩廡	殿之東，曰東廡，五間；西曰西廡，間如東數。
		正殿前建亭	建亭，大殿前曰平平亭。
		殿前配景	鎮南殿前，石龕燈一座，前廣西提舉呂渭然，捨然燈。唐楚王，捨鐵盆。湖南馬氏所植古松滿庭。
		露臺卦亭	露臺卦亭，塑壁樂部百戲神像，乃蕭牆也。
	正殿後部	正殿北側	殿北為堂二，前曰光嶽，後曰開雲，合十間，光嶽堂有翼室，光嶽之東西廳二。開雲東西少南，庫、廚各一。
	軸線東側		四嶽皆有別館以居道流，以嚴祀事，而南嶽舊獨無有，……。」上累錫白金及歲入錢米，築館廟之東偏

（資料來源：元《明善敕賜南嶽昭聖萬壽宮碑》）

〔註40〕元明善，《敕賜南嶽昭聖萬壽宮碑》//解縉輯，《永樂大典》，卷8648，《衡州府十》，北京：中華書局影印本，1960年。

由上可知，此時南嶽廟已成為皇家敕建的道觀，名為南嶽昭聖萬壽宮，由道士提點管理廟內事務，由此碑中可知南嶽廟廟前也建有遙參亭性質的首參亭，正殿、正殿門均為重簷屋頂，足見南嶽廟的形制等級之高。

同時，此文中還特意提到南嶽廟是五嶽嶽廟中惟獨沒有道舍的嶽廟，特請旨建道館於南嶽廟軸線東側，以供廟內道士居住，方便廟內祭祀之事。

6.2.3　明、清

明清時期，為南嶽廟奠定建築形制的成熟時期，明代四修南嶽廟、清代六修南嶽廟，明清時期共十次修整南嶽廟。南嶽廟在歷次的重修過程中，其建築規制逐漸穩定下來。

明代諸多文獻均記載了南嶽廟的廟制，其具體情況詳見成化九年《重修南嶽廟記》〔註41〕、弘治《衡山縣志》〔註42〕、嘉靖《重修南嶽廟記》〔註43〕、萬曆《衡嶽志》〔註44〕等文獻，將文中南嶽廟的建築布局形制羅列如表 6.15 所示。

表 6.15　明代南嶽廟建築布局形制變遷

區域	建築	明代歷史文獻			
		成化九年《重修南嶽廟記》	弘治《衡山縣志》	嘉靖《重修南嶽廟記》	萬曆《衡嶽志》
正殿核心庭院	正殿	九間，高七尺二丈，象七十二峰	正殿七間		正殿七十二楹，高七丈二尺，象七十二峰之數
	後殿	五間	後殿五間	寢殿五間	後殿與后並處
	東西廊房	九十六間	九十六間	東廊四十八間，西廊四十八間	東西北三廊，壁宋武洞清遺畫，為廊七十六間
	嘉應門	三座（間）	三座	中五間，東西旁門各五間	前曰嘉應門

〔註41〕商輅，《重修南嶽廟記》//劉熙，何紀，周鐙續纂修，《弘治衡山縣志》，卷五，明弘治元年刻本。

〔註42〕劉熙，何紀，周鐙續纂修，《弘治衡山縣志》，卷三，明弘治元年刻本。

〔註43〕劉黻，《重修南嶽廟記》//李惟丙，勞銘勳，文岳英等，《光緒衡山縣志》，清光緒增刻。

〔註44〕曾鳳儀，《萬曆衡嶽志》，卷三，明萬曆刻本。

	御香亭	一座	一座		
	御碑亭	一座	碑亭一十四間，三座碑亭，二座在丹墀左右		
	祭碑亭	一座			
	正殿配景		殿前東，鐵水池一口；殿前西，鐵火池一口，並亭		廟中古松滿庭，皆經千百年後成者。
正殿庭院後部	北府神祠		五所，在殿後		
	宰牲房	東廊後	東廊後，三間		
	神庫	東廊後	東廊後，三間		外東為神廚，壽潤之水繞入神廚，以供盥滌，循廊而出
	神廚		東廊後，三間		
	神祠	西廊後	西廊後		
廟牆	正南門	嘉應門南	大門		外為正南門
	城垣	周圍崇垣	周圍崇墉	繚以周垣	
	角樓	四角有樓	四角有樓	復四角樓	
正殿庭院前部	登聞鼓祠		在大門內		
	土地石屋		在大門左		
廟牆前區	靈星門	最南門	靈星門三座		又外為欞星門
	城隍祠		在大門外		
	公館二所		大門外		
	鐘樓				前建鐘樓、碑亭
	碑亭				

在上述明代四個時期南嶽廟廟制的列舉中，可以對其相應的建築布局進行比較分析，發現明代南嶽廟的廟制完備，正殿核心庭院的配置滿足嶽神祭祀所需，同時廟牆高立，四隅角樓，並在廟外設立公館兩所，說明南嶽

廟明代經常有官員來廟致祭和管理，並有專門驛所供其留宿。萬曆《衡嶽志》〔註45〕中載有南嶽廟圖，進一步印證了萬曆時期南嶽廟的廟制如圖 6.10 所

圖 6.10　明萬曆南嶽廟建築形制圖

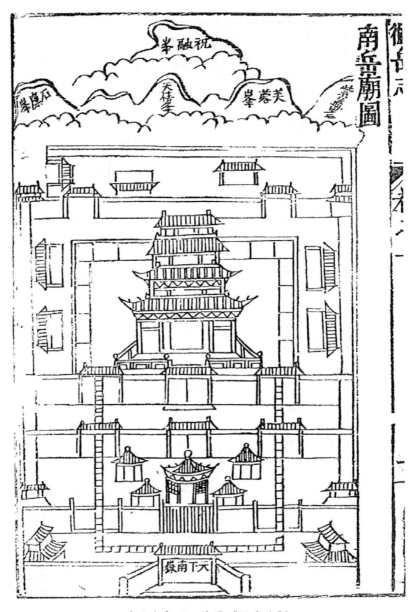

（圖片來源：萬曆《衡嶽志》）

〔註45〕曾鳳儀，《萬曆衡嶽志》，卷一，明萬曆刻本。

示。南嶽管理局基於明成化《重修南嶽廟記》〔註46〕中的文獻記載對明代成
化年間南嶽廟的建築布局進行了復原研究〔註47〕，如圖 6.11 所示。

圖 6.11　明成化南嶽廟建築形制復原圖

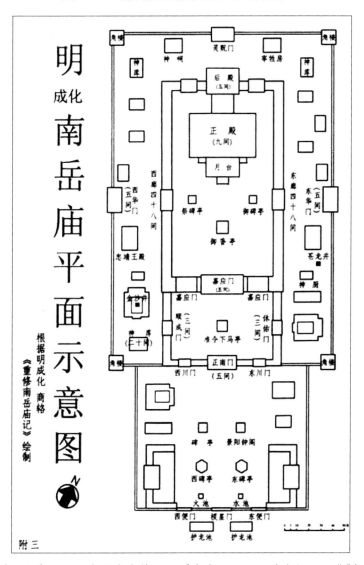

（圖片來源：湖南省南嶽管理局《南嶽衡山文化遺產調研文集》）

〔註46〕 商輅，《重修南嶽廟記》//劉熙，何紀，周鍷續纂修，《弘治衡山縣志》，卷五，
　　　　明弘治元年刻本。

〔註47〕 湖南省南嶽管理局，《南嶽衡山文化遺產調研文集（內部資料）》，《衡陽》，2008
　　　　年，頁 103。

明清之際，「正殿燬於順治五年戊子之冬；今以為殿者，舊嘉應門也。」〔註48〕表明，南嶽廟於順治五年發生火災，正殿毀於此難，至於康熙時，仍以正殿門嘉應門為大殿，頗似清初北京紫禁城「御門聽政」之意。之後，康熙朝對南嶽廟進行大修，其重修後的建築形象如圖 6.12 所示。

圖 6.12　清代南嶽廟建築形製圖

（圖片來源：湖南省南嶽管理局《南嶽衡山文化遺產調研文集》）

〔註48〕朱袞、袁奐，《康熙衡嶽志》，清康熙刻本。

清代康熙時，朱袞《衡嶽志》卷一中載有南嶽廟的建築形制和布局：

> 正殿七十二楹，高七丈二尺，象七十二峰。
>
> 後殿與后並處，東西為廊，七十六間；前曰嘉應門，外為正
> 南門，又外為櫺星門，東為神廚，壽澗水繞入廟內，以供盥滌，
> 循廊而出，溉田數百畝；廟中古松滿庭，皆千百年物，今剪伐盡
> 矣。〔註49〕

與明萬曆時期嶽廟建築形制相比較發現二者基本一致，無大的變化，之後乾隆敕修南嶽廟，廟制最終成型，如表 6.16 所示：

表 6.16　清代南嶽廟建築布局形制變遷

區域	建築	乾隆《南嶽志》	《謁嶽廟記》李榮陛	李翰章《重修嶽廟碑》	光緒《衡山縣志》
正殿核心庭院	正殿	重簷七間，內外七十二柱，準七十二峰，規制一擬帝居	重簷七間，高七丈二尺有奇，內外七十二柱	大殿重簷七間，內外七十二柱	與乾隆時期廟制一樣
	後殿	重簷五間，在大殿後	其後為寢宮	大殿後寢宮，重簷五間	
	東西廊房	自寢宮至嘉應門，東、西環廊一百六間	左右迴廊各五十三間	自東西角門至寢宮，左右迴廊共百有六間	
	御書樓	重樓五間，在大殿前	為御書樓	重樓五間	
	嘉應門	嘉應門，中門五間	為嘉應門	嘉應門五間	
		門左右為東、西角門，各三間	（東西有角門）	東西角門各三間	
		又左右為東、西寮房，各四間		又東西寮房各四間	
	御香亭	一座			
	御碑亭	一座			

〔註49〕朱袞、袁奐，《康熙衡嶽志》，清康熙刻本。

	祭碑亭	一座			
	正殿配景				
正殿庭院後部	北府神祠				
	宰牲房	東廊後			
	神庫	東廊後			
	神廚	神廚，三間，在嘉應門東紅牆外		東角樓左偏，神廚三間	
	神祠	西廊後			
正殿庭院前部	御碑亭	重簷八方，在嘉應門前	門以內為御碑亭	御碑亭重簷八方	
廟牆	正南門	正南門，重樓三間，在嘉應門前	為正南門	又前正南門，重樓三間	
	川門	正南門左右為東、西川門，各一間	東西有川門、角樓	東西川門各一間	
	後北門	三間，在寢宮後，門左為注生宮，右為轄神祠，各三間	外為北門，東注生宮，西黑神祠（東西有角樓）	又後，左注生祠，右轄神祠，各三間；祠旁，宿房各一間；又後，北門三間	
	城垣	橫牆	樓垣	周牆	
	角樓	四座，在正南門、後北門橫牆各角	東西角樓	自川門至北門，周牆四隅角樓各一座	
廟牆前區	欞星門	一架，在正南門前	為欞星門	前欞星門	
	便門	左右為東、西便門，各一架	東、西有便門	東西便門	
	後拱橋	在欞星門外	為壽潤橋		
	盤龍亭		正南門前盤龍亭一座		奎星閣

	鐘亭	門前左為鐘亭一間	鐘亭	左右鐘鼓亭各一間	
	鼓亭	門前右為鼓亭，一間	鼓亭		
	東西碑亭	各一間	為左右碑亭	又前東西碑亭各一間	
	池	又前為東、西水、火池各一所			
	天下南嶽坊	在欞星門外，直下中街	由天下南嶽坊北進		
廟牆後區	接龍橋	在後北門外			
東路			左包四觀		
西路			右包八寺		

　　清代增建了御書樓、嘉應門角門，正南門兩側添加東西川門、前方添建鐘亭、鼓亭和東西碑亭，與現存建築格局一致。而明代正殿核心院落裏的御碑亭、御香亭、祭碑亭，以及正南門外的登聞鼓祠、土地石屋、公館二所等輔助建築已廢棄不用。

　　現代學者根據乾隆《南嶽志》〔註 50〕和光緒《重修南嶽志》〔註 51〕中的南嶽廟歷史圖像，結合現存南嶽廟建築布局形制，對這兩個時期的南嶽廟進行了復原〔註 52〕，如圖 6.13、圖 6.14 以及圖 6.15 所示。

6.3　西嶽廟建築布局與形制分析

　　通過前文分析，可知西嶽廟的建築形制基本上定型於明清兩代，但其廟垣的形成早在金代即已初具規模，為明代擴建西嶽廟奠定了基礎。從現狀來分析西嶽廟的建築形式和空間布局特點，可以從明清地方歷史文獻中一窺其貌。（圖 6.16）

〔註 50〕高自位、曠敏本，《乾隆南嶽志》，清乾隆十八年刻本。
〔註 51〕李元度，《光緒重修南嶽志》，清光緒九年刻本。
〔註 52〕湖南省南嶽管理局，《南嶽衡山文化遺產調研文集（內部資料）》，衡陽，2008年，頁 104～105。

圖 6.13　清乾隆南嶽廟建築形制復原圖

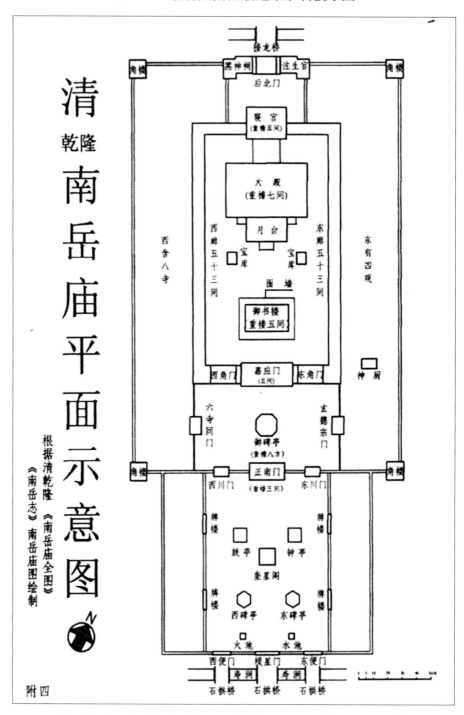

（圖片來源：湖南省南嶽管理局《南嶽衡山文化遺產調研文集》）

圖 6.14　清光緒南嶽廟建築形制復原圖

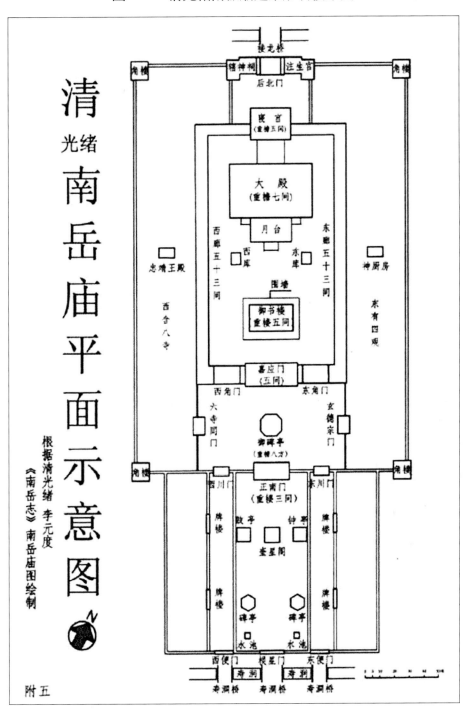

（圖片來源：湖南省南嶽管理局《南嶽衡山文化遺產調研文集》）

圖 6.15　清光緒南嶽廟建築形製圖

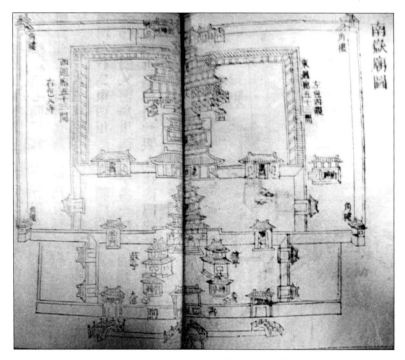

（圖片來源：光緒《衡山縣志》）

圖 6.16　清乾隆西嶽廟形制圖

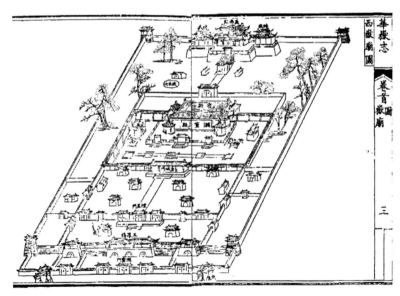

（圖片來源：乾隆二十七年《華嶽志》）

　　2008 年，清華大學建築學院受華山管委會之邀，對華山古建築群進行了系統測繪，其中西嶽廟的測繪作為整個測繪工作的重中之重，投入了大量的物力人力。筆者有幸參與其中，得到了第一手詳盡的測繪數據（圖6.17），對西嶽廟的建築形制有了更深入的瞭解。

圖 6.17　華山西嶽廟總平面圖

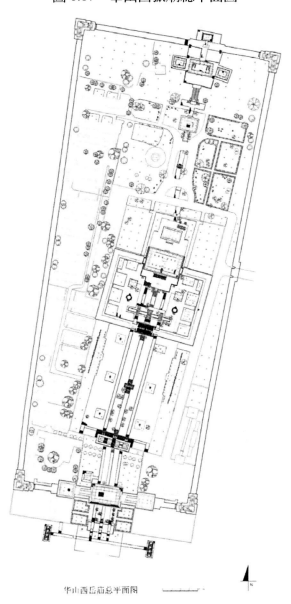

華山西岳廟总平面图

（圖片來源：清華大學建築學院華山西嶽廟測繪圖）

　　所幸 20 世紀末期，隨著西嶽廟大修，陝西省考古研究院、西嶽廟文物管理處積極展開的西嶽廟考古發掘工作發現了大量的線索，其最終成果《西嶽廟》〔註 53〕對於研究現存西嶽廟到底始建於何時、各個朝代廟址具體方位以及不同歷史時期嶽廟的建築規制都能提供大量的直接證據，值得對其考古發掘報告《西嶽廟》這一巨著進行研究。(圖 6.18)

圖 6.18　歷代西嶽廟形制平面圖

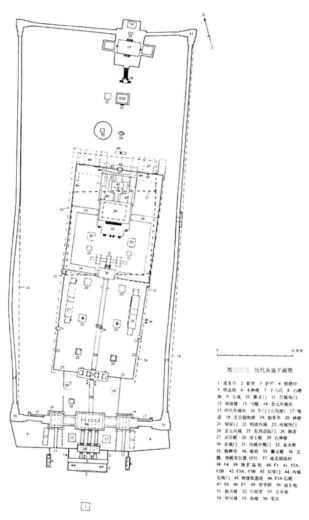

(圖片來源：陝西省考古研究院、西嶽廟文物管理處《西嶽廟》)

〔註 53〕陝西省考古研究院，西嶽廟文物管理處，《西嶽廟》，西安：三秦出版社，2007年。

6.3.1　南北朝

通過前面章節的考據史籍，參考西嶽廟考古發掘報告，得以明確了今之西嶽廟內發現的時代最早的廟址，當時北魏文成帝興安三年從故址前鑒於此的廟址。〔註 54〕由此，確定了西漢武帝時始創西嶽祠廟、又經北魏中遷廟於今西嶽廟址，西嶽廟的起源問題基本得以解決。

結合陝西省考古研究院、西嶽廟文物管理處對西嶽廟的考古發掘成果，可以發現南北朝時期西嶽廟的情況（圖 6.19）。

圖 6.19　南北朝西嶽廟形制平面圖

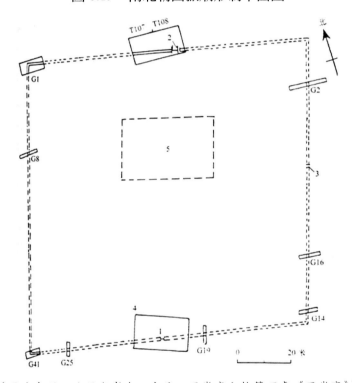

（圖片來源：陝西省考古研究院、西嶽廟文物管理處《西嶽廟》）

6.3.2　隋、唐

在這期間的東漢時期以及魏晉南北朝時期，均為華山西嶽廟的擴展階段，延至隋代，各朝各代均為帝王祭祀之所，修繕不斷。隋唐兩代，西嶽廟

〔註54〕陝西省考古研究院、西嶽廟文物管理處，《西嶽廟》，西安：三秦出版社，2007年，頁 555。

進入一個快速發展的時期，由於西嶽廟位於西都長安和東都洛陽的通衢官道北側，隋唐兩代帝王不斷親謁嶽廟，並對其進行重修或重建。（圖6.20）

圖6.20　唐代西嶽廟形制平面圖

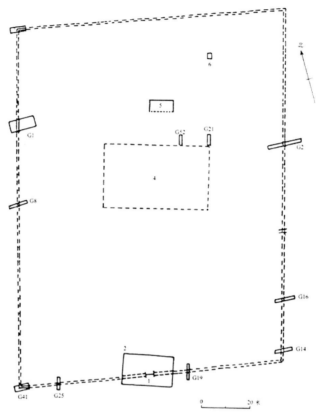

（圖片來源：陝西省考古研究院、西嶽廟文物管理處《西嶽廟》）

6.3.3　宋、金、元

延至宋代，太祖建隆二年，「廟貌特加修建，闡舊規而從新制，起俾陋而為顯敞，土木之制，盡其壯麗。」〔註55〕真宗封禪泰山畢，「改元大中祥符元年，並於第二年，修西嶽廟。」〔註56〕大中祥符四年二月，「祀汾陰，車駕至

〔註55〕楊昭儉，《宋修西嶽金天王廟碑銘》//姚遠翱，《乾隆華嶽志》，清乾隆二十七年刻本。

〔註56〕王應麟，《玉海》，卷一百二，//秦蕙田撰，方觀承訂，《五禮通考》，卷四十七，《吉禮四十七‧四望山川》，江蘇：江蘇書局，清光緒六年刻本中記載「祥符二年三月乙丑，修西嶽廟」。

潼關，遣官祭西嶽。用太牢備三獻禮，庚午親謁嶽廟，群臣陪位，廟垣內外列黃麾仗，遣官分祭廟內諸神，加號嶽神為順聖金天王」。〔註57〕由此之後，西嶽同其他四嶽一道升為帝號，其祠廟必然也會相應的升格，進行必要的擴修。金、元兩代也對西嶽廟格外重視，除了遣使祭祀之外，也對西嶽廟不時的進行修繕活動（圖6.21）。

圖 6.21　宋代西嶽廟形制平面圖

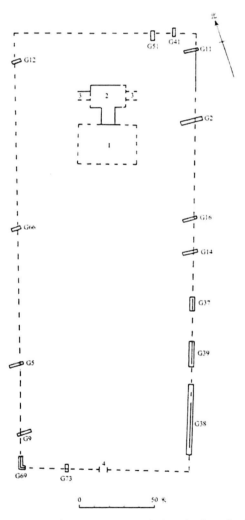

（圖片來源：陝西省考古研究院、西嶽廟文物管理處《西嶽廟》）

〔註57〕脫脫等撰，《宋史》，卷一百二，《志第五十五・禮五・吉禮五・嶽瀆》，北京：中華書局，1977 年，頁 2489。

6.3.4　明、清

　　明、清兩代時西嶽廟發展的全盛時期，綜合文獻可發現明代共有八次修繕活動，清代共有四次大修，奠定了西嶽廟的現狀形制和建築規模。（圖6.22）

圖 6.22　明代西嶽廟形制平面圖

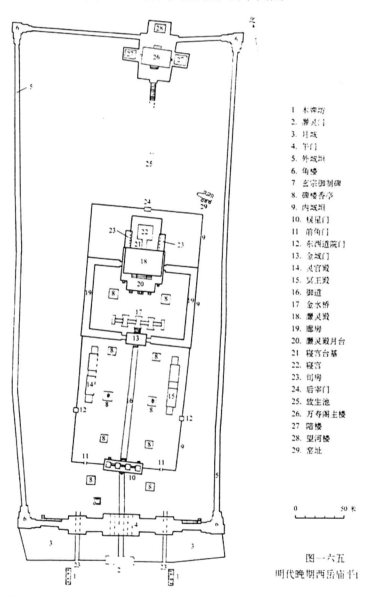

1. 木牌坊
2. 灝靈門
3. 月城
4. 午門
5. 外城垣
6. 角樓
7. 玄宗御制碑
8. 碑樓香亭
9. 內城垣
10. 欞星門
11. 前角門
12. 東西道院門
13. 金城門
14. 灵官殿
15. 冥王殿
16. 御道
17. 金水橋
18. 灝靈殿
19. 廊房
20. 灝靈殿月台
21. 寢宮台基
22. 寢宮
23. 司房
24. 后宰門
25. 放生池
26. 万寿閣主樓
27. 陪樓
28. 望河樓
29. 窑址

圖一六五
明代晚期西岳庙平

（圖片來源：陝西省考古研究院、西嶽廟文物管理處《西嶽廟》）

　　根據已知的西嶽廟相關明代歷史文獻，可以通過比較明代各個時期西嶽廟的廟制變遷，從而明晰明代西嶽廟的具體建築形制和布局（表 6.17）。

表 6.17　明代西嶽廟建築布局形制變遷

年　代	嶽廟規制	文獻出處	備　註
正統二年	正廟香殿、庫廚、碑亭、角樓、灝靈門則釐整重修，而寢殿、廊廡、金城門則添設營構，周圍垣堛則復加展築，粉堊廟貌，輪奐鼎新，規模體制則增美於前而光大於後。	正統二年《重修嶽廟記》	重修蕭牆、角樓
成化十八年	前為堂，後為室，其間貫以縱屋，連棟者五。左為神廚，右為神庫。堂之前，左右為廊，凡八十四尺，其間為重門。重門之內，有御香亭，古今碑石羅列於左右。 西有屋一區，以棲道流。重門之外，又為臺門，建重屋其上，巽坤維皆有角樓。 大率為屋凡一百八十七間。	成化十八年《重修西嶽廟記碑》	正殿 5 間、寢殿 3 間、穿殿 5 間、廊廡共 84 尺西路有道士齋舍。
嘉靖二十一年	正殿五楹，後殿、寢堂各三楹，欞星門七座，顯門五座。左右司房九十，鬱神殿二座、東西旱船各二座。外為樓楹，聯以角樓，歷代碑樓二座，國朝碑樓一座。以間計，共二百有奇。	嘉靖《陝西通志》	正殿 5 間、寢殿 3 間、穿殿 3 間、廊廡 90 間
萬曆	灝靈正殿六楹，寢殿四楹，兩翼司房八十餘間，階下鐘鼓樓各一。中竹檻二，池二泓。前為金城門，門外神荼殿、祭器所，西向列鬱壘殿、易服亭，東向列左宰牲所、右致齋所。再前為欞星門，其外左碑亭、右香亭，碑樓七，門內五，門外二。又前臺門，臺上有樓，連珠亦五。宏敞瑰瑋，可以眺指三峰。最後魚池一大泓。 近創修藏經閣，搏基甫就。 周圍蕭牆凡三百七十四丈。 廟外樹兩楔，東西相對。南對又有亭，用以備樂。	萬曆《華嶽全集》	正殿 5 間、寢殿 3 間、廊廡 80 多間創建藏經閣廟外樹東西牌坊、最南有遙參亭。

　　通過以上比較分析，可知明代西嶽廟正殿 5 間、寢殿 3 間、廊廡 80 多間，且在正殿與寢殿之間連有縱屋、穿殿，形成「工」字殿形制，與現存的正殿寢殿布局規制不太一致，可能與延存宋代廟制有關。

　　清代是西嶽廟最終定制的關鍵時期，乾隆時期兩次重修，同治、光緒續修，經此四役，西嶽廟的建築布局完備，不再有大的變動，現將西嶽廟總體建築布局形制比較分析如下（表 6.18、圖 6.23、圖 6.24）。

表6.18　清代西嶽廟建築布局形制變遷

區域	建築	歷史文獻			
		雍正《陝西通志》	乾隆《華陰縣志》	道光《華嶽志》	咸豐《華嶽圖經》
正殿核心庭院	正殿	正殿六楹	正殿曰灝靈殿，殿九楹，並有月臺。	灝靈正殿九楹	中為正殿，曰灝靈殿，殿九楹
	後寢區	寢殿四楹	殿後為禮步門、寢宮、穿殿、配殿、兩翼司房。	殿後，禮步門、寢宮、穿殿、配殿。	後曰禮步門，曰寢宮，曰穿殿，曰配殿，又後一門曰後宰門。
	殿前石坊		前有石坊，中曰「尊嚴峻極」，左曰「少嗥之都」，右曰「蓐收之所」		
	御碑亭				橋旁御碑亭皆本朝（清）賜祭碑也。
	古碑亭				又有古碑亭二，嵌漢唐以來殘石於壁，凡三百餘枚。
	東西廊房	兩翼司房八十間		東西翼司房八十間	
	鐘鼓樓	階下鐘鼓樓各一			
	金城門	前為金城門	後為金城門，取關中之固金城千里意。	橋前金城門	又進為金城門
	金城門旁		門旁有祭器所更服亭。	門旁更服所、祭器所	
	池	池二泓。	橋下為池，引水注之。		
	竹檻	中竹檻二	月臺東西竹檻。		
	望仙橋		正中望仙橋，左右石橋二。	正殿前，望仙橋	門內石橋三

正殿庭院後部	放生池	最後魚池一大泓	前為呂祖堂、放生池。		金城門之西曰放生池
	呂祖堂		萬壽閣前為呂祖堂。		池北曰呂祖堂
	御書樓		寢殿後有御書樓。	閣前御書樓，	而御書樓巍峙於正中。乾隆四十四年，畢公祈雨，高宗純皇帝（乾隆）御書「嶽蓮靈澍」四大字，以昭神貺。
	萬壽閣		廟後盡處，築臺高十六丈，東西二十丈，南北十九丈，明萬曆間建。周砌以磚，履石級而登。上起層樓。	最後為萬壽閣	北為廟之盡處，垣上有臺，高六十丈，東西二十丈，南北十九丈，上起層樓，樓之匾曰「萬壽閣」。
	萬壽閣兩側藏經閣	近創修藏經閣，搏基甫就。	左右各建高閣，《舊志》所謂藏經閣也。內另置木樓一座，上下川鐵機，可以推而圓轉。	左右轉藏樓各一座。	並建小閣，以藏道經。
	萬壽閣後		後有嶽遊坊、平臺、藏經樓。	閣後遊嶽坊	
正殿庭院前部	金城門外	門外神荼殿、祭器所、東向列左宰牲所、右致齋所西向列鬱壘殿、易服亭	東西翼為神荼、鬱壘，十殿靈官、門神、廄馬諸像，東西穿堂二座。	東西翼為神荼、鬱壘，十殿靈官、門神、廄馬諸神、道流宮觀，錯處其間。	東西兩廡塑冥官
	欞星門	再前為欞星門	灝靈樓後為欞星門。	前為欞星門，青牛樹在焉	進此為欞星門，門之中有石坊
	碑樓	碑樓七，門內五，門外二。	又有宋碑亭、明太祖碑亭、明世宗碑亭、神宗碑亭、提點碑。	碑亭七，欞星門內五，門外二。	而歷代祭碑皆亭覆於院。
	碑亭	門外左碑亭			

	香亭	門外右香亭			
	唐明皇御碑		櫺星門之西為古碑亭，唐明皇碑，乾隆四十三年，巡撫畢公建亭覆之，護以石欄。	樹之南為古碑石，明皇御製碑，黃巢之所燔焉者也。石在五鳳樓北，狀若小山，俗呼為五嶽石。	
蕭牆	灝靈門	又前臺門，臺上有樓，連珠亦五。	門上有灝靈樓，即名五鳳樓也。	樓南為灝靈門	灝靈門之內曰五鳳樓
	角門		灝靈門，兩翼有東西角門。		樓左右牆，牆各有門，曰便門。
	蕭牆	周圍蕭牆凡三百七十四丈	周圍蕭牆凡三百七十四丈。	繞以周垣，	繞以周垣，計其地占今尺方十里許也。
	角樓		角樓四所。	角樓四翼	角樓四翼
	道士齋所		道流宮觀，參處其間。		
蕭牆前區	廟門		嶽廟門		中為灝靈門
	鐘鼓樓		鐘樓、鼓樓		
	甬道		甬道		
	下馬碑		下馬碑二		
	鐵旗杆		鐵旗杆二		
	棋盤街		棋盤街	廟門外棋盤街	
	影壁		影壁		
	華表		廟門外有華表		
	牌坊	廟外樹兩楔，東西相對。			廟前列坊二
	遙參亭	又有亭北向，用以備樂			
	山門		距廟半里許，有坊曰太華，山門	不數武，即華山門，上山路自此始。	

圖 6.23 清乾隆西嶽廟圖

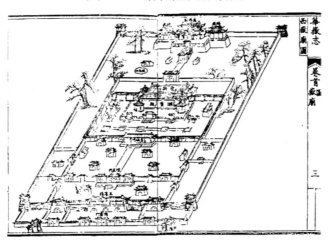

（圖片來源：清乾隆二十七年姚遠翱《華嶽志》）

圖 6.24 清同治──光緒年間敕建西嶽廟圖

（圖片來源：碑現存廟內，作者自攝）

6.4 曲陽北嶽廟建築布局與形制分析

北嶽廟以南北中軸線為主要軸線，由北至南設置有德寧之殿、飛石殿、三山門、凌霄門、敬一亭、朝嶽門以及登嶽橋等等，北嶽廟前端為兩水池，名曰東、西蓮花汪，軸線兩側還設置東、西昭福門、碑亭等附屬建築，其現狀總平面圖如下圖 6.25 所示。

圖 6.25　曲陽北嶽廟現狀形製圖

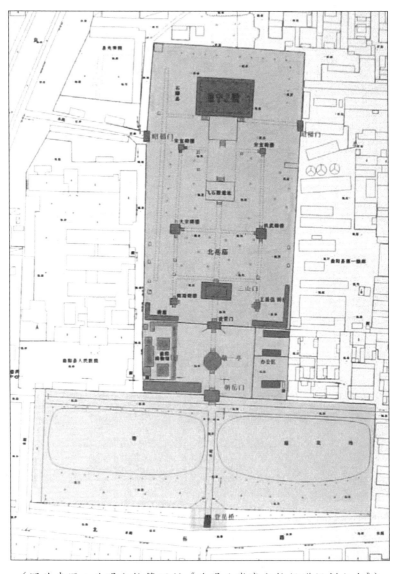

（圖片來源：曲陽文物管理所《曲陽北嶽廟文物保護規劃文本》）

6.4.1　唐及唐以前

北魏酈道元《水經注》中載：

> 滱水又東，又會長星溝。溝在上曲陽縣西北長星渚。渚水東流，
> 又合洛光水。水出洛光涓，東入長星水，亂流，東徑恒山下廟也。
> 漢末喪亂，山道不通，此舊有下階神殿，中世以來，歲書法族焉。
> 晉魏改有東西二廟，廟前碑、闕、壇場相列焉。〔註58〕

發展到唐代，五嶽嶽廟同時受到帝王敕修，規模也在不斷變大，有唐人鄭子春《祀北嶽廟文》可證：

> 刺史段公字崇簡，學古入官，政貴清靜，人荷其惠，吏攝其威，
> 博考前聞，肅祇明祀，每躬行奠，享愷悌不忘神之所勞，必在君子。
> 夫象設靈宇，晬容凝湛，未施敬而自敬，不有威而自威。而簷廡階
> 闥，尚多湫溢，未增閒敞，折衷有虧，長松靡柏，徑遂猶褊。
>
> 公乃審面勢，規曲直，延觀宇，劃垣墉，高閈閎，通巷術，周
> 覽彌望，列樹豐碑，容衛森羅，藻繪彪駁，納日月於扃牖，駐雲物
> 於軒楹，光色焜煌，爛若貝錦。〔註59〕

說明，當時曲陽北嶽廟形制還不很完善，不足以達到嶽祀的祭祀要求，於是官方對其重新規劃、增擴和改造，擴大了北嶽廟的規模。

6.4.2　宋、金、元

曲陽北嶽廟在宋初經歷了契丹人的燒毀，又經宋代六修，形制大備，尤其以宋初為重，王禹偁《重修北嶽廟碑銘》中有云：

> 單于之火照甘泉，豈傷文帝；頡利之兵陳渭水，未累太宗。
>
> 亟命有司，維新大壯。烏臺御史，持節而厖徒；黃門貴人，鳩
> 工而董事。梗楠杞梓以雲集，繩墨斧斤而子來。
>
> 五材實繁，百堵皆作，乃復堂殿，於以儼象，設之晬容；乃
> 興廊廡，於以列徒，御之繪事。門闕有翼，階陛斯隆。繡栭雲楣，
> 互曜煙霞之色；璀題藻井，交含日月之光。旌旗衣服昭其文，籩
> 簋豆籩陳其數。能事畢矣，神功煥然。不怨揆日之期，再肇凌雲

〔註58〕《恒山志》標點組，《恒山志》，清乾隆刻本，太原：山西人民出版社，1986年。

〔註59〕《恒山志》標點組，《恒山志》，清乾隆刻本，太原：山西人民出版社，1986年。

之勢。〔註60〕

從中可知這是一次極大的重修活動，還可明確知道宋初時，曲陽北嶽廟已有廊廡之制，堂殿復合，門闕廊廡繚繞兩側，具備一定的規模。

沈括《夢溪筆談》中也提及曲陽北嶽廟，並且說道「祠北有望嶽亭，新晴氣清，則望見大茂」，〔註61〕也是同其餘四嶽嶽廟遙參亭同一功能的望祀性質的建築。

之後，因為曲陽北嶽廟廟祀香火旺盛，大殿前方促狹，不能滿足香客的禮拜需求，「殿之南榮，褊迫不可周旋，每牲祭盛時，人相麼壓，禮薦等籍，距座繞咫尺，爾是腥酷烈，潔人掩蔽，況惶惶仙聖與天為徒？」〔註62〕，於是在紹聖四年，增設了大殿引簷。

及至元代，「世祖受命，肇新祠宇。今大殿牓文為至元七年題建，疑修祠時為之」，〔註63〕現存廟內的元代大殿德寧之殿即為此次修建的遺存之物，保留諸多元代建築特點，彌足珍貴。

6.4.3 明、清

始於明嘉靖朝的晉冀北嶽祭祀之爭，給曲陽北嶽廟帶來極大影響，由於曲陽地理位置的原因不合禮制的要求，於是曲陽北嶽廟面臨因北嶽移祀山西渾源而廟祀隨之衰敗的問題。

嘉靖二十六年仲夏，曲陽縣令周寅為了防止日後因改祀而被人侵佔廟址，命人詳細勘測北嶽廟的詳細尺寸，其中包括整個建築群南北總長度，東西總寬度以及重要建築之間的距離，並詳細地刊石於大殿之前，名曰《北嶽廟圖》碑（圖6.26）。同時，圖碑中建築形象清晰明確，與現存北嶽廟建築相吻合，同時還有一些現已無存的明代建築布局也在碑中留存下來，為本文的研究留下了寶貴的線索。

還有，之後萬曆朝何處光所撰的《北嶽廟集》中載有《曲陽縣嶽廟圖》（圖6.27），成為明代地方志中曲陽北嶽廟歷史圖像的孤例，結合嘉靖圖碑，可以更明確明代後期北嶽改祀之前曲陽北嶽廟的具體廟制。

〔註60〕王禹偁，《重修北嶽廟碑銘》//劉師峻，《康熙曲陽縣新志》，清康熙十一年刻本。

〔註61〕沈括，《夢溪筆談》，卷二十四，雜志一，北京：中華書局，2009年。

〔註62〕王易，《北嶽大殿增建引簷記》//薛增福，王麗敏，《曲陽北嶽廟》，石家莊：河北美術出版社，2000年，頁126～127。

〔註63〕周斯億、董濤，《光緒重修曲陽縣志》，清光緒三十年。

圖 6.26　嘉靖 26 年《北嶽廟圖》碑

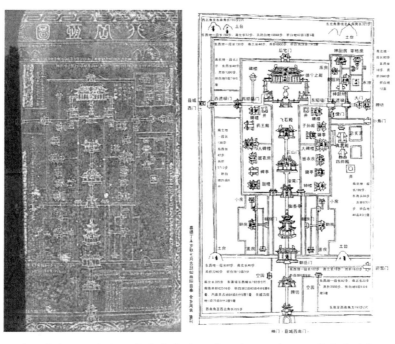

（圖片來源：左為現存嶽廟嘉靖圖碑，右圖示意圖為筆者自繪）

圖 6.27　萬曆曲陽縣北嶽廟圖

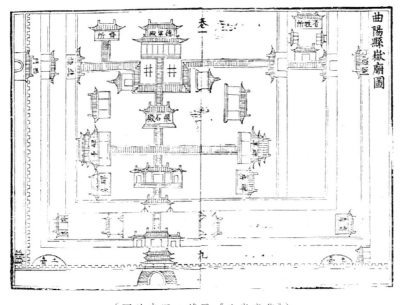

（圖片來源：萬曆《北嶽廟集》）

　　北嶽廟由三重垣牆圍合，其外垣之西牆、南牆即曲陽縣城西、南城垣，形成三城相套的格局，在其他嶽廟如岱廟、西嶽廟等都有相同形制布局。

　　中軸線上，前為「神門」，即曲陽縣城垣南門，為重簷式單孔臺門。神門以北，牌坊三間。再北及中垣南門，額題「二山門」，及今之朝嶽門。二山門以北，有一座三重簷八角亭，即今之「御香亭」。亭左右為東西朝房。御香亭之北，即「凌霄門」，為北嶽廟內垣之正門，其左右有東西掖門。凌霄門之北，又有一座門殿，額題「三山門」，臺階下有甬道直通北端大殿。凌霄門、三山門之間，甬道東西兩側還設置有鐘鼓樓，如泰山岱廟規制。甬道兩側還設置有大小碑樓四座、碑亭三座，披衣房兩座、藥王殿、子孫殿各一座。再北為飛石殿，建於明初嘉靖朝初期，為曲陽北嶽廟飛石崇拜所建殿宇〔註64〕。再北即為主殿，德寧之殿，前為寬闊的露臺，露臺前由東西側階而上，與今之臺階南北直上不同。大殿西側設置一座碑樓。再北，為內垣北門，即「後宅門」。

　　庫房、神廚房、齋宿所、宰牲房等功能性建築在殿之東側，自成一區。在朝嶽門、凌霄門之間，御香亭兩側設有東西朝房兩院，為當時朝廷祭祀官員辦公之所。小角門南側還有一處道士修行之所，為總玄宮，有真武殿、四帥殿以及道院兩處、廂房一座，體現了當時山嶽崇拜與道教的關係。

　　東、西昭福門、進祿門、大門、牌坊以及曲陽縣城西門東西貫通，形成北嶽廟東西軸線。由於廟東靠近城內民宅，因此在北嶽廟東垣還多設兩門，一處在大門南側稍許，為小角門，與內垣便門相通；另一處在廟址東南角，名為迎駕門，與朝嶽門相連。

　　在《北嶽廟圖》碑中，還可發現中垣四角旁邊有土臺的設置，體量大小不一，可能是嶽廟城垣角樓之制，與現存泰山岱廟、華山西嶽廟四隅角樓相似。神門至朝嶽門兩側，圖中標為空園，現狀為兩處水塘，名為東、西蓮花汪，說明在明代時這兩處空地可能是供百姓進廟遊玩之所。

　　以明嘉靖26年《北嶽廟圖》碑的內容為基礎，再結合曲陽北嶽廟的現狀，筆者根據現場調研的簡單測繪數據以及曲陽縣文管所提供的資料，對碑中存在爭議的佔地尺度的數據暫時擱置，嘗試將明代曲陽北嶽廟的建築布局還原，對其佔地規模尺度、主要建築位置布局等重要歷史信息進行表達，從

〔註64〕呂興娟，《北嶽廟建立飛石殿的年代及原因初考》，《文物春秋》，2005 年第 5
　　　　期，頁 35～40。

而得以將明代中後期曲陽北嶽廟的基址規模和建築規制復原出來，如圖 6.28
所示。

圖 6.28　嘉靖 26 年《北嶽廟圖》碑復原推測圖

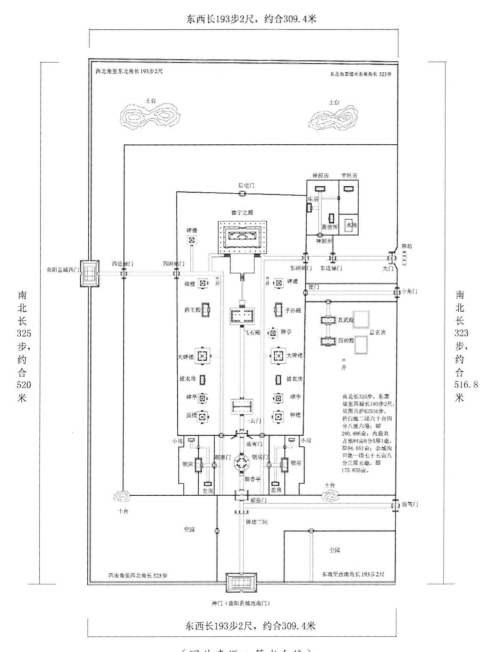

（圖片來源：筆者自繪）

　　順治十七年，北嶽最終改祀於山西渾源，曲陽北嶽廟面臨廟祀日衰、廟
址被居民侵佔，更重要的是由於失去皇家內府敕修經費而引發的嚴重維護缺
失，使得曲陽北嶽廟在清代中後期每況日下，廟制的完整性受到很大影響。
現將曲陽北嶽廟相關的清代歷史文獻〔註65〕比較分析，試圖找到清代曲陽北
嶽廟的建築布局特點（表 6.19）。

表 6.19　清代曲陽北嶽廟建築布局形制

區域	建　　築	清代歷史文獻	
		康熙《曲陽縣新志》	光緒《重修曲陽縣志》
正殿區域	正殿	德寧之殿，凡九楹，殿壁有吳道子《天宮圖》，人物車旗，各各瑰異，最上有飛天之神，今有臨本，勒石於露臺東南隅，可摹搨。	計大殿九楹，榜曰：「德寧之殿」。殿左右壁有唐吳道子畫天宮圖，人物車旗，各各瑰異，西壁最上有飛天之神，今有臨本，勒石於露臺東南隅，可摹搨。
	正殿月臺	殿前為露臺，臺十二級下為丹墀	殿前為露臺，有楊瓊雕尖鼎爐；露臺十二級下為丹墀
	牌樓		露臺左右相去各數十武，東西向為牌樓，樓前各有井一眼
	藥王殿	右為藥王殿	東西牌樓之南，倚後東西向，右為藥王廟，三楹
	聖母祠	左為聖母祠	東西牌樓之南，倚後東西向，左為子孫廟，三楹
	正殿配景	西南有古檜一，柯幹錯互	殿右側，有焚爐一座；西南有古檜一株，柯幹錯互，今無
	寢殿	無	無
	飛石殿	前曰飛石殿，五楹	丹墀之南數十武，為飛石殿，五楹。相傳為舜時飛石在焉
	三山門	又於甬道之南曰：三山門，五楹	飛石殿之南，又數十武，為三山門，五楹
	披衣房		又南，當三山門左右，為披衣房，各三楹，今無

〔註65〕劉師峻，《康熙曲陽縣新志》，清康熙十一年刻本；周斯億、董濤，《光緒重修曲陽縣志》，卷六，清光緒三十年刻本。

	鐘鼓樓	在三山門內	又南，左為鼓樓，右為鐘樓（今俱無）；以上俱東西向
	凌霄門	曰凌霄門，三楹	三山門之南，又數十武，為凌霄門，三楹，即重門；左右角門各一
	碑樓	殿前東西碑樓各一	又南，為大碑樓各一座，今無
	碑亭	碑亭東三，西二	又南，飛石殿之左，有碑亭一座；披衣房之南，又為左右碑亭（今無）
	碑房	碑房東西各七	
正殿前區	朝嶽門	曰朝嶽門，五楹	亭之南，又數十武，為朝嶽門，五楹，即大門；今無
	御香亭	曰御香亭	凌霄門之南，又數十武，為御香亭；今名天一亭
	朝房	在御香亭側，東西各三楹	凌霄門外，當御香亭之側，東西向為左右朝房門，門內為東西朝房，各三楹
	差房		朝房迤南，有差房一所；迤北小門內，南向有小房一所（今俱無）
	牌坊	前有坊	又南，為牌坊；今圮
	神門		牌坊之南，為神門，今塞。即縣城西南門也
	空園		牌坊之側，東西各有空園一所（今為散地）
軸線東側區域	東昭福門	殿東為東昭福門，三楹，兩壁有唐人蒲州刺史劉伯榮所畫鬼尉。左手負韁矢，右手捕長蛇，猙獰奪目	露臺之前，東出為東昭福門，三楹，兩壁有唐蒲州刺史劉伯榮所畫鬼尉。左手負韁矢，右手捕長蛇，猙獰奪目，今已毀
	東便門、小角門		東昭福門之南，東出為便門，又東為小角門；（今移於昭福門之北，東通道院）
	東進祿門	又東為進祿門，一楹	又東，為東進祿門，即廟東門，今無
	東進門	又東為東進門，一楹	又東，為東大門，今無
	東門牌坊	前有敕賜坊	門外有牌坊

	神廚、宰牲房、齋房	東昭福門外，北為神廚、宰牲房、齋房各三楹	東昭福門外，甬道之北為神廚所，內有齋宿所、庫房、神廚房、宰牲所，前有水池（今為道院及呂祖堂）
	總玄宮	東昭福門外，南為總玄宮	甬道之南，為總元宮，今為縣倉
	迎駕門	自坊而東為迎駕門	朝嶽門之外，東出為迎駕門（今無）
軸線西側區域	西昭福門	殿西為西昭福門，三楹	西出，為西昭福門
	西進祿門		又西，為西進祿門，即廟西門，今無
	西門		又西，為縣城西門
正殿後	香火隙地	殿後皆香火隙地。明崇禎十五年，知縣楊音奉支令居民楊家鳳等八家認地為業，共分地三十九畝九分九釐，將築民居，以寔（實）城廓	
	後宅門		大殿之後垣，為後宅門，今無

由上發現，曲陽北嶽廟無寢殿設置，「宋有後殿，移塑安天元聖帝尊像，與靖明后並置。北嶽有后，布置所始，宋大中祥符五年，封號靖明。大殿之前有引簷，今俱無。」〔註66〕宋代曾有寢殿之制，但至明清時寢殿已無存，形成大殿之後空蕩的情形。

正殿德寧之殿兩側也無迴廊環繞，無法形成其他四嶽均有的核心迴廊院落。同時，可能由於廟址屢遭侵佔的緣故，廟內大門、建築多有廢棄。清代曲陽北嶽廟廟制如圖 6.29 和 6.30 所示。

6.5　渾源北嶽廟建築布局與形制分析

6.5.1　明以前

明以前，北嶽恒山奉祀在河北曲陽，主祭之處為曲陽北嶽廟，奉祀對象為河北大茂山，渾源北嶽廟廟祀不詳，經前面章節的分析，可能渾源北嶽廟為北魏時期的恒山上廟，因戰亂，山道不通，才改祀於河北曲陽。

〔註66〕周斯億、董濤，《光緒重修曲陽縣志》，卷六，清光緒三十年。

圖 6.29　清康熙北嶽廟圖

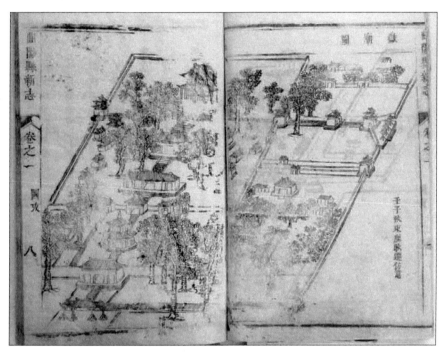

（圖片來源：康熙《曲陽縣新志》）

圖 6.30　清光緒北嶽廟圖

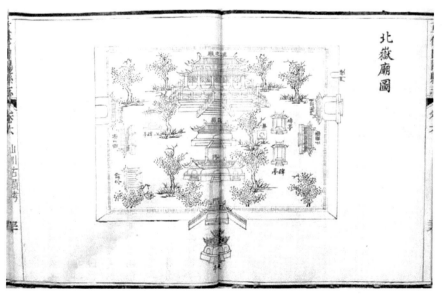

（圖片來源：光緒《重修曲陽縣志》）

北魏酈道元《水經注》中載：

> 滱水又東，又會長星溝。溝在上曲陽縣西北長星渚。渚水東
> 流，又合洛光水。水出洛光涓，東入長星水，亂流，東徑恒山下廟
> 也。漢末喪亂，山道不通，此舊有下階神殿，中世以來，歲書法族
> 焉。晉魏改有東西二廟，廟前碑、闕、壇場相列焉。〔註67〕

6.5.2 明、清

從明中葉開始，一直到清初順治十七年，何處為北嶽恒山的祭祀之處，一直都在爭論，最後山西渾源一方勝出，北嶽移祀到山西渾源，曲陽北嶽廟保留，同時，山西恒山上也開始興工造建新的廟祀所在，具體情形如下表6.20和圖6.31所示：

表6.20 明清渾源北嶽廟建築布局形制

年　代		嶽廟規制	文獻出處	備　註
宏治十四年	朝殿	宏治十四年，敕擴建，都御史劉宇以古廟狹，度地中峰之陽，建朝殿，改古廟為寢宮。	《山西通志》	宏治十四年，建朝殿，改古廟為寢宮
	寢宮	古廟在巔，邃廣若霤，中空若窟。兩翼山削如壁，去殿五丈許。左翼自前折而右，如障不接；右翼者才丈許，如箭□；爰建門焉。門內建小廡。廡前二丈為殿臺。臺狹不克容陛。然結構窈窕，殊類化工。寢宮奉嶽神暨配，小廡暨門祀康太尉。朝殿去宮一里。		
順治十八年	寢宮	古廟在巔，負艮抱坤，所謂高入天際，松檜蔽空者，邃廣若霤，中空若窟。深廣僅容殿三楹，眷隱於窟，簪縮於□。兩翼山削如壁，去殿五丈許。左翼自前折而右，如障不接；右翼者才丈許，如箭□；爰建門焉。門內建小廡。廡前二丈為殿臺。臺狹至不克容陛，不稱鈞天居。然結構窈窕，幾於化工。寢宮奉嶽神及配前小廡及門祀太尉神。	順治《恒嶽志》	寢宮所在位古廟，三間殿宇 新廟即為朝殿元靈宮，正殿七間，東西配設兩廡，高聳臺階下有門殿三間
	朝殿	朝殿在中峰前，去宮裏許，負坎抱離，正殿七楹，金鋪朱戶，壯麗聳觀。殿前為臺，臺高十餘丈，臺南□陛下石陛百級，乃至中		

<hr>

〔註67〕《恒山志》標點組，《恒山志》，清乾隆刻本，太原：山西人民出版社，1986年。

		阪，東西為兩廡，廡脊不及陛之半，外建門三楹，額曰「崇靈正殿」，奉嶽神。	
乾隆年間	朝殿	元靈宮，在嶽頂下，內外三楹，倚岩為壁，殿階層九十八級，旁列杆檜，歲少亦五百載。	乾隆《恒山志》
	寢宮	舊殿，在白雲穴東（俗名寢宮），亦巨穴也。殿三楹，結構憑虛，超發意想。穴覆空如蓋，左右壁如曲屏。	

圖 6.31　渾源北嶽廟總平面圖

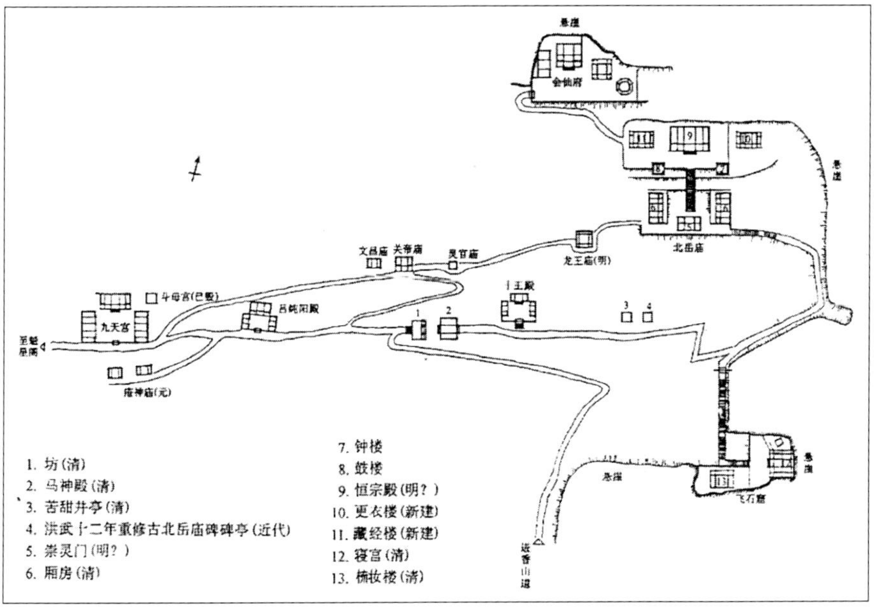

（圖片來源：潘谷西《中國古代建築史（第四卷）元、明建築》）

順治時改祀渾源恒山時的具體困難：地勢促狹導致祭祀建築群形制不完備，加之具體施工困難重重，耗費巨大，若要擴建，還需再議。

所以渾源北嶽廟選址在山巔建廟的先天不足限制了渾源北嶽廟的規制完備，不具備一般嶽廟祭祀的要求，如御香亭、碑樓、省牲亭、神廚、朝房、公署等都難以建設：

　　恒山崔嵬峻峭，地鮮平敞，故正殿、寢宮不相聯屬，且皆隄隒

　　區淺，殊乏穆泂深邃，不稱神棲。曩錄祀典未正，規制多半缺略，

　　今奉玉帛新遷，諸如御香亭、碑樓、省牲亭、神廚、朝房、公署，

　　猶屬缺而致齋沐也，但功力浩繁，民力民財，勞之匪易，國之匱乏，

請之實難予，援捐輸例條議申請，惟俟題允，再圖修舉焉。〔註68〕
渾源北嶽廟具體的建築形制，如圖 6.32、6.33 所示。

圖 6.32　渾源北嶽廟朝殿圖

（圖片來源：乾隆《恒山志》）

圖 6.33　渾源北嶽廟寢宮圖

（圖片來源：乾隆《恒山志》）

〔註68〕《恒山志》標點組，《恒山志》，清乾隆刻本，太原：山西人民出版社，1986
　　　　年。

6.6　中嶽廟建築布局與形制分析

　　中嶽廟位於河南省登封市，傅熹年先生經過研究認為：「現存中嶽廟是經北宋真宗大中祥符六年（1013 年）擴建，形成現在的規模。金、元、明、清歷經重修，現狀是清乾隆二十五年（1760 年）大修的結果。」〔註 69〕（圖 6.34）

圖 6.34　中嶽廟現狀測繪總圖

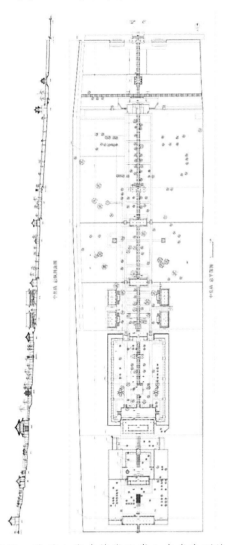

（圖片來源：清華大學建築學院嵩山中嶽廟測繪成果）

〔註 69〕傅熹年，《中國古代城市規劃、建築群布局及建築設計方法研究‧祭祀建築》，北京：中國建築工業出版社，2001 年，頁 39。

6.6.1 宋、金及宋以前

中嶽處於五嶽之中，地位隆崇，在五嶽之中僅次於東嶽泰山，其祠廟必然也是規模宏大，為歷代帝王所重視，宋代文人蘇洵稱之為「中州祠宇之冠」。〔註70〕經過文獻梳理，可知中嶽廟早期和其他嶽廟一樣，可能僅為壇壝之設，並無廟祀。歷經漢、北魏、唐各代君主的敕建和重修，在宋金時期達到建設高潮，現將宋金時期嶽廟的形制特點列於表 6.21。

表 6.21　宋金元時期中嶽廟建築布局形制

年　代	嶽廟規制	文獻出處	備　註
宋乾德二年	乾德二年，宋留守侍中差軍將孫禧，又差登封鎮將郭武等，重修中嶽廟行廊一百餘間，飾以丹青，繪之部從，載松植木	駱文蔚《重修中嶽廟記》	中嶽廟行廊 100 餘間
	今之建嶽廟，奉嶽神，大增其華，而不在奢侈；曲盡其美，而曾無勞役。嚴殿宇，崇門垣，雕梁彩棟，連甍接廡，庭軒洞邃，瞻之蕭然。	《新修嵩嶽中天王廟碑》	
宋大中祥符六年	大中祥符六年，命中使增修中嶽中天崇聖帝廟殿，造碑樓等共八百五十間，移塑尊像及裝修新舊功德畫壁等，共四百七十所	清康熙《嵩嶽廟史》	總計 850 間
世宗大定十四年	金世宗大定十四年，敕修中嶽廟，十八年六月告成。廟制規模小大廣狹、位置像設悉仍其舊。為屋二百三十八間。其西齋廳以待每歲季夏遣使祭祀之次舍，不與焉。	清康熙《嵩嶽廟史》	總計 238 間
大安三年	越自大安三年三月五日，工部以符下河南府。慮其曠日持久，湮壞損剝，給錢命官，俾完葺而修起之，委芝田主簿邵公親督其事。……，自四月十七日始，後十月初一日告成。陀滿公贊就其事，正殿、廊廡、雙亭、草樂亭、門額、丹楹畫棟，翠瓦朱甍，煥若一新。內遵制度，外飾彩色，其文質彬彬然。	金大安《重修中嶽廟記》	金代已有遙參亭，名為草樂亭
元至元五年	廟廢於兵久矣。國朝以來，因仍苟且，雖歲時香火不絕，而神之所棲，僅庇風雨。今聖上出內府之財，修歷代之典，經營締構者三歲。適峻極之殿成，而香幣來享，使神安新宮之潔，而歆聖祀之豐。百年廢墜，一朝而復。	元王沂《代祀中嶽記》	

〔註70〕景日昣纂，《康熙嵩嶽廟史》，卷五，清康熙 35 年刻本。

　　現在中嶽廟尚存金《承安重修中嶽廟碑》，為金代重修嶽廟後的建築布局
示意碑刻。清代嵩山學者景日昣在其專著《嵩嶽廟史》中也專門研究此碑，
稱之以「承安五年《中嶽廟營建圖》〔註 71〕」放在卷一《圖繪》中，並根據
碑上所刻廟貌，詳加分析金代中嶽廟的建築布局和規制，現將此碑和景日昣
的分析羅列如下圖 6.35 和表 6.22。

圖 6.35　　《大金承安重修中嶽廟圖》碑

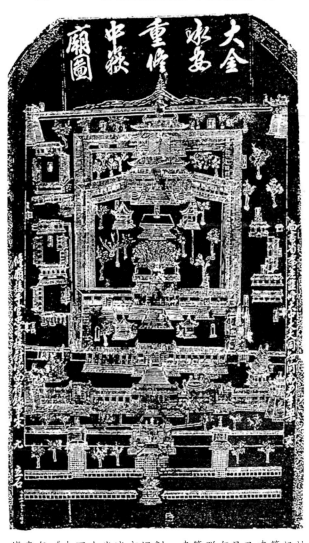

（圖片來源：傅熹年《中國古代城市規劃、建築群布局及建築設計方法研究》）

〔註71〕景日昣，《嵩嶽廟史》清康熙刻本。

表 6.22　金承安重修後中嶽廟建築布局形制

位　置	區域	建築名稱	具體描述
蕭牆前		神道闕	南為石闕。
		外三坊	坊曰嵩門，左右曰東偏門、西偏門，有周垣，中坊如今制。
		遙參亭	外亭如今制，有周垣。
蕭　牆	牆	堞城	黃籙殿有後垣，兩隅有角樓。
	門	南門	大門未設重臺，旁數武，二高臺置左右。
		東華門	上三門之外曰東西華門。
		西華門	上三門之外曰東西華門。
		後載門	無
	角樓	角樓	（外三門）垣之東西隅起崇臺複簷，曰角樓。
蕭牆內	正殿前部	重門一	北為外三門。附外三門有周廊，有左右門，曰東掖、西掖。
		碑樓	左右碑樓林立相向，制皆重屋。
		重門二	又北為崇聖門，附門周廊六十四間，廊之東西隅有殿，西曰土宿，東泐浸不可識矣。
		四嶽殿	（崇聖）門內左右為四嶽殿。
		亭	（四嶽）殿前兩亭翼然，東曰井亭，西曰御香亭。
		神庫	火池四鐵人守之，即神庫雲。
	正殿區域	正殿門	又北為門，曰上三門，即今之峻極門也，旁二門亦曰東掖、西掖。
		降神之殿	又北為降神之殿（明代仍存），高旗樹左右。
		竹欄	稍北正中竹一區，石欄護之。
		路臺	又北為路臺，臺左右二亭曰亭子。
		正殿	中為殿，重簷如朝制，曰峻極正殿。
		穿殿	琉璃過道（碑中文字）。
		寢殿	後殿崇麗如正殿制，但稍隘耳。
		寢殿配殿	其後殿之東曰玉英聖母殿，曰玉仙殿；西曰九子夫人殿、曰王母殿。

	殿前廊廡		周際連互，直通上三門，即今之兩廊。
正殿後部	黃籙殿		最後小宇即今黃籙殿也。
軸線東側			附東華門曰院主亭、曰詔亭。
軸線西側			附西華門而北曰水門，水門之南曰地方位、曰上方。院外亭名不可辨。
蕭牆後			其後黃蓋峰，高塔矗立。

（資料來源：康熙《嵩嶽廟史》）

由康熙《嵩嶽廟史》承安五年《中嶽廟營建圖》可知金代中嶽廟的布局特點：

> 古制弘麗非常，碑所載重修動費十萬，廊房八百餘間，碑樓七十餘所，可以想見其盛。今金承安間碑圖猶存其制，中四門、一坊、二亭，與今無異，獨無外三坊耳。附外亭、大門、中坊，皆有周垣。大門未設重臺，旁數武，二高臺置左右，外亭、中坊如今制。〔註72〕

文中最後說明重修中嶽廟的相關官員，「修理官則府尹梁襄、忠勇校尉府錄事宋元，為承安五年三月中旬休日。」〔註73〕景日昣還將康熙時中嶽廟與金承安碑中的中嶽廟勝景進行比較，認為「今雖制度猶存，壯麗大減，仰止憑弔，不能不動盛衰之感，是有望於興復之者。」〔註74〕

筆者結合《大金承安重修中嶽廟圖碑》和景日昣《嵩嶽廟史》中對金代中嶽廟建築形制的描述，將金代中嶽廟建築布局和形制復原如下圖 6.36 所示。

6.6.2　明、清

由康熙《嵩嶽廟史》卷之五《營建》一文中，可知清康熙時期代中嶽廟的布局特點：

〔註72〕景日昣，《嵩嶽廟史》，清康熙 35 年刻本。
〔註73〕景日昣纂，《康熙嵩嶽廟史》，卷一，清康熙 35 年刻本。
〔註74〕景日昣纂，《康熙嵩嶽廟史》，卷一，清康熙 35 年刻本。

圖 6.36　　《大金承安重修中嶽廟圖》碑復原推測圖

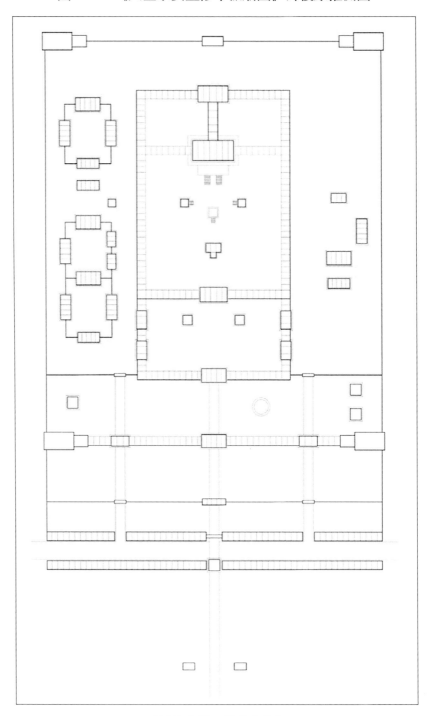

（圖片來源：筆者自繪）

　　廟制：廟在黃蓋峰下。前為三坊，中坊之北為遙參亭。亭旁為
兩門坊，坊中為天中閣。閣之北為坊，再北為外三門，為崇聖門。
門東為神庫，其北為峻極門，四嶽殿分列左右向。又北為御香亭，
亭北為生賢亭，亦名降神殿。國朝諭祭文立碑其下。左右兩廡為八
十四間，中為峻極殿，後為寢殿，再後為黃籙殿。峻極門之外曰東
西華門，西華門之內為陟方館。〔註75〕

　　緊接著，景日昣將中嶽廟各主要殿宇的建築形制、尺度規模以及其中的
形制意義和數字象徵內涵均一一詳述，如下表 6.23 和表 6.24 所示。

表 6.23　清康熙中嶽廟建築布局形制特徵

區域	建築名稱	規模尺度	建築形制	數字象徵
蕭牆內核心庭院	峻極殿	殿方圍三百六十尺，周天數也	嶽廟正殿，其制九間，蓋取尾宿九子，大小相承，占後宮敘而多子，朝制也，廟亦因之。楊守陳《記》所稱「殿若九子」是也。	殿方圍三百六十尺，周天數也
		殿內臺高十尺，當地十之數也	中柱劃分之為龕偶像也，中奉嶽神像，高十五尺，中宮十五土行正位也。冕旒正笏，則宋大中祥符間所崇飾也。左右像各十尺，兩其五五生十也。龕之外二武像持錐侍左右，各二十尺，四其五以倍相生也。 上則板覆之，裝以花繪金碧，中間璿起為龍窩，蟠距垂首上拱。鋪地方石，歲久人跡磨之，光滑異常。殿額鏤金為之，為今皇上御書，體遒勁態骨絕勝可寶也。	臺高十尺，當地十之數也
		殿外臺方二百一十六尺	殿外臺方二百一十六尺。周以石檻開三階，中為神道，殿甍一色純碧，制蓋仿藩府為之，榱桷粉繪壯麗非常。	當乾之策陽數配天也
	寢殿	方圍二百五十尺	在峻極殿後，其制五間，碧瓦複拱，弘麗亞於大殿，前朝後寢之制也。 中奉嶽神並妃像，唐所封天靈妃、天中黃後者也。妃、後飾則宋祥符急案所崇飾。韋行儉所謂「自中天王洎夫人，纓婑冕服，首飾步搖，間以金翠」	

〔註75〕景日昣纂，《康熙嵩嶽廟史》，卷五，清康熙 35 年刻本。

		者也。兩旁置龍榻，嶽神正偃。兩妃帛飾旁坐，宛如近世婦人像，褻侮甚矣！則黃冠之好事也。 按《通典》：周制，天子有四朝，一曰外朝，一曰內朝，亦謂路寢之朝。正朝視事，退適路寢聽政。漢蕭何建未央宮，言前殿宜有後殿。前殿為外朝，後殿為治朝。唐外朝為含元殿，非朝會不禦。內朝為宣政殿，亦謂之正衙，則見群臣百官，名曰常參。今廟制仿朝制寢殿，古之路寢制也，奉神妃於中，殊不當理。	
	穿殿		寢殿外覆以長廊，直接峻極殿後簷。	
	生賢亭	方圍一百七十尺	在正殿南，舊傳壁畫申甫像，今像剝落矣。亦稱降神殿。國朝祭文立碑其下。	
	御香亭		在聖賢亭南。廟舊制御香亭、御帛亭在聖賢亭左右，火毀之後，重修於此。	
	東廡、西廡	各四十二間	在峻極殿左右。內奉神，蓋浮屠之所謂閻羅及《封神演義》之所稱述者。唐韋行儉稱「過祠」。及門瞻其容，衛首如頜，目如瞋，臂如戟，吻如相。稽雖荒誕不經，亦神道社教意也。	
	峻極門	門方圍二百八十尺	在御香亭南，中塑二神像立侍左右，韋行儉《記》所稱「執殳秉鉞，環列廡下」者也。	
	東掖門、西掖門		金制舊名，也見承安修廟碑。在峻極門左右，中奉武神像，俗稱太尉殿。	
蕭牆內正殿外	外三門	方圍二百七十尺	在配天坐鎮坊北，第二重門也。 按：金承安碑稱外三門，縣志因之，頗無深義。俗稱化三門，取義未解。	
	崇聖門	方圍二百七十尺	在峻極門之南，第三重門也。	
	東嶽殿、西嶽殿、南嶽殿、北嶽殿	四殿俱方圍一百五十尺	四殿在峻極門外，左右相向，張簷碧瓦，制亦壯偉。 前令傅梅曾有撤像之議，云五嶽位尊體敵，今列侍門外若君臣然，禮殊乖謬。……邑志亦主是說。	

			夫以為五嶽勢均體敵，此牽於封祀之說也，竊嘗以理論之矣。……。然則中嶽居中正位，四嶽拱列揆之，於理有根據矣。廟建自上古，前人凡事縝密，必有確見。今峻極門外大周一碑斑剝極古，內稱中嶽土官之宮。宋駱文蔚碑旁王珣琇提名稱：「奉命恭祀土王。」前人篤於信理識定，筆直如此。廟傳既久，名公大人瞻拜此地者多矣，卒無有意改作者，何也？仍舊貫可矣。	
	黃籙殿		在寢殿後，貯欽賜道經之所，今為玉皇殿。有柏五株，蓋與嶽廟不屬矣。	
	三井		二在峻極門左右，磚甃極堅固；一在西華門之西北。泉湧極盛，天中街居民皆借汲焉。李子樗所稱「三澨寒泉」者也。	
	神庫	圍一百六十尺	在崇聖門左，磚墉高十二尺，四隅四鐵人守之，為進香者焚楮幣之所。舊傳有鐵鈕覆其上，今亡。	
	配天坐鎮坊		在天中閣內，原名宇宙具瞻。少詹耿介以嶽土神也，以地配天，以易是名。坊起三架，金碧輝煌，亦巨觀也。	
蕭牆	堞城	周三百二十丈	垣周三百二十丈。	三天兩地也，三二相合是為五數
	天中閣	門臺高三十尺，方圍二百三十尺	廟之南門也。上建樓五間，修簷曲檻，碧瓦覆之，頗稱偉麗。明知縣劉汝登建。	
	福國門坊、祐民門坊		二坊，知縣王又旦建在天中閣左右舊門。左右偃柏，蓋數千年物，枯乾，獨一枝翁茂，最稱奇古。右有僕槐。說者曰門前為通衢，無知者騎乘不謹，二樹神實僕之，以域行人。里巷久傳其異。自二坊作而二樹除，古蹟無存矣。	
	東華門		在峻極門左，廟之東門也	
	西華門		在峻極門右，廟之西門也	
	後載門		無	

	角樓		無（清康熙時已無角樓）	
蕭牆前	天中閣左右牌坊		位中四嶽坊，在天中閣東。 秀毓三河坊，在天中閣西。 右志二坊存古也。古名位中四嶽，見嵩之尊於四嶽也。秀毓三河，明其為柳、星、張之分野也。古人命名切當，不易如此。傅梅改秀毓三河為秩比三公，彼四嶽者曷別焉？抑淺矣。至後人復改二坊為德協三才、功符二儀。夫嵩嶽填星之位，后土之神也，曰協曰符，曷取乎？爾有識者當思復古矣。	
	遙參亭	亭方圍一百四十尺	在天中閣南，碧瓦重簷，亦偉麗壯觀。過客憚於入謁，多展拜於此，明都穆《遊嵩記》有說。俗呼「早參」、「曹參」皆非也。	
	名山第一坊		在遙參亭南。	
	石闕		在廟正南神道百步許。漢安帝元初五年，陽城長呂常造。闕左有八分書，字雖剝落，尚有一半可識，乃銘也。其詞曰：「惟中□□□，崇高神君。□□□□，休□最純。春生萬物，□方起雲。潤施源流，□淙□宣。並天四海，莫不蒙恩。聖朝肅齊，眾庶所尊。□□奉起，□□盡勤。□□功德，刻石紀文。□顯□異，以傳後賢。」	
	中嶽嵩山神道碑		在廟正南玉案山，康熙三十年，邑貢生昤父景星倡眾重修。碑前有古槐四株，自廟望之，差助青翠之色。	
廟內環境	古柏		廟之所從來者既久，柏之古也宜矣。……老其材於商鼎周彝之列。……，復獲與漢旌唐旐翠碧暉映，古矣哉？其諸三代之遺乎？東西行過者，數十里外遙見，蒼蔚蟠嶽，根勢陰翳，欲噴雲霧，琉璃光閃爍其間，輒為竦立佇視。入天中閣，始得其離奇□矯之狀，千態萬變，抉心搖目，丹青家不能彷彿也。……，附殿者株三十二，出峻極門者百一十有七，階之東得株三分之二，其西序蔥鬱稍減。……	

（資料來源：康熙《嵩嶽廟史》）

表 6.24　清康熙中嶽廟建築布局象徵內涵

建築名稱	數字象徵
蕭牆	垣周三百二十丈。三天兩地也，三二相合是為五數。直上徑一百丈，大衍之數五十，因而重之；土之成數十，十其十也；《河圖》之數五十五，《洛書》之數四十五，天地之全數也。
門坊之制	正四門，通四氣也
	四坊各尊一隅，定四方也
	旁二門虛其中一畫以象偶也，四門四坊以成八卦也
	六門合則六子也，綜之得十，土之成數也。
殿門之制	歷四門之殿，殿正當五數也。土正位也，四嶽各定其方，拱向以依歸於上也。使皆南向焉，氣不屬矣。木無土不長，火五土不榮，金無土不收，水無土不堅也。分之有合氣焉，嶽益尊也。
生賢亭	亭號生賢，著嶽靈也。再為亭配之兩地之義，一畫先天以生兩也，惟嶽降神，生生不已也。
迴廊之制	左右廊南北向者二十間，四其五、二其十也；南向以象陽，北向以象陰；其數各十，土之位也。東西向者六十四，全《易》之數，天地、山水、風雷、澤火之遞生無窮也。（共 84 間）
二井	為井者二，通地氣於天也，二以應偶也。

（資料來源：康熙《嵩嶽廟史》）

　　景日昣曰：「今之廟制，古制也，其規畫各有取義。蔡邕曰：『古者明堂、太室，其制度各有所法。』嶽廟規模創自古人，其精意可想見矣。」〔註 76〕由以上文獻可知，清代中嶽廟的建築規制和布局與金代重修後有所不同，但依然尊奉古制，其具體的開間進深、佔地規模、門殿數量以及建築配置均有其數字象徵意義，或取證於《河圖》、《洛書》，或附會於五行八卦，都印證了中嶽廟歷代相沿的營建制度的特殊涵義。（圖 6.37、圖 6.38）

6.7　五嶽嶽廟的建築形制綜述

　　經由上文對五嶽嶽廟歷代廟制變遷的整理與分析，大致清楚了嶽廟在起

〔註76〕景日昣，《嵩嶽廟史》，清康熙 35 年刻本。

源、增擴、高潮、損毀以及完備等時期旳建築布局形制特點。本小節將重點
綜述嶽廟中各個區域中各類建築單體的建築形制，按其所在區域分別從蕭牆
前區、蕭牆、中軸線主體建築、中軸線其他建築、軸線東西兩路以及其他等
方面來進行分析，通過對相似節點的統一比較分析，試圖明確各類建築形制
要點。為了更清楚的明晰本小節的研究架構，現將五嶽嶽廟建築形制綜述結
構示意圖羅列如下。（圖 6.39）

圖 6.37　康熙中嶽廟圖

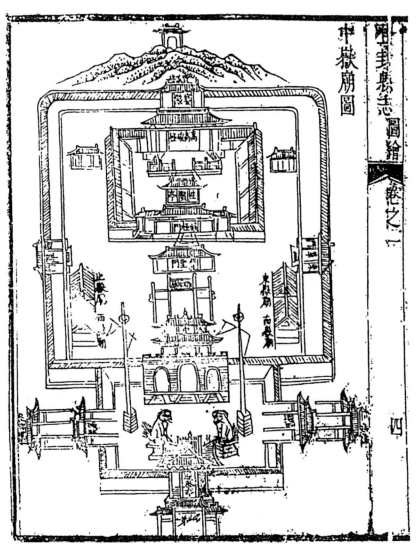

（圖片來源：康熙張聖誥《登封縣志》）

圖 6.38　乾隆欽修中嶽廟圖

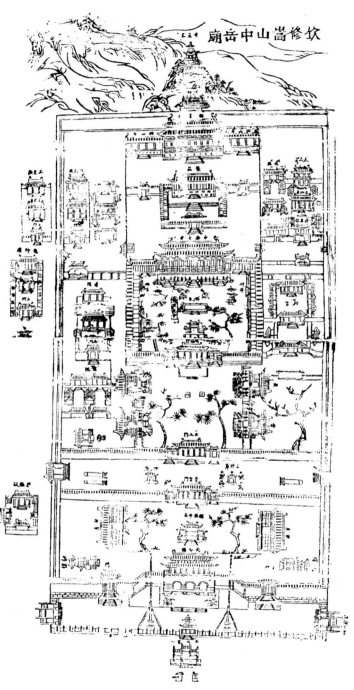

（圖片來源：劉敦楨《河南省北部古建築調查記》
——《中國營造學社彙刊》六卷四期）

圖 6.39　五嶽嶽廟建築形制綜述結構示意圖

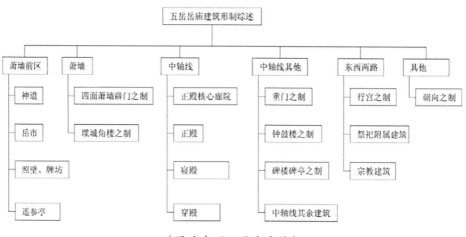

（圖片來源：作者自繪）

　　五嶽嶽廟的建築布局形制，需在各嶽嶽廟的總平面圖上進行比較分析（圖 6.40）。因此，選取合適的總平面圖是本小節的重點所在，依據現有各嶽嶽廟測繪資料和相應的 Google earth 圖像，來統一進行整體比較，現將各嶽圖像資料說明如下表 6.25。

表 6.25　五嶽嶽廟建築總平面圖來源說明

嶽　　廟	圖像資料	備　　註
岱廟	岱廟測繪總平面圖	陳從周《岱廟》
南嶽廟	南嶽廟測繪總平面圖	楊慎初《湖南傳統建築》
西嶽廟	西嶽廟測繪總平面圖	清華大學建築學院華山測繪成果
曲陽北嶽廟	曲陽北嶽廟測繪總平面圖	作者自繪
渾源北嶽廟	渾源北嶽廟測繪總平面圖	潘谷西《中國古代建築史》第四卷
中嶽廟	中嶽廟測繪總平面圖	清華大學建築學院嵩山測繪成果

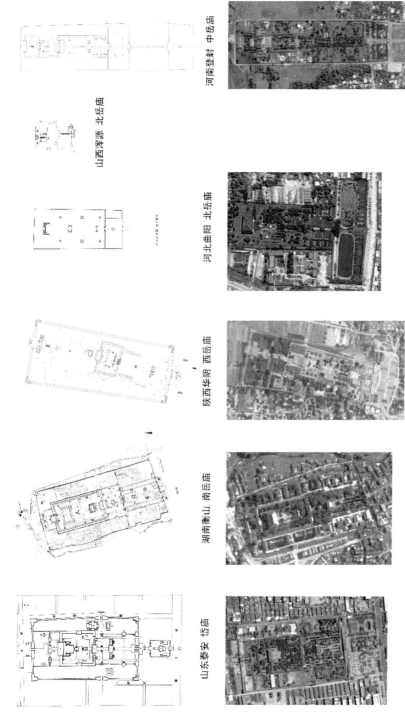

圖 6.40　五嶽嶽廟總平面圖圖匯總

（圖片來源：作者自繪）

6.7.1 廟前前部空間

　　五嶽嶽廟的規格隆崇，根據前面章節（第三章）分析可知，嶽廟或在城內，或在城外，其前部空間成為嶽廟往往禮儀性和商業性並重的空間要素，足以影響所在城市或城鎮結構形態。

　　嶽廟的前部空間分為廟前前導空間、嶽市、廟市、廟前牌坊照壁以及遙參亭等多類空間節點，對於營造嶽廟的外部祭祀氛圍起著重大作用。

6.7.1.1 廟前前導空間

　　嶽廟的前導空間重點從嶽廟前神道、御街、神道闕、柏樹行等前導性軸向通道來進行分析。（表 6.26）

表 6.26　五嶽嶽廟廟前前導空間歷史文獻

嶽　廟	類　　型	具體描述	備　　註
岱　廟	通　　衢	岱嶽門正南有草參亭，前達通衢，亭有銅鏡一面。	弘治《泰安州志》
	御　　街	廟前有亭，曰遙參亭，前為遙參門，門之前為御街，宋東封警蹕之地，而實為廟之第一門也。	萬曆《岱史》
		初為遙參門，門與城南門相直，其前舊為宋真宗警蹕之地。	乾隆《泰安府志》
南嶽廟	古松路	衡山縣西望嶽山，……，八日入南嶽，半道憩食望雲亭，夾路古松三十里至嶽市，宿衡嶽寺。	宋《驂鸞記》
西嶽廟	古柏行	晉太康九年，太守魏君實來去西嶽古廟道載柏，不知幾千根也。兩傍烽堠以千字文為號，禁人牧放樵採。	金《西嶽華山志》
	神道石闕	漢永和中，弘農太守常山元氏張勳為西嶽華山作石闕二。高二丈二尺，今廢。	《水經注》
渾源北嶽廟	上山道	山門去廟十里，在磁峽東麓，扁曰：「北嶽恒山」，前建大坊，扁曰：「北嶽恒宗」，左坊曰：「屏藩燕晉」，右坊曰：「拱翊京畿」。坊前為甬路，石級百餘下建小坊，扁曰：「百祀朝宗」，後曰：「千岩拱極」，前為官道焉。	順治《恒嶽志》
中嶽廟	太室闕	在廟正南神道百步許，漢安帝元初五年，陽城長呂常造。闕左有八分書，字雖剝落，尚有一半可識，乃銘也。	康熙《嵩嶽廟史》

中嶽嵩山神道碑	在廟正南玉案山，康熙三十年，邑貢生晊父景星倡眾重修。碑前有古槐四株，自廟望之，差助青翠之色。	
通　衢	福國門坊、祐民門坊二坊，知縣王又旦建在天中閣左右舊門。門前為通衢	
商業街	廟前闤闠，曰天中街，因閣名之。	康熙《說嵩》

　　由上可知，城內嶽廟如岱廟前端設有御街，與南城門直通，是整座城市最重要的禮儀性軸線；而其餘城外嶽廟均在廟前形成了松柏形成的神道，西嶽廟和中嶽廟還立有漢時的神道闕，等級更為高崇（圖 6.41、圖 6.42）。

　　圖 6.41　中嶽廟前神道闕、柏樹行與中嶽廟關係示意圖

（圖片來源：網絡照片）

圖 6.42　中嶽廟前太室闕

（圖片來源：劉敦楨《河南省北部古建築調查記》）

6.7.1.2　廟前嶽市、廟市

嶽市、廟市的形成，與嶽廟上香、會期有關，「每歲三月朔日始，至十八日止，四方進香者絡繹輻輳，商賈齎貨鱗集，貿遷有無。土著者因市酒糒，搭鋪棚博蠅頭，資助耕稼所不足。俗稱廟會，即如京師所謂廟市也。宋駱文蔚《記》稱：『每至清明，居侯娛景方濃。千里匪遙，萬人斯集。陸海之珍，咸聚於此。』則其來久矣」。〔註77〕（表 6.27、圖 6.43）

表 6.27　五嶽嶽廟廟前嶽市

嶽　廟	位置	具體描述	備　註
岱　　廟	城內	遙參亭前，四民輻輳，爐煙釜氣，日夜蒸沸無停期。岱城第一都會也。	乾隆《泰安縣志》
南嶽廟	城外	嶽市者，環廟皆市區，江浙川廣眾貨之所，聚生人所須無不有。既憧憧往來，則污穢喧雜，盜賊亡命者多隱其間，或期會約結於此，官置巡檢司焉。	宋范成大《驂鸞記》
		廟市自古稱盛，唐開元十五年已記延火三百餘家；宋《范成大記》云：環廟皆市區，江浙川廣眾貨之所聚。蓋其地當衡潭孔道，貫嶽坊十字街，縱半里，橫一里。又櫺星門，左右橫街，稱是故今志謂，六街，民商猶不下四百家。	清李榮陛《謁嶽廟記》
		嶽市，在廟外，環廟皆市，百貨聚焉。五方雜處，奸良不一，康熙四十六年，巡撫趙公申喬議設巡檢一員，專司稽查。	清乾隆《南嶽志》

〔註77〕景日昣纂，《康熙嵩嶽廟史》，清康熙 35 年刻本。

西嶽廟	城外	民間會期，歲三月廿八日，八月十五日，十一月六日。	萬曆《華陰縣志》
曲陽北嶽廟	城內	方春始和，庶民來祈，祀田答蚤，巫覡牲牽，相望於道，闐千聚百，跨越千里，不約而會於祠下者，百以億計，齊潔齋敬，務極豐好，富人巨室，別極難得之貨，幻伎瑰詭之極，年生之術，冕章褥屨，名馬金玉，奇禽異獸，又極耳目之玩，而詞殆不能既也。	宋紹聖《北嶽大殿增建引簷記》
中嶽廟	城外	嵩高嶽者，名高祀典，位冠中央。……國家祭享之外，留守祈禱之暇，每至清明屆侯，媚景方濃。千里之遙，萬人斯集。歌樂震野，幣帛盈庭。陸海之珍，咸聚於此。	宋乾德《重修中嶽廟記》
		每歲三月朔日始，至十八日止，四方進香者絡繹輻輳，商賈寶貨鱗集，貿遷有無。土著者因市酒糒，搭鋪棚博蠅頭，資助耕稼所不足。俗稱廟會，即如京師所謂廟市也。宋駱文蔚《記》稱：「每至清明，屆侯娛景方濃。千里匪遙，萬人斯集。陸海之珍，咸聚於此。」則其來久矣。	康熙《嵩嶽廟史》
		廟有市。禮，天子祀名山大川，五嶽視三公。蓋三公饔餼九牢，餐五牢，饗禮九獻，豆四十。祭嶽者視其牲幣粢盛，籩豆爵獻之數，非謂其秩相比也。……宋駱文蔚所稱「歌樂震野，幣帛盈庭，陸海之珍，咸聚於此」者也。	康熙《說嵩》

圖 6.43　中嶽廟形勝總圖

（圖片來源：康熙景日昣《嵩嶽廟史》）

6.7.1.3　廟前照壁、牌坊

　　五嶽嶽廟正門前均有牌坊樹立，以示禮儀上的重要性。同時，西嶽廟還在牌坊前設置照壁，與一般佛寺類似，較為特殊。（表 6.28、圖 6.44）

表 6.28　五嶽嶽廟廟前牌坊照壁之制

嶽　廟	具體描述	備　註
岱　廟	岱嶽門正南有草參亭，前達通衢，亭有銅鏡一面。左石闕，右石闕；左燈樓，右燈樓。	明弘治《泰安州志》
南嶽廟	天下南嶽坊在欞星門外，直下中街。	乾隆《南嶽志》
西嶽廟	廟外樹兩楔，東西相對。	雍正《陝西通志》
	廟門外有華表，影壁、棋盤街、鐵旗杆二、下馬碑二。	乾隆《華陰縣志》
曲陽北嶽廟	又東為東進門，一楹，前有敕賜坊。	康熙《曲陽縣新志》
渾源北嶽廟	山門去廟十里，在磁峽東麓，扁曰：「北嶽恒山」，前建大坊，扁曰：「北嶽恒宗」，左坊曰：「屏藩燕晉」，右坊曰：「拱翊京畿」。坊前為甬路，石級百餘下建小坊，扁曰：「百祀朝宗」，後曰：「千岩拱極」，前為官道焉。	順治《恒嶽志》
中嶽廟	今稱中嶽廟前為三坊，左曰嶽降賢臣，右曰嵩呼聖壽，稍後而中曰中天第一山。	明隆慶《嵩嶽志》
	前為三坊，左曰：「位中四嶽」，右曰：「秩比三公」，稍南而中曰：「天中第一山」。	康熙《嵩山志》

圖 6.44　西嶽廟前部空間——牌坊、照壁以及遙參亭、山門遺址示意圖

（圖片來源：Google earth 衛星圖片）

6.7.1.4　遙參亭

五嶽嶽廟於廟前或廟後設置遙參亭，意為「昔凡有事於廟者，先拜於亭而後入，故名遙參」。〔註78〕遙參亭的具體形制多為單獨重簷亭式建築，岱廟遙參亭於明代已形成獨立院落而設置於岱廟之前，中嶽廟遙參亭位於正門與前導牌坊之間，其餘三嶽嶽廟遙參亭均已毀圮，不復存在。（表 6.29、圖 6.45、圖 6.46）

表 6.29　五嶽嶽廟遙參亭之制

嶽　廟	具體描述	備　註
岱　廟	廟前有亭，曰遙參亭，前為遙參門，門之前為御街，宋東封警蹕之地，而實為廟之第一門也。舊榜曰草參門，門中有臺，臺上有亭，亭重簷四面十有六角，峻嶒綺麗；昔凡有事於嶽者，先拜於亭，而後入廟，故曰草參，今有司遇當祝釐於廟，罷則儀從，由亭門而出，尤古之制也。亭今列屏鑒方圓各一，高六尺許。鑒前雕座，置元君像，四方來謁頂廟者，亦先拜焉，故又曰遙參亭云。	明萬曆《岱史》
	初為遙參門，門與城南門相直，其前舊為宋真宗警蹕之地，門北為遙參亭，亭一名草參，凡有事嶽者，先拜於亭而後入。是為入廟之始，自前明於亭中置祀元君，亭與廟隔，輦路始不相通矣。	乾隆《泰安府志》
	廟前有遙參亭，昔凡有事於廟者，先拜於亭而後入，故名遙參。前為坊，坊北為殿，祀碧霞元君，兩廡翼之，其後為東嶽坊。	清乾隆《泰山圖志》
南嶽廟	建亭，鎮南門外首參亭。	元《明善敕賜南嶽昭聖萬壽宮碑》
西嶽廟	廟外樹兩楔，東西相對。南對又有亭，用以備樂。	明萬曆《華陰縣志》
	廟外樹兩楔綽，南對又有亭，用以備樂。	雍正《陝西通志》
曲陽北嶽廟	今祠乃在曲陽，祠北有望嶽亭，新晴氣清，則望見大茂。	北宋《夢溪筆談》

〔註78〕朱孝純，《乾隆泰山圖志》，卷四上，祠宇一，清乾隆三十九年刻本。

	舊有望嶽亭,在殿北。	清光緒《重修曲陽縣志》
中嶽廟	坊之北為草參亭,亭北為天中閣。	明隆慶《嵩嶽志》
	祠之外有亭,匾曰草參。過客憚於入謁,多展拜於此。	嘉靖《遊嵩山記》
	而遙參亭則仰止展拜地也。	康熙《說嵩》
	遙參亭在天中閣南,碧瓦重簷,亦偉麗壯觀。過客憚於入謁,多展拜於此,明都穆《遊嵩記》有說。俗呼「早參」、「曹參」皆非也。亭方圍一百四十尺。	清康熙《嵩嶽廟史》

圖 6.45　岱廟遙參亭現狀圖

（圖片來源：筆者自攝）

圖 6.46　中嶽廟遙參亭現狀圖

（圖片來源：筆者自攝）

6.7.2　四面蕭牆闕門、臺門之制

　　五嶽嶽廟四周繚繞蕭牆，四面按照各自方位闕門，模仿帝王宮廷之制。岱廟、南嶽廟均於四面開門，曲陽北嶽廟和中嶽廟不設北門，闕有三門，僅有西嶽廟特殊，唯有一門，似有加強防守之意。

　　岱廟正陽門和西華門因保留有宋元建築信息，契合宋《營造法式》規定，而具有很高的文物價值〔註 79〕。中嶽廟天中閣為「中嶽廟之南門也。門臺高逾三丈，上建樓五間。修簷曲檻，碧瓦覆之，頗稱偉麗。嘉靖戊午，知縣劉汝登建。工部尚書朱公衡改名天中閣」。〔註 80〕明嘉靖時期始創臺門，仿紫禁城天安門之制，氣勢雄壯。（表 6.30、圖 6.47、圖 6.48）

〔註 79〕梁思成先生在所著《營造法式注釋》中附有一張正陽門照片，認為此門為元代建築，有學者認為此門為明代重建之物，存留有宋代建築風格，故被建築學家重視，詳見劉慧，《泰山岱廟考》，濟南：齊魯書社，2000 年，頁 89；趙祥明，《淺析岱廟西華門的文物價值和科學保護》，《古建園林技術》，2006 年第 2 期，頁 9～11。

〔註 80〕傅梅，《萬曆嵩書》，明萬曆四十年刻本。

表 6.30 五嶽嶽廟四面蕭牆闢門之制

嶽　廟	門數	南	北	東	西
岱　廟	4	正陽門（臺門）	後宰門	東華門	西華門
南嶽廟	4	正南門（臺門）	後北門	無	無
西嶽廟	1	五鳳樓（臺門）	無	無	無
曲陽北嶽廟	3	神門（縣城西南門）	無	東大門	縣城西門
中嶽廟	3	天中閣（臺門）	無	東華門	西華門

圖 6.47 岱廟正陽門測繪圖

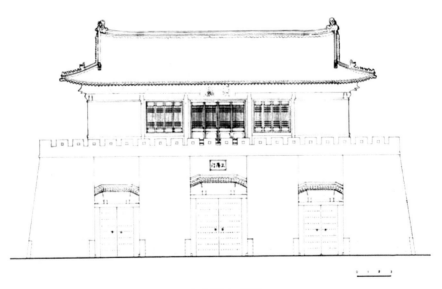

正陽門立面圖

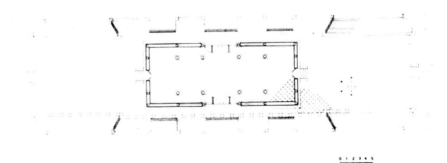

正陽門平面圖

（圖片來源：陳從周《岱廟》）

圖 6.48 中嶽廟天中閣測繪圖

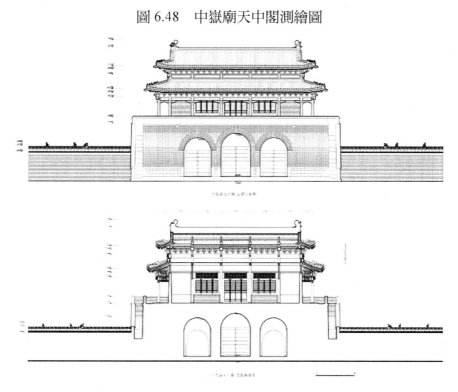

（圖片來源：清華大學建築學院中嶽廟測繪成果）

6.7.3 堞城、角樓之制

五嶽嶽廟設立堞城，於四角設置角樓，均有仿照宮城之意，在建築設置上以使嶽廟供奉的嶽神達到帝王封號的規制。岱廟、南嶽廟和西嶽廟是現存堞城完好的遺例，其餘二廟均已不存。（表 6.31、表 6.32、圖 6.49）

表 6.31 五嶽嶽廟堞城之制

嶽　　廟	具體描述	備　　註
岱　　廟	堞城高二丈，周三里，城門有八，凡門各有樓	萬曆《岱史》
南嶽廟	繚以周垣	嘉靖《重修南嶽廟記》
西嶽廟	繞以周垣	道光《華嶽志》
曲陽北嶽廟	曲陽北嶽廟以縣城南北西三面城牆作為蕭牆	嘉靖《北嶽廟圖》碑
中嶽廟	金代承安重修碑中有堞城角樓之制，後已不存	《大金承安重修中嶽廟圖》碑

表 6.32　五嶽嶽廟角樓之制

嶽　廟	具體描述	備　註
岱　廟	四角亦建樓西北曰乾樓，東北曰艮樓，東南曰巽樓，西南曰坤樓	弘治元年《泰安州志》
南嶽廟	復四角樓	嘉靖《重修南嶽廟記》
西嶽廟	角樓四翼	道光《華嶽志》
中嶽廟	金代承安重修碑中有堞城角樓之制，後已不存	《大金承安重修中嶽廟圖》碑

圖 6.49　岱廟堞城、四隅角樓現狀圖

（圖片來源：筆者自攝）

6.7.4　中軸線重門之制

　　五嶽嶽廟中軸線是最重要的禮制空間，重門之制也是模仿照宮城「三朝五門」之意，嶽門重門設有 3～4 重（表 6.33），較宮城之制略低。景日昣在《嵩嶽廟史》中詳述了中嶽廟重門之制的象徵意義，「歷四門之殿，殿正當五數也。土正位也，四嶽各定其方，拱向以依歸於上也。使皆南向焉，氣不屬

矣。木無土不長，火五土不榮，金無土不收，水無土不堅也。分之有合氣焉，嶽益尊也」。〔註81〕

表 6.33　五嶽嶽廟中軸線重門之制

嶽　廟	重門數	廟　門	二　門	三　門	正殿門
岱　廟	3	正陽門（臺門）	配天門		仁安門
南嶽廟	3	櫺星門	正南門（臺門）		嘉應門
西嶽廟	4	灝靈門	五鳳樓（臺門）	櫺星門	金城門
曲陽北嶽廟	4	神門（縣城西南門）	朝嶽門	凌霄門	三山門
渾源北嶽廟	1	崇靈門			
中嶽廟	4	天中閣（臺門）	外三門	崇聖門	峻極門

6.7.5　鐘鼓樓之制

　　五嶽嶽廟作為國家官方祭祀祠廟，日常有道士提點管理，因此嶽廟也設置了一般道觀常設的鐘鼓樓，以此來控制祭祀修行的作息時間。鐘鼓樓的具體位置因廟而異，有的設置於中軸線前端建築序列，有的則布置於正殿核心院落內，現存的鐘鼓樓僅存留於岱廟、南嶽廟和渾源北嶽廟，其餘各嶽廟的鐘鼓樓均已損毀，有的甚至基址無存。（表 6.34、圖 6.50）

表 6.34　五嶽嶽廟鐘鼓樓之制

嶽　廟	位置	布局形制	屋頂	層數	備　註
岱　廟	正殿核心庭院迴廊中央	左鼓右鐘	單簷歇山頂	2	鼓樓無存
南嶽廟	廟牆前區正南門與櫺星門之間	左鐘右鼓	單簷攢尖頂	1	鐘鼓亭
西嶽廟	廟牆前區五鳳樓與灝靈門之間 後改在核心庭院	左鼓右鐘	單簷歇山頂	2	現已無存
曲陽北嶽廟	無鐘鼓樓設置				
渾源北嶽廟	正殿之前	左鐘右鼓	單簷歇山頂	2	
中嶽廟	無鐘鼓樓設置				

〔註81〕景日昣纂，《嵩嶽廟史》，清康熙 35 年刻本。

圖 6.50　岱廟鐘鼓樓測繪圖

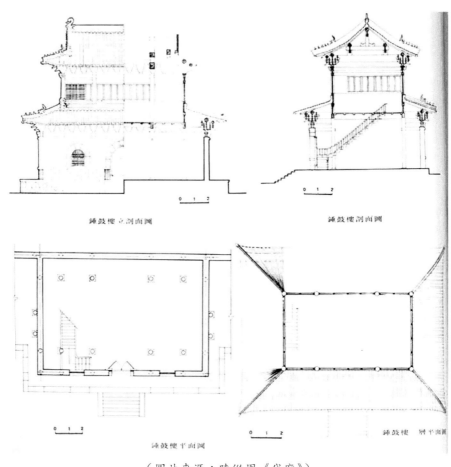

鍾鼓樓立剖面圖　　　　　　　　　　　　鍾鼓樓剖面圖

鍾鼓樓平面圖　　　　　　　　　　　　鍾鼓樓　屋平面圖

（圖片來源：陳從周《岱廟》）

　　關於鐘鼓樓東西向設置問題，侯衛東認為「嶽廟內鐘鼓樓設置為左鼓右鐘，按道教常規設置。」〔註82〕與一般寺院「左鐘右鼓」方位配置相反，嶽廟內多為「右鐘左鼓」，如岱廟鐘樓設置於大殿西側廊廡中央、鼓樓位於大殿東側廊廡中央，鐘鼓相對，形成呼應之勢。

6.7.6　碑樓、碑亭之制

　　五嶽嶽廟歷史久遠，為歷代帝王所重視，帝王親祭、遣官代祀、或是敕建重修等等事項，均被當事人鄭重地刻碑記事，以名後世。因此，嶽廟內碑

〔註82〕侯衛東，《西嶽廟建築研究》//張馭寰，郭湖生主編，《中華古建築》，北京：中國科學技術出版社，1990 年，頁 303。

碣林立，樓亭並列的布局相當普遍，凡是帝王敕封或敕修的諭旨皆有碑樓或碑亭遮覆其外，形成嶽廟內見證歷史的陣列，與曲阜孔廟設置碑樓相似。（表6.35）

表 6.35　五嶽嶽廟碑樓碑亭之制

嶽　廟	位　置	數目	屋　頂	備　註
岱　廟	正殿露臺 2 座、核心庭院 2 座、重門之間 4 座	8	重簷歇山頂	核心庭院 2 座、重門之間 4 座無存
南嶽廟	核心庭院 2 座、正殿庭院前部 1 座、廟牆前部之間 2 座	5	單簷攢尖頂重簷攢尖頂	核心庭院 2 座無存
西嶽廟	核心庭院 4 座、正殿庭院前部 7 座	11	重簷攢尖頂	正殿庭院前部 7 座無存
曲陽北嶽廟	核心庭院碑樓 2 座，碑亭 5 座	7	重簷攢尖頂	尚存 6 座
中嶽廟	金代有碑樓設置，至清代僅存 1 座無字碑亭			

6.7.7　中軸線其餘建築

6.7.7.1　廟內牌坊

　　牌坊為古建築群中標示院落進深的景觀節點，多重牌坊塑造了整個建築群縱向空間的深遠，同時牌坊的材料構造、裝飾紋樣以及題名楹聯等等，都有其深刻的文化內涵和建築美觀。五嶽嶽廟的牌坊多在 2～4 之間（表 6.36），有石刻也有木構，如岱廟坊就是一座精美的石製牌坊，有著重要的美學價值和歷史意義。（圖 6.51）

表 6.36　五嶽嶽廟廟內牌坊之制

嶽　廟	牌坊數	一重	二重	三重	四重
岱　廟	2	遙參亭坊	岱廟坊		
南嶽廟	2	天下南嶽坊（廟外）	櫺星門		
西嶽廟	4	東西木牌樓（無存）	天威咫尺坊	少昊之都坊	蓐收之府坊
曲陽北嶽廟	1	南門外一重	東門外一重		
中嶽廟	3	名山第一坊	配天坐鎮坊	嵩高峻極坊	

圖 6.51　岱廟坊測繪圖

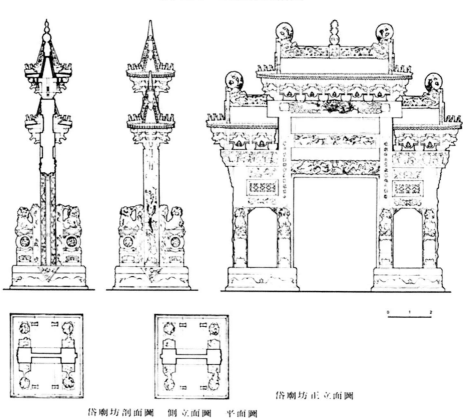

岱廟坊剖面圖　側立面圖　平面圖　　岱廟坊正立面圖

（圖片來源：陳從周《岱廟》）

6.7.7.2　四嶽殿

現存中嶽廟的四嶽殿為中嶽廟所特有的形制，東、南、西、北四嶽嶽神位於各自方位所在殿宇，東西相向，布局極為特殊（圖 6.52），清代學者對這種形制多有爭議。

清康熙《登封縣志》中對這種布局有異議，認為不合禮制，應當把四嶽殿改置南北朝向：

> 嵩嶽殿中南面，而岱、華、恒、衡四殿在峻極門外，左右分
> 列，若君臣然，於禮乖謬，擬宜改置南面，各繚門垣，如古列侯互
> 相朝聘，而會聚有館之義，方妥。〔註83〕

〔註83〕張聖誥、景日昣，《康熙登封縣志》，卷之三，《嶽祀志》，清康熙三十五年刻
　　　本。

圖 6.52　康熙中嶽廟圖中的四嶽殿設置

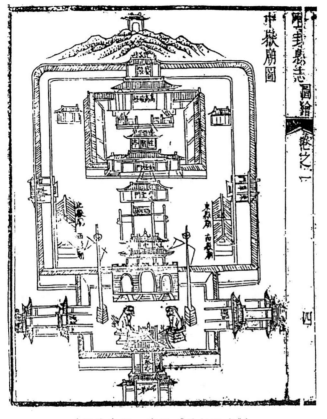

（圖片來源：康熙《登封縣志》）

　　同時期的康熙登封籍學人景日昣在其著作《嵩嶽廟史》中對此看法存在異議，主張保留四嶽殿現有規制，合於古制：

> 　　四殿在峻極門外，左右相向，張簷碧瓦，制亦壯偉。前令傳梅曾有撤像之議，云五嶽位尊體敵，今列侍門外若君臣然，禮殊乖謬。……邑志亦主是說。夫以為五嶽勢均體敵，此牽於封祀之說也，竊嘗以理論之矣。……。然則中嶽居中正位，四嶽拱列揆之，於理有根據矣。廟建自上古，前人凡事縝密，必有確見。今峻極門外大周一碑斑剝極古，內稱中嶽土官之宮。宋駱文蔚碑旁王珣琇提名稱：「奉命恭祀土王。」前人篤於信理識定，筆直如此。廟傳既久，名公大人瞻拜此地者多矣，卒無有意改作者，何也？仍舊貫可矣。〔註84〕

〔註84〕景日昣纂，《康熙嵩嶽廟史》，卷五，清康熙35年刻本。

景日昣又進一步運用五行學說，認為中嶽當屬土位，理應最受隆崇，故可以在中嶽廟中設置四嶽殿這種特有形制：

> 四嶽各定其方，拱向以依歸於上也，使皆南向焉，氣不屬矣。
> 木無土不長，火五土不榮，金無土不收，水無土不堅也。分之有合
> 氣焉，嶽益尊也。〔註85〕

6.7.8　正殿核心廊院

嶽廟正殿核心院落是由正殿、寢殿、穿殿、正殿門、廊廡、垣牆以及其他附屬建築組成的，是整座嶽廟建築群中最重中之重的禮制空間。

白穎博士在其博士論文《明代王府建築制度研究》中認為，「除去基址規模以外，正殿（廳）院落的規模、布局及正殿（廳）建築本身的形制也是建築群等級的重要象徵」。〔註86〕五嶽嶽廟作為禮制建築群「中祀」等級的建築群，其核心庭院大小、建築布局形制以及正殿建築形制均與明代「王制」建築等級相吻合，這與歷代帝王對五嶽嶽神追加帝王封號，不斷擴建的營建活動室息息相關的。

表 6.37　五嶽嶽廟正殿核心庭院概述

嶽 廟	正 殿	寢 殿	穿 殿	廊 廡	正殿門	附屬建築	備 註
泰安岱廟	殿身9間，出前廊	正寢5間配寢3間	無	108間	5間	鐘鼓樓、祭臺、御碑亭	
衡山南嶽廟	殿身7間，周圍廊	5間	無	106間	7間	御書樓7間、焚帛爐	廊廡接於寢殿
華陰西嶽廟	殿身7間，周圍廊	5間	穿堂3間（明）	84間	5間	石橋、御碑亭	宋—明「工」字殿
曲陽北嶽廟	殿身7間，周圍廊	無	無	無	無	飛石殿、御碑亭	無核心庭院
登封中嶽廟	殿身9間，無迴廊	7間	琉璃過道（金）	78間	5間	牌坊、祭臺、御碑亭	金「工」字殿

〔註85〕景日昣纂，《康熙嵩嶽廟史》，卷五，清康熙35年刻本。

〔註86〕白穎，《明代王府建築制度研究》（博士學位論文），北京：清華大學建築學院，2007年，頁246。

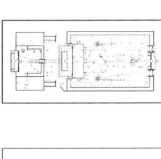

河南登封　中岳廟

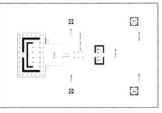

河北曲阳　北岳廟

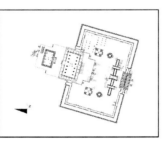

陝西华阴　西岳廟

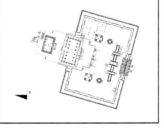

湖南衡山　南岳廟

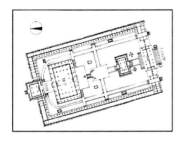

山东泰安　岱廟

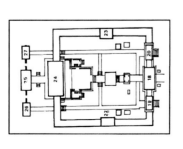

圖 6.53　五嶽嶽廟核心庭院總平面圖匯總

（圖片來源：作者自繪）

　　經研究，大致明確五嶽嶽廟的正殿核心庭院的特點，發現嶽廟核心庭院是以正殿為最核心建築，7 間至 9 間不等；其次為寢殿、殿門，多為 5 間；歷史上西、中二嶽廟曾有穿殿，與正殿和寢殿形成「工字殿」形制，明後均已毀圮；廊廡環繞四周，或接於正殿，或接於寢殿，間數為 80～110 間左右；其他附屬建築，諸如御碑亭、鐘鼓樓、祭臺、石橋水池、焚帛爐等，均為祭祀配套設施，進一步完善了正殿核心庭院的祭祀功能。（表 6.37、圖 6.53）

6.7.8.1　正殿

　　正殿建築制度無疑是「建築群等級的最重要也是最直觀的象徵」，[註87]正殿建築面闊開間、進深間數、規模尺度、屋頂形式、琉璃瓦顏色，斗栱形式以及月臺、臺階重數、出陛數目等等都是決定正殿等級的重要因素。以下將五嶽嶽廟正殿建築形制統計如下（表 6.38、圖 6.54）。

表 6.38　五嶽嶽廟正殿建築形制統計表

大　殿	開　　間	進　深	長×寬（米）	建築面積	通高（米）	檁數	屋頂形式	備　　註
岱廟天貺殿	面闊 9 間出前廊	進深 5 間無迴廊	43.67×17.18	750.3 m²(4)	22.3	7	重簷廡殿頂	黃色琉璃瓦；明清官式做法
南嶽廟聖帝殿	面闊 7 間周圍廊	進深 3 間周圍廊	53.68×35.3	1894.9 m²(1)	31.11	19	重簷歇山頂	黃色琉璃瓦；清代湖南地方做法
西嶽廟灝靈殿	面闊 7 間周圍廊	進深 5 間周圍廊	37.07×22.48	833.3 m²(3)	18.16	13	單簷歇山頂	黃色琉璃瓦；清代陝西地方做法
曲陽北嶽廟德寧殿	面闊 7 間周圍廊	進深 5 間周圍廊	34.88×25.96	905.5 m²(2)	21.71	11	重簷廡殿頂	黃色琉璃瓦、綠琉璃瓦剪邊；元代官式做法
渾源北嶽廟貞元殿	面闊 5 間出前廊	進深 4 間	20.00×14.1	282 m²(6)		7	單簷歇山頂	黃色琉璃瓦；綠琉璃瓦剪邊；明代山西地方做法
中嶽廟峻極殿	面闊 9 間無迴廊	進深 5 間無迴廊	38.20×17.38	663.9 m²(5)	18.31	11	重簷廡殿頂	黃色琉璃瓦；明清官式做法

（資料來源：劉慧《泰山岱廟》；湖南省南嶽管理局《南嶽衡山文化遺產調研文集》；清華大學建築學院西嶽廟、中嶽廟測繪成果；聶金鹿《曲陽北嶽廟德寧之殿結構特點芻議》；常學文《北嶽恒山元靈宮》）

〔註87〕白穎，《明代王府建築制度研究》（博士學位論文），北京：清華大學建築學院，2007 年，頁 249。

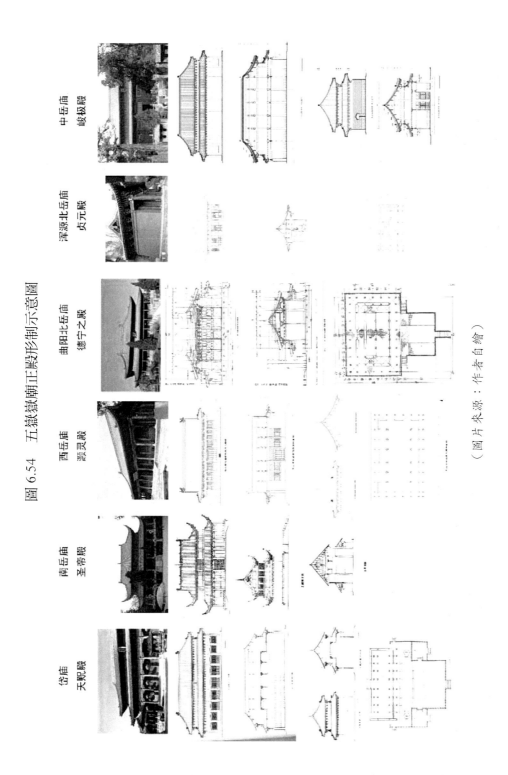

圖 6.54　五嶽嶽廟正殿形制示意圖

岱廟　　南岳庙　　西岳庙　　曲陽北岳庙　　渾源北岳庙　　中岳庙
天貺殿　　圣帝殿　　灝灵殿　　德宁之殿　　贞元殿　　峻极殿

（圖片來源：作者自繪）

　　從上表可知，五嶽嶽廟正殿殿身面闊多為 7～9 間，建築面積以南嶽廟為最大，屋頂形制有重簷廡殿頂、重簷歇山頂和單簷歇山頂，多數均為黃色琉璃瓦覆頂，其形制基本達到「王」制等級，有些已經接近皇宮大內正殿制度，南嶽廟的總高度甚至超過故宮太和殿的單體高度。〔註88〕

　　白穎博士關於明代王府建築群與其他等級建築群的比較研究中，通過比較天子奉天殿、親王承運殿、明初敕建的報恩寺大殿、曲阜孔廟大成殿、崇善寺大殿以及岱廟和南嶽廟大殿，認為「奉天殿是等級最高的建築，使用了最大的面闊與間數，三重臺基、黃琉璃唯有天子等級可以使用，大報恩寺為永樂皇帝『傾天下之財力，為高帝及后營福者也』〔註89〕，等級與天子同，『梵宇皆準大內式』〔註90〕。王級的正殿建築包括親王府的承運殿、曲阜孔廟大成殿、崇善寺大殿等，面闊 9 間，重簷殿堂，臺基兩重，〔註91〕其中有明確記載的親王正殿與孔廟大成殿都使用了青綠點金彩畫，綠琉璃屋面。〔註92〕明代嶽廟雖革前代所封王號，止稱某嶽之神，但從其正殿的特徵來看，當仍延續了「王」的等級，岱廟正殿的臺基仍為兩重。」〔註93〕

　　五嶽嶽廟的歷史文獻中的記載也印證了嶽廟的王制。李榮陛在《謁嶽廟記》中詳細記載了清康雍兩朝重修南嶽廟，必須使用黃色琉璃瓦，以此來滿足南嶽大殿「王制」的規格：

> 本朝自康熙庚寅興修、雍正癸丑，趙撫宏恩支銀八千餘，乾隆丙寅，楊撫錫紱，支銀萬七百，歷年三十一而三修。苟左右觀寺得人宜不至此。廟後平田，屬於澗絕水，登之右脈，迤田內右行，即於廟，負赤帝以臨前村，勢甚堂皇。

〔註88〕孫大章，《中國古代建築史（第五卷：清代建築）》，北京：中國建築工業出版社，2002 年，頁 422，中認為「太和殿內金柱高 12.63 米，加上屋架高度使殿身結構總高達到 24.14 米，在古代單層建築實例中以此為最高」，但是南嶽廟大殿總高達 31.11 米，超過了太和殿的總高。

〔註89〕王世貞，《遊報恩寺塔記略》//葛寅亮，《金陵梵剎志》，卷三十一，民國二十五年金山江天寺影印本。

〔註90〕葛寅亮，《金陵梵剎志》，卷三十一，民國二十五年金山江天寺影印本。

〔註91〕靖江王府承運殿臺基為兩重，見林哲，《明代王府形制與桂林靖江王府研究》（博士學位論文），廣州：華南理工大學建築學院，2005 年，頁 173。

〔註92〕孔廟大成殿在明代使用綠琉璃瓦，青綠間金彩畫，參《闕里志》中弘治廟制的記載。

〔註93〕白穎，《明代王府建築制度研究》（博士學位論文），北京：清華大學建築學院，2007 年，頁 249。

……，余惟肅謁大殿，餘未探，此廟明末傾圮，康熙四十九，

大吏用銀四萬兩重修，其宏敞輝煌，推為前所未有；其時，閣學宋

大業以正樑細小，正殿無琉璃瓦劾之，趙公申喬為偏，沅撫疏辯云：

湖南窯匠不能為綠黃之筒瓦，故以本色估用。予謂，殿瓦王制也，

舟運且為之，況北匠尤易致乎，惟度木頗不易。〔註94〕

　　景日昣認為，中嶽廟大殿形制以及屋頂琉璃瓦顏色之制，均為王府之制，「周以石檻開三階，中為神道，殿蓋一色純碧，制蓋仿藩府為之，椽桷粉繪壯麗非常」。〔註95〕

　　宋紹聖年間王易所撰《北嶽大殿增建引簷記》中認為宋代北嶽廟大殿模擬宮城形制營建，「廟居體撫，放於宮城，以盡壯麗」〔註96〕，足見嶽廟在宋代禮制建築中的等級重要性，又表明五嶽嶽廟大殿的形制既有帝制，又合王制，充分體現了歷次敕封五嶽嶽神封號的影響。

6.8.8.2　寢殿

　　五嶽嶽廟於大殿之後設置寢宮，始於唐宋時期五嶽嶽神帝后咸封封號，寢殿成為安放嶽神神像之所，帝后並處。現存嶽廟中，除曲陽北嶽廟無寢殿設置，其餘各廟均有寢殿，特別是岱廟形制尤其完備，東西還有配寢，形成三座寢殿並置的布局。寢殿一般面闊 5 間，單簷歇山頂，南嶽廟和中嶽廟規制較高。（表 6.39、圖 6.55）

表 6.39　五嶽嶽廟寢殿建築形制統計表

嶽　　廟	開　間	進深	屋頂形式	臺　基	備　　註
岱廟寢殿	正寢 5 間 配寢 3 間	均為 3 間	單簷 歇山頂	「工字形「臺基 與大殿相連	黃色琉璃瓦；明清官式 做法
南嶽廟寢殿	5 間	5 間	重簷 歇山頂	「工字形「臺基 與大殿相連	黃色琉璃瓦；清湖南地 方做法
西嶽廟寢殿	5 間	3 間	單簷 歇山頂	「工字形「臺基 與大殿相連	黃色琉璃瓦；原殿已 毀，現殿由華陰縣文廟 大成殿遷建而來

〔註94〕李榮陛，《謁嶽廟記》∥李元度，《光緒重修南嶽志》，清光緒九年刻本。

〔註95〕景日昣纂，《康熙嵩嶽廟史》，卷五，清康熙 35 年刻本。

〔註96〕王易撰，《北嶽大殿增建引簷記》∥薛增福、王麗敏，《曲陽北嶽廟》，石家莊：河北美術出版社，2000 年，頁 126～127。

曲陽 北嶽廟寢殿	宋代曾有寢殿設置，明清時已無存				
渾源 北嶽廟寢殿	5間	3間	重簷 歇山頂	單重臺基，基高 3.33米；無月臺	黃色琉璃瓦；清山西地 方做法
中嶽廟寢殿	7間	3間	單簷 歇山頂	單重臺基	黃色琉璃瓦；有獨立迴 廊院、垂花門設置；寢 殿月臺上有柏亭

圖 6.55　岱廟寢殿測繪圖

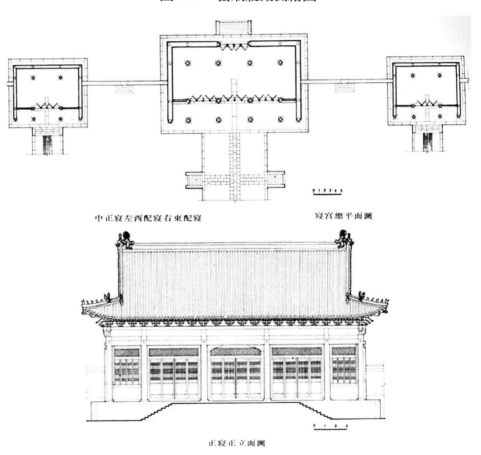

（圖片來源：陳從周《岱廟》）

　　景日昣在康熙《嵩嶽廟史》中認為嶽神與后妃設置在寢殿中，不夠莊重，有違禮制，希望能撤掉后妃之像。同時又引經據典，考證寢殿之制，認為嶽廟仿朝寢之制，合於古制。

在峻極殿後，其制五間，碧瓦複拱，弘麗亞於大殿，前朝後寢之制也。中奉嶽神並妃像，唐所封天靈妃、天中黃後者也。妃、后飾則宋祥符所崇飾。韋行儉所謂「自中天王洎夫人，纓婑冕服，首飾步搖，間以金翠」者也。兩旁置龍榻，嶽神正偃。兩妃帛飾旁坐，宛如近世婦人像，褻侮甚矣！則黃冠之好事也。殿方圍二百五十尺，外覆以長廊，直接峻極殿後簷。

按：《通典》周制，天子有四朝，一曰外朝，一曰內朝，亦謂路寢之朝。正朝視事，退適路寢聽政。漢蕭何建未央宮，言前殿宜有後殿。前殿為外朝，後殿為治朝。唐外朝為含元殿，非朝會不禦。內朝為宣政殿，亦謂之正衙，則見群臣百官，名曰常參。今廟制仿朝制寢殿，古之路寢制也，奉神妃於中，殊不當理。傅梅當日有撤四嶽像之議，無撤神妃像之議，何耶？〔註97〕

6.8.8.3　穿殿

穿殿，即連接正殿與寢殿的殿宇，一般為東西向布局，與前後兩殿垂直相交，與正殿、寢殿一起組成「工字殿」形制。「工字殿」形制在宋金時期祠廟中較為普遍，汾陰后土祠、濟源濟瀆廟以及五嶽嶽廟中的中嶽廟和西嶽廟都存在「工字殿」形制。（表 6.40、圖 6.56、圖 6.57）

表 6.40　五嶽嶽廟穿殿建築之制

嶽　廟	具體描述	文獻來源	備　註
中嶽廟	殿後長廊直接寢殿	康熙《登封縣志》	現已無存
	內寢接簷為長廊，古路寢制也	康熙《說嵩》	
	琉璃過道	《大金承安重修中嶽廟圖碑》	
西嶽廟	穿堂三間	嘉靖《陝西通志》	

〔註97〕景日昣纂，《康熙嵩嶽廟史》，卷五，清康熙 35 年刻本。

圖 6.56 《大金承安重修中嶽廟圖》碑

（圖片來源：傅熹年《中國古代城市規劃、建築群布局及建築設計方法研究》）

圖 6.57 乾隆西嶽廟圖中的工字殿形制

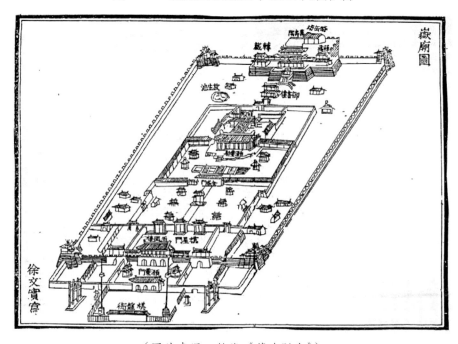

（圖片來源：乾隆《華陰縣志》）

6.8.8.4　正殿院門

正殿殿門作為整個核心庭院最南側的大門，是整個核心庭院中僅次於正殿和寢殿的單體建築。五嶽嶽廟正殿殿門規制較高，面闊一般為 3〜5 間，普遍採用「分心槽」的平面形制，屋頂多用黃色琉璃瓦，與正殿一起構成嶽廟最核心的空間。（表 6.41）

表 6.41　五嶽嶽廟正殿殿門之制

嶽　　廟	正殿殿門	開間	進深	平面形制	屋　　頂	東西掖門
岱　　廟	仁安門	5 間	2 間	分心槽	單簷歇山頂，黃琉璃瓦	東西角門各 3 間
南嶽廟	嘉應門	7 間	2 間	分心槽	單簷歇山頂，黃琉璃瓦	東西角門各 3 間
西嶽廟	金城門	5 間	2 間	分心槽	單簷歇山頂，黃琉璃瓦	東西角門各 1 間
曲陽北嶽廟	凌霄門	3 間	2 間	分心槽	單簷硬山頂，灰瓦	無
渾源北嶽廟	崇靈門	3 間	2 間	分心槽	單簷懸山頂，黃琉璃瓦	無
中嶽廟	峻極門	5 間	2 間	分心槽	單簷歇山頂，黃琉璃瓦	東西角門各 3 間

6.8.8.5　迴廊

迴廊是整個核心庭院與外界相隔的聯通性空間，對內開啟對外封閉，起到了限定空間的功用。迴廊前與正殿殿門相接，後於正殿相接，或與寢殿相接，形成「口」字形平面格局；金代中嶽廟迴廊同時接於正殿和寢殿兩側，形成了「日」字形平面。（表 6.42、圖 6.58、圖 6.59）

表 6.42　五嶽嶽廟迴廊之制

嶽　　廟	現狀間數	歷史間數	交接位置	備　　註
岱　　廟	東西各 54 間，即 108 間	康熙重修時為廊房百間，即 100 間	南接正殿殿門；北接正殿	現東廊已圮；東西兩廡中間為鐘鼓樓
南嶽廟	東西各 53 間，即 106 間	明：96 間 清：106 間	南接正殿殿門；北接寢殿	明末為 76 間
西嶽廟	東西各 42 間，即 84 間	明：90 間／80 間 清：80 間	南接正殿殿門；北接正殿	嘉靖：東司 47 間、西司 47 間
曲陽北嶽廟	無	無	無	明清史料來看，無迴廊院設置

渾源北嶽廟	無	無	無	山勢陡峭，佔地狹隘，不宜設置迴廊院
中嶽廟	東西各 39 間，即 78 間	清康熙 84 間	南接正殿殿門；北接正殿	康熙《嵩嶽廟史》左右兩廡為 84 間

圖 6.58　五嶽嶽廟迴廊庭院測繪總平面圖匯總

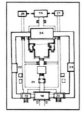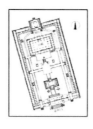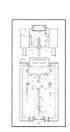

山東泰安 岱廟　　　　湖南衡山 南岳廟　　　　陝西華陰 西岳廟　　　　河北曲阳 北岳廟　　　　河南登封 中岳廟

（圖片來源：筆者自繪）

圖 6.59　《大金承安重修中嶽廟圖》碑中「日」字型平面形制

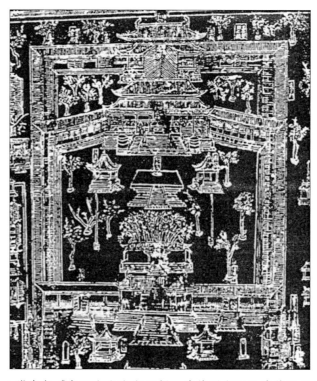

（圖片來源：傅熹年《中國古代城市規劃、建築群布局及建築設計方法研究》）

迴廊的間數直接限制了整個核心庭院的大小，間數的多少、東西向和南北向的迴廊間數的多少決定了迴廊庭院的形態。如南嶽廟的迴廊間數在明清時期一直處於變動之中，有諸多間數之制：明弘治 96 間、嘉靖 96 間、萬曆 76 間、清乾隆 106 間，之後遂成定制，遺存至今。（表 6.43）

表 6.43　南嶽廟迴廊間數變遷匯總

時　期	間　數	具體描述	文獻來源
明弘治	96 間	東西廊房九十六間	弘治《衡山縣志》
明嘉靖	96 間	修完東廊四十八間，西廊三十五間，……，補完西廊十三間	光緒《重修南嶽志》
明萬曆	76 間	後殿與后並處，東西北三廊，壁宋武洞清遺畫，為廊七十六間	萬曆《衡嶽志》
清乾隆	106 間	自寢宮至嘉應門，東、西環廊一百六間	乾隆《南嶽志》

由上可知，南嶽廟東西迴廊自寢宮至嘉應門為 106 間，明萬曆、清康熙時期史料記載均為 76 間，說明明末清初時期南嶽廟制保持不變，在清中期擴修迴廊 30 間，由此可推測，原先迴廊僅從大殿至嘉應門，乾隆時期迴廊增拓，向北延至寢宮兩側，值得進行更深入的探討。

同時，嶽廟迴廊間數還有一定的象徵意義。康熙景日昣《嵩嶽廟史》中對中嶽廟迴廊間數的象徵意義作了如下的詮釋：

> 左右廊南北向者二十間，四其五、二其十也；南向以象陽，北向以象陰；其數各十，土之位也。東西向者六十四，全《易》之數，天地、山水、風雷、澤火之遞生無窮也。〔註98〕

6.8.8.6　亭

核心庭院中，各種亭式建築也是重要的組成元素，根據功能分為兩類：一是祭祀相關的亭，如御香亭、御帛亭等；二是碑亭。（表 6.44）

〔註98〕景日昣纂，《康熙嵩嶽廟史》，清康熙 35 年刻本。

表 6.44　五嶽嶽廟核心庭院亭式建築

亭	岱　廟	西嶽廟	曲陽北嶽廟	中嶽廟
御碑亭	2 座，六角形平面；正殿月臺上	2 座，方形平面	6 座，方形平面；正殿月臺兩側	2 座，露臺兩側
生賢亭				金為降神殿，現為嵩高峻極坊
御香亭		2 座，八角形平面		已圮，現為御碑亭
御帛亭				已圮，現為御碑亭

6.8.8.7　小結

由上可知，五嶽嶽廟正殿核心庭院的建築布局大致相同，但也有一定差異：

一、曲陽北嶽廟因無廊廡環繞，無法形成核心庭院，因此重點分析其餘四廟。

二、有廊廡圍合形成的核心庭院，因廊廡相接位置不同而大小不一。如南嶽廟廊廡接於寢殿兩側，因此核心庭院涵蓋寢殿。其餘三廟如岱廟、西嶽廟和中嶽廟核心庭院僅為正殿庭院，不包括寢殿。但是，根據歷史圖像記載，廊廡的相接位置多有遷移，金代中嶽廟的廊廡既接正殿又接寢殿，形成「日」字形平面。

三、歷史上五嶽嶽廟建築形制，因歷代復建時有變更，還曾出現過穿殿形成「工字殿」形制。

四、正殿殿門均採用「三門」制度，中為正門，兩側為配門，一大二小，規制隆崇。

6.7.9　御書樓之制

康熙《說嵩》中提到明萬曆間，敕頒《道藏》給五嶽嶽廟，於是嶽廟中統一興建藏經樓或御書樓形制的建築，以貯道經。

> 附廟之後為黃籙殿。明萬曆間，敕降《道藏》經函貯於內。鼎革兵燹，無存焉。〔註99〕

〔註99〕景日昣，《康熙說嵩》，清康熙間刻本。

清乾隆時期，西嶽廟為了收藏高宗御書石碑，遂於寢殿與萬壽閣之間興建御書樓以貯御碑。（表 6.45）

表 6.45　五嶽嶽廟御書樓之制

嶽 廟	名 稱	位 置	具體描述	現 狀
南嶽廟	御書樓	在大殿前，核心庭院內	重樓五間，在大殿前	七間兩層單簷歇山頂
西嶽廟	御書樓	寢殿後有御書樓	而御書樓巍峙於正中。乾隆四十四年，畢公祈雨，高宗純皇帝（乾隆）御書「嶽蓮靈澍」四大字，以昭神貺	五間兩層單簷歇山頂
	藏經閣	西嶽廟最後一進，萬壽閣兩側	並建小閣，以藏道經。（明萬曆始建）	五間兩層單簷歇山頂
中嶽廟	黃籙殿	寢殿後，中嶽廟最後一進	附廟之後為黃籙殿。明萬曆間，敕降《道藏》經函貯於內。鼎革兵燹，無存焉	九間兩層磚砌單簷硬山頂建築

（資料來源：乾隆《南嶽志》、咸豐《華嶽圖經》、康熙《說嵩》）

6.7.10　東西兩路祭祀附屬建築

6.7.10.1　御香亭、宰牲亭、神廚、神庫

表 6.46　五嶽嶽廟東西兩路祭祀附屬建築之制

嶽 廟	位 置	具體描述	備 註
岱廟	軸線西側	御香亭在誠明堂後，凡朝廷遣使齋香於嶽祠，先置於亭，擇吉而後奠神，垣周石刻名人詩文。	康熙《泰安州志》
南嶽廟	嘉應門東	神廚三間，在嘉應門東紅牆外，廚引壽潤水，供盥滌，水循廊而出。	光緒《重修南嶽志》
西嶽廟	金城門南，東西兩側	前為金城門，門外神茶殿、祭器所，西向列鬱壘殿、易服亭，東向列左宰牲所、右致齋所。	萬曆《華嶽全集》
曲陽北嶽廟	東昭福門外甬道之北	東昭福門外，甬道之北為神廚所，內有齋宿所、庫房、神廚房、宰牲所。	光緒《重修曲陽縣志》
中嶽廟	在崇聖門左	東除神庫，蓋焚燎之所。舊覆鐵絡，四鐵人持鈕維以繫洛者，金時鑄也。	康熙《說嵩》

6.7.10.2 祭司官員住所：致齋所

表 6.47 五嶽嶽廟致齋所之制

嶽 廟	位 置	具體描述	備 註
岱 廟	軸線東側	迎賓堂在嶽祠東，有司宴王人、大賓客之所。	康熙《泰安州志》
	軸線西側	誠明堂在嶽廟內之西延禧殿後，凡朝廷遣大臣有事於嶽者，居之。	
曲陽北嶽廟	凌霄門外，當御香亭之側	東西向為左右朝房門，門內為東西朝房，各三楹；朝房迤南，有差房一所；迤北小門內，南向有小房一所。	光緒《重修曲陽縣志》
中嶽廟弢節堂	西便門外稍北	在嶽廟西便門外稍北，為使者致祭齋宿之所。洪武中建。萬曆戊申夏，知縣傳梅重修，改題今名。	萬曆《嵩書》

6.7.11 東西兩路行宮、座落、駐蹕亭之制

五嶽嶽廟中，僅有兩座嶽廟有行宮設置，均為清代帝王所設，分別為岱廟和中嶽廟（圖 6.60）。其中岱廟中有兩處行宮，一為岱廟西南側的環詠亭，二為東側的座落，俗稱東御座。

撫臣於青陽門內恭建行殿，爰闢西扉，以通岱廟焉。〔註100〕

復於此恭構行殿數楹，皇上省方秩祀胥，於是乎憩適焉。乾隆三十五年建。〔註101〕

西為環詠亭，四垣嵌歷代石刻百餘計，種放題跋其尤也。明萬曆間重建，乾隆十二年拓新之，今上東巡謁岱廟，四陟岱巔，嘗駐蹕於此。有《勒御製環詠亭詩》三首，勒亭壁。〔註102〕

康熙景日昣撰《說嵩》中記載了中嶽廟行宮情形，有劉敦楨先生記錄乾隆《欽修中嶽廟圖》為證（圖 6.61）：

廟東行宮，規制宏敞，堂宇軒豁，金鋪朱阤，丹楹繡闥，兩閱月而落成，所謂經營不日者矣。〔註103〕

〔註100〕聶鈫，《光緒泰山道里記》：清光緒四年刊本影印，中國方志叢書，華北地方（70），臺北：成文出版社，1968 年。

〔註101〕宋思仁，《乾隆泰山述記》，清乾隆五十五年刻本。

〔註102〕唐仲晃，《乾隆岱覽》，總覽三，卷六，卷七，清嘉慶十二年刻本。

〔註103〕景日昣，《康熙說嵩》，清康熙間刻本。

圖 6.60　岱廟東御座鳥瞰圖

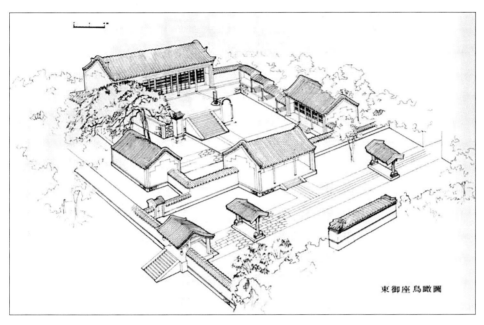

（圖片來源：陳從周《岱廟》）

圖 6.61　乾隆《欽修中嶽廟圖》中東側行宮示意圖

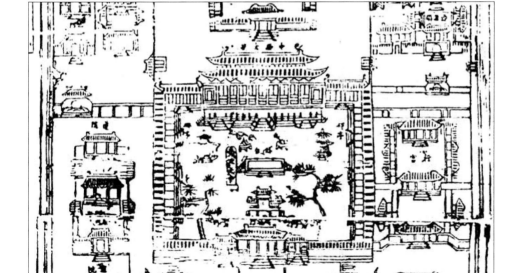

（圖片來源：劉敦楨《河南省北部古建築調查記》
——《中國營造學社彙刊》六卷四期）

6.7.12 嶽廟宗教建築

6.7.12.1 五嶽嶽廟道教建築

　　根據前面章節分析和梳理，可知五嶽嶽廟在金元之後基本上均由道士提點，管理嶽廟日常事宜，因此嶽廟中遂有道士居舍和相應的道教建築（表6.48）。元代高道上卿太真人請旨於南嶽廟修建道舍的上書，從側面可知當時嶽廟普遍設有道士館廬的現象：

> 嶽神廟在赤帝峰下，其制一擬天子之宮，宋末為盜所毀。至元二十年（1283年）詔行中書省考舊鼎建，越若干年大殿成。二十八年，……，乃加嶽瀆神號，而南嶽曰「司天大化昭聖帝」。玄教大宗師、今特進上卿太真人，……玄德，元貞二年（1296年）言於朝曰：「廟之大殿及鎮南門迤麗如舊，飾多未備，……，因相基繪圖，……。越大德七年（1303年）告成。〔註104〕

表6.48　五嶽嶽廟道教建築

嶽　廟	位　置	具體描述	備　註
岱　廟	東西兩側	鐘鼓樓之後各為齋房。	嘉慶《岱覽》
南嶽廟	廟之東偏	且四嶽皆有別館以居道流，以嚴祀事，而南嶽舊獨無有，……。」上累錫白金及歲入錢米，築館廟之東偏，並夫廟之未備者。	元《明善敕賜南嶽昭聖萬壽宮碑》
西嶽廟	軸線西側	西有屋一區，以棲道流。	成化《重修西嶽廟記碑》
曲陽北嶽廟	軸線兩側	東西牌樓之南，倚後東西向，左為子孫廟，右為藥王廟，各三楹。	光緒《重修曲陽縣志》
	軸線東側	東昭福門外，甬道之北為神廚所，前有水池，今為道院及呂祖堂；甬道之南，為總元宮。	
中嶽廟	廟東	附廟東為神州殿，宇文周祭后土，神州壇在其右。	康熙《說嵩》
	廟西	廟西為土德觀。	
		土德觀：在中嶽廟西。元天曆二年建。明成化十八年重修。	萬曆《嵩書》
	其他	而廟後左右隙地則道士廬焉。	康熙《嵩山志》

〔註104〕明善，《元敕賜南嶽昭聖萬壽宮碑》//解縉輯，《永樂大典》，卷8648，《衡州府十》，北京：中華書局影印本，1960年。

6.7.12.2　五嶽嶽廟佛教建築

　　南嶽廟中較為特殊，東西兩路各有寺觀，「左包四觀，右包八寺」〔註105〕（圖6.62），僧道兩派和諧相處，輪流提點南嶽廟，這可能與「南嶽衡山是南禪祖庭所在地，佛教在南嶽極為興盛有著直接關係。」〔註106〕

圖 6.62　清光緒南嶽廟「左包四觀，右包八寺」示意圖

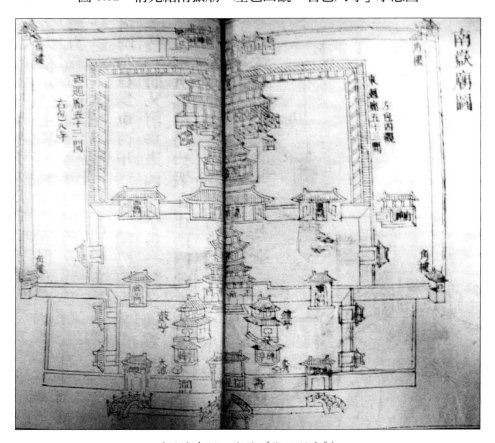

（圖片來源：光緒《衡山縣志》）

6.7.13　嶽廟方位朝向問題

　　五嶽嶽廟的方位朝向，因各嶽廟所在環境和廟址而異，有的正南正北，有的則偏移軸線，並不取正。（圖6.63）

〔註105〕李惟丙、勞銘勳、文岳英等，《光緒衡山縣志》，清光緒增刻。
〔註106〕湖南省南嶽管理局，《南嶽衡山文化遺產調研文集（內部資料）》，衡陽，2008
　　　　年，頁31。

圖 6.63　五嶽嶽廟方位朝向示意圖

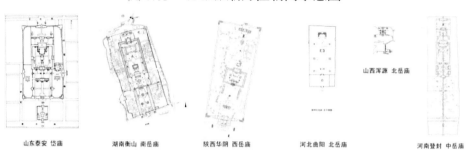

山东泰安 岱庙　　湖南衡山 南岳庙　　陕西华阴 西岳庙　　河北曲阳 北岳庙　　山西浑源 北岳庙　　河南登封 中岳庙

（圖片來源：筆者自繪）

　　由上圖可知，岱廟、曲陽北嶽廟和中嶽廟基本上是正南北朝向，南嶽廟朝向西北—東南方向，而西嶽廟則與之相反，朝向東北—西南方向，具體緣由可能是由嶽廟與主峰望祀的效果而定。（表 6.49）

表 6.49　五嶽嶽廟與五嶽山體的望祀朝向關係

嶽　　廟	山　　嶽	嶽廟的位置與諸嶽的望祀朝向關係	備　　註
岱　　廟	東嶽泰山	東南——西北	
西嶽廟	西嶽華山	東北——西南	廟在山嶽東北
南嶽廟	南嶽衡山	東南——西北	
曲陽北嶽廟	古北嶽大茂山	東南——西北	
渾源北嶽廟	北嶽恒山		廟在山嶽之中
中嶽廟	中嶽嵩山	東南——西北	

6.8　本章小結

6.8.1　五嶽嶽廟形制變遷綜述

　　綜上小結，對六座嶽廟的建築形制的演變過程進行梳理，可知五嶽嶽廟廟制的變遷特點。（表 6.50）

表 6.50　五嶽嶽廟廟制變遷簡表

時　　期	廟　　制
先秦	「壇而不屋」
漢、北魏	「一門一殿」，前有神道並闕

| 宋、金 | 前殿後寢，迴廊核心庭院，四周繚以城牆，四隅角樓，重門制度，「工字殿」形制 |
| 明、清 | 中軸線建築保持宋金形制，東西兩路附屬建築頻改 |

6.8.2　五嶽嶽廟形制布局特點

關於五嶽廟型制，侯衛東先生在《西嶽廟建築研究》〔註 107〕，曹春平先生在《中國古代禮制建築研究》〔註 108〕中都有深入的研究，本文參考二位先生研究成果，並對以上六座嶽廟的建築形制都做了詳細的分析比較，筆者嘗試對五嶽廟的廟制進行了歸納總結。即如下表 6.51 中所示：

表 6.51　五嶽嶽廟廟制變遷簡表

建築單體	廟　制
遙參亭	平面為八角形或方形，作為遙拜或草參之所，為了便於祭祀，故位於軸線南端，四面開敞，為五嶽嶽廟較為特殊的建築單體。
廟　垣	嶽廟一般均有堞城環繞，模仿宮禁之制在堞城四角均設置角樓，廟城南部中設正門，一般在東、西、北三面也設置門樓，規制較高。
嶽廟重門	模仿照宮城「三朝五門」之意，嶽門重門設有 3～4 重，較宮城之制略低。
正殿殿門	平面多為五開間，採用分心槽，屋頂為單簷歇山頂，多與正殿核心庭院的迴廊相接。
正　殿	平面多為面闊九間（或七間）加周圍廊形制，屋頂形式多為重簷廡殿頂、重簷歇山頂，西嶽廟和渾源北嶽廟採用單簷歇山頂，為正殿核心庭院的最重要殿宇。
殿庭路臺	殿庭之中，宋金常有露臺（路臺）或獻殿之設。
回　廊	廊數若干間，多為 80～110 間，有其特殊象徵內涵。
鐘鼓樓	模仿彿寺、道觀常設鐘鼓樓之制，其位置或於中軸線前端建築序列，或於正殿核心院落內。
寢　殿	寢殿位於正殿之後，多為 5 間（或 7 間）為放置嶽神神像之所，帝后並處，在正殿核心庭院中僅次於正殿的重要建築單體，正殿與寢殿之間有時設置穿殿，形成「工字殿」形制。
御書樓	多為兩層，平面為五間或五間加周圍廊，具體功能為收藏帝王御書和敕頒經書之所。

〔註 107〕侯衛東，《西嶽廟建築研究》// 張馭寰，郭湖生主編，《中華古建築》，北京：中國科學技術出版社，1990 年，頁 295～317。

〔註 108〕曹春平，《中國古代禮制建築研究》（博士學位論文），南京：東南大學建築學院，1995 年。

第 7 章　結　論

7.1　五嶽祭祀制度與國家統治

中國五嶽是在中國文化中佔有重要地位的五座聖山，按照方位分布在中國的四方及中央，對全國疆域呈拱衛之勢，五嶽即東嶽泰山、南嶽衡山、西嶽華山、北嶽恒山和中嶽嵩山。五嶽作為國家的五方鎮山，五嶽祭祀受到歷代帝王的尊崇，其祭祀制度產生的關於國家一統的象徵意義顯而易見。

五嶽祭祀自上古延綿至今，其在政治上、宗教上以及文化傳統中的影響力都對中華文明持續影響了上千年。五嶽的祭祀制度最早始於三代以前舜巡狩部落首領四嶽牧的政治活動，先有「四嶽說」，後有「五嶽說」。五嶽者，大一統後因四嶽之名而擴充之，且平均分配之，視為帝王巡狩所至之地；是為漢武、宣時事，為政治史及宗教史之問題。「五嶽說」的出現反映了漢武帝時期的三個重要現象：一是「中央」觀念的強化；二是地理中心的東移；三是孔儒經典日益受到重視。因此，漢代中期五嶽概念的強化是與帝王獨尊的政治願望是一致的，體現了一種政治、宗教或歷史傳統上的獨特意義。

之後，歷代帝王都對五嶽充滿嚮往。封禪是帝王在五嶽最高規格的祭祀活動，歷史上東嶽和中嶽都曾有帝王登頂行封禪大典，以此象徵君權神授，達到四海升平、江山永固的政治訴求；五嶽祭祀活動為帝王親謁嶽廟，或於巡狩途中就近入廟祭祀祈福，間接地維護和發展了嶽廟建築的規模和形制；其祭祀方式，遣官祭祀和委派五嶽當地官員致祭與嶽廟中，均表達了帝王通過祭祀五嶽，而實現威震國家四方的政治意圖。

唐宋時期始封嶽神為王、為帝，使虛幻的山神變為一般王侯，從而聽任於人間帝王，可知帝王對於五方的控制欲望可見一斑。明初，敕封海外鄰國之山為嶽，更是說明了國家統治與山嶽祭祀之間緊密的關聯。

綜上所述，五嶽祭祀制度體現了歷代帝王祈盼的國家一統的夙願，是政治統治和禮儀象徵的雙重載體。五嶽嶽廟作為五嶽祭祀的祠廟所在，其建築制度勢必與國家政治統治緊密相連。

7.2　五嶽嶽廟的基址規模和建築形制

五嶽嶽廟作為歷代奉祀五嶽山神的壇廟場所，自秦漢以來即列入國家祀典，帝王或親祀、或委重臣來廟中隆重祭祀所在山嶽，歷代均對其重修不斷，務使廟貌崇麗，以安嶽靈，滿足帝王統治中國精神上和政治上的雙重需求。

本書研究五嶽嶽廟的建築制度是以整體的系統來進行研究，增加橫向和縱向比較研究。以往的研究多偏重於單獨一座嶽廟是如何發展的，很少有能從某一時間段五座嶽廟同時進行比較研究，本書對嶽廟建築群的基址規模、正殿院落及正殿制度進行了系統的梳理，關注同一時期是否有特定的規制來營造五嶽嶽廟，以及通過研究來確定五嶽嶽廟建築群在國家禮制建築等級的地位。從已查到的文獻中可知，重視祀典的帝王往往會同時「命修五嶽廟」，以此為突破往深處發覺其中的共性，使得研究更有深度，從而完善對五嶽嶽廟這一體系建築群的研究。

本文從圖像資料和文獻記載兩方面入手，充分利用地方志及其他山嶽圖說著述中所記錄的五嶽嶽廟在歷代的平面空間形式，同時結合文獻、歷史檔案中有關嶽廟的記載，分析整理出五嶽嶽廟在各個時期的位置、佔地面積和建築布局形式，試圖找到五嶽嶽廟的基址規模特徵，核心院落的規模尺度及空間布局的一些規律，分析比較其用地規模與建築布局的關係。

同時，本文將研究的空間範圍限定在五嶽嶽廟，而研究的層次深入到嶽廟建築群的核心空間尺度分析，研究的內容側重嶽廟的用地規模與建築規制上，對五座嶽廟的規模尺寸進行提煉分析利用方網格法進行提煉分析，試圖找出在建築群布局中使用的面積模數，從而較為理性地比較研究中國五嶽嶽廟建築群的建置布局和用地規模。

通過研究發現，五嶽嶽廟的基址規模有如下特徵：五嶽嶽廟的周長多保

持在 1.77 里～3 里之間，有兩座嶽廟的周長在 2 里左右。其中，岱廟的基址規模最大、曲陽北嶽廟次之，南嶽廟與西嶽廟基本相等，中嶽廟最小。其具體建築佔地規模為 115 畝～260 餘畝，介於明初敕建寺廟與府衙基址規模等級之間，同時也合於明永樂至正統間親王府的基址規模。

　　同時，五嶽嶽廟現存正殿核心庭院中，其基址規模大小保持在 14 畝～30 畝之間；由於曲陽北嶽廟無迴廊設置，無法形成其他四嶽均有的迴廊環繞形成的核心庭院，故將其他四嶽的核心庭院的基址規模進行比較，發現其中南嶽廟的核心庭院規模最大、岱廟次之、西嶽廟第三，而中嶽廟也同樣最小。

　　另外，五嶽嶽廟的建築布局也有一定的規制和特點：嶽廟外有牌坊環立、堞城磚牆繚繞，內有重門制度、前殿後寢之制，其間亭臺樓閣按一定規制設置，以此來滿足祭祀禮制之需。遙參亭或八角、或方形，重簷屋頂、四面開敞。作為遙拜或草參之所，位於軸線南端。正殿規格隆崇，一般為面闊七間（或九間）加周圍廊，重簷屋頂上覆黃色琉璃瓦，並與正殿門之間環繞迴廊，多為 80 間～108 間。因嶽神屢被加封王號、帝號，其祠廟形制也適當升級以稱其位，參考明代王府之制，發現五嶽嶽廟之制接近王制，並部分參考帝制，同時也兼顧了祭祀禮儀、宗教使用以及政治需求。

7.3　五嶽嶽廟在國家祭祀建築中的等級

　　建築在符號學上的意義之一，是其可以作為身份等級的標誌。在中國古代，建築群與其所有者的等級對應關係有獨特的方式與特徵。嶽廟建築從佔地規模到建築形制，一般都有著與其禮制相關的政治性特徵。

　　因此嶽廟的研究與其禮制等級地位的研究極其相關。嶽鎮海瀆的祭祀在明清以後屬於中祀，比天、地壇這樣大祀等級的建築群規制要低，但比下祀的壇廟規模、形制都要大一些，因此，嶽廟作為中祀級別的禮制建築群，其建築制度的研究對於完善整個禮制建築群的等級制度會起較大作用。

7.4　值得深入的問題

　　本書研究五嶽嶽廟的建築制度，主要著眼於嶽廟建築群的基址規模比較分析和建築布局與形制分析，雖然也著力探究了五嶽祭祀制度及其影響、五嶽嶽廟發展的歷史沿革和嶽廟的選址與環境，不過囿於文章篇幅限制和各處

嶽廟建築群考古發掘研究報告的缺失等原因，後面二者的研究深度還有待進一步的深入，以此完善五嶽祭祀崇拜的整體文化內涵和禮儀制度。

關於五嶽嶽廟建築制度的分析，本書重點關注嶽廟建築群的空間排布、布局形制以及基址規模的比較分析，關於建築單體也僅僅關注於開間進深間數、屋瓦色彩材質、屋頂形制、臺基重數等與禮制等級相關的方面，而對建築單體的材分研究、細部做法等內容缺乏全面的歸納分析，還有待於筆者做出更深入的探究。

參考文獻

一、普通古籍

1. 司馬遷，《史記》，北京：中華書局，1959 年。
2. 班固，《漢書》，北京：中華書局，1962 年。
3. 范曄，《後漢書》，北京：中華書局，1965 年。
4. 陳壽，《三國志》，北京：中華書局，1965 年。
5. 房玄齡等，《晉書》，北京：中華書局，1965 年。
6. 沈約，《宋書》，北京：中華書局，1974 年。
7. 蕭子顯，《南齊書》，北京：中華書局，1972 年。
8. 姚思廉，《梁書》，北京：中華書局，1972 年。
9. 姚思廉，《陳書》，北京：中華書局，1972 年。
10. 魏收，《魏書》，北京：中華書局，1972 年。
11. 李百藥，《北齊書》，北京：中華書局，1972 年。
12. 令狐德棻，《周書》，北京：中華書局，1972 年。
13. 李延壽，《南史》，北京：中華書局，1972 年。
14. 李延壽，《北史》，北京：中華書局，1972 年。
15. 魏徵等，《隋書》，北京：中華書局，1973 年。
16. 劉昫，《舊唐書》，北京：中華書局，1975 年。
17. 歐陽修、宋祁等，《新唐書》，北京：中華書局，1975 年。
18. 薛居正等，《舊五代史》，北京：中華書局，1975 年。
19. 歐陽修等，《新五代史》，北京：中華書局，1975 年。
20. 脫脫等，《宋史》，北京：中華書局，1977 年。
21. 脫脫等，《遼史》，北京：中華書局，1977 年。

22. 脫脫等，《金史》，北京：中華書局，1975 年。

23. 宋濂等，《元史》，北京：中華書局，1976 年。

24. 張廷玉等，《明史》，北京：中華書局，1974 年。

25. 趙爾巽，《清史稿》，北京：中華書局，1976 年。

26. 秦蕙田，《五禮通考》//景印文淵閣四庫全書，135～142 冊，臺北：臺灣商務印書館，1983 年。

27. 鄭玄注，《賈公彥疏》，李學勤主編，《周禮注疏》，北京：北京大學出版社，1999 年。

28. 鄭玄注，《禮記》，卷三，《王制》，上海：中華書局，中華民國 25 年刻本。

29. 班固，《白虎通》，上海：商務印書館，民國 25 年刻本。

30. 李林甫撰，陳仲夫點校，《唐六典》，北京：中華書局，1992 年。

31. 李燾，《續資治通鑒長編》//景印文淵閣四庫全書，314～321 冊，臺北：臺灣商務印書館，1983 年。

32. 張瑋，《大金集禮》//景印文淵閣四庫全書，648 冊，臺北：臺灣商務印書館，1983 年。

33. 徐學聚，《國朝典匯》//四庫全書存目叢書編纂委員會編，《四庫全書存目叢書》（史 264），濟南：齊魯書社，1996 年。

34. 林堯俞等，《禮部志稿》//景印文淵閣四庫全書，598 冊，臺北：臺灣商務印書館，1983 年。

35. 申時行等，《明會典》，北京：中華書局，1989 年。

36. 王應麟，《玉海》//景印文淵閣四庫全書，213 冊，臺北：臺灣商務印書館，1983 年。

37. 程嘉謨等，《欽定大清會典則例》//景印文淵閣四庫全書，378～383 冊，臺北：臺灣商務印書館，1983 年。

38. 佚名，《太常續考》//景印文淵閣四庫全書，599 冊，臺北：臺灣商務印書館，1983 年。

39. 酈道元，《水經注》，呼和浩特：遠方出版社，2007 年。

40. 閻若璩，《四書釋地》//景印文淵閣四庫全書，210 冊，臺北：臺灣商務印書館，1983 年。

41. 錢林書，《續漢書郡國志匯釋》，合肥：安徽教育出版社，2007 年。

42. 司馬彪、劉昭注，《續漢書郡國志》，廣東：集古書屋，清光緒 24 年（1898）。

43. 李昉等，《太平御覽》，上海：上海古籍出版社，2008 年。

44. 樂史，《太平寰宇記》//景印文淵閣四庫全書，469～470 冊，臺北：臺灣商務印書館，1983 年。

45. 呂頤浩,《燕魏雜記》//全宋筆記,第二編,鄭州:大象出版社,2006年。

46. 洪邁,《夷堅志》,北京:中華書局,2006年。

47. 呂頤浩,《忠穆集》//景印文淵閣四庫全書,1131冊,臺北:臺灣商務印書館,1983年。

48. 李賢,《明一統志》//景印文淵閣四庫全書,472～473冊,臺北:臺灣商務印書館,1983年。

49. 蔣廷錫、王安國等,《康熙大清一統志》,清乾隆九年刻本。

50. 和珅等,《乾隆大清一統志》,清乾隆五十五年刻本。

51. 穆彰阿、潘錫恩等,《嘉慶大清一統志》,上海:上海古籍出版社,2008年。

52. 雍正九年敕編,《聖祖仁皇帝聖訓》//景印文淵閣四庫全書,411冊,臺北:臺灣商務印書館,1983年。

53. 乾隆十年敕編,《世宗憲皇帝朱批諭旨》//景印文淵閣四庫全書,417～424冊,臺北:臺灣商務印書館,1983年。

54. 沈括,《夢溪筆談》//歷代筆記叢刊,上海:上海書店出版社,2003年。

55. 高晉等,《欽定南巡盛典》//景印文淵閣四庫全書,417冊,臺北:臺灣商務印書館,1983年。

56. 馬端臨,《文獻通考》,上海:商務印書館,1936年。

57. 允祹,《欽定大清會典》//景印文淵閣四庫全書,619冊,臺北:臺灣商務印書館,1983年。

58. 王鴻緒,《明史稿》,臺北:文海出版社,1962年。

59. 谷應泰,《明史紀事本末》,上海:上海古籍出版社,1994年。

60. 孔憲易校注,《如夢錄》,鄭州:中州古籍出版社,1984年。

61. 范成大,《攬轡錄》,叢書集成初編,上海:商務印書館,1936年。

62. 孫承澤,《春明夢餘錄》,北京:北京古籍出版社,1992年。

63. 徐弘祖、朱惠榮,《徐霞客遊記校注》,昆明:雲南人民出版社,1985年。

64. 元好問,《遺山先生文集》,明弘治十一年刻本,曲阜:曲阜師範大學圖書館,1989年。

65. 李吉甫,《元和郡縣志》,清乾隆五十六年刻本,光緒增刻本。

二、地方志

1. 陸釴,《嘉靖山東通志》//四庫全書存目叢書編纂委員會編,《四庫全書存目叢書》(史187),濟南:齊魯書社,1996年。

2. 趙祥星等,《康熙山東通志》,清康熙十七年刻本。

3. 岳濬、法敏修，《杜詔等》，雍正山東通志，清乾隆元年刻本。

4. 楊士驤等，《宣統山東通志》，民國四年鉛字排印本

5. 胡瑄、李錦，《弘治泰安州志》，明弘治元年刻本。

6. 任弘烈，《萬曆泰安州志》，明萬曆31年刻本。

7. 任弘烈、鄒文郁續修，《康熙泰安州志》，清康熙刻本。

8. 顏希深、成城等，《乾隆泰安府志》，清乾隆二十五年刻本。

9. 黃鈐、蕭儒林，《乾隆泰安縣志》，清乾隆四十七年刻本。

10. 徐宗幹，《道光泰安縣志》，清道光八年刻版重修。

11. 孟昭章等，《重修泰安縣志》，民國十八年鉛印本影印。

12. 葛延瑛、吳元錄，《重修泰安縣志》，泰安：泰安縣志局，民國 18 年（1929）。

13. 薛剛、吳廷舉，《嘉靖湖廣圖經志書》，明嘉靖元年刻本，日本藏中國罕見地方志叢刊。

14. 邁柱、夏力恕等，《雍正湖廣通志》，清雍正十一年刻本。

15. 徐國相、宮夢仁、姚淳燾，《康熙湖廣通志》，清康熙二十三年刻本。

16. 李瀚章、曾國荃等，《光緒湖南通志》，清光緒十一年刻本。

17. 劉熙、何紀、周鐙續纂修，《弘治衡山縣志》，明弘治元年刻本。

18. 德貴、鍾光序增修，《乾隆衡山縣志》，清乾隆三十九年增刻本。

19. 葛亮臣、戴晉元，《康熙衡山縣志》，清康熙五十九年刻本。

20. 侯鈐等，蕭鳳翥等，《道光衡山縣志》，清道光三年刻本。

21. 李惟丙、勞銘勳、文岳英等，《光緒衡山縣志》，清光緒增刻。

22. 湖南省衡山縣志編纂委員會編，《衡山縣志》，長沙：嶽麓書社，1994 年。

23. 南嶽區地方志編纂委員會編，《南嶽區志》，長沙：嶽麓書社，2000 年。

24. 趙廷瑞，《嘉靖陝西通志》，明嘉靖二十一年刻本。

25. 汪道亨、馮從吾，《萬曆陝西通志》，明萬曆三十九年刻本。

26. 劉於義等，沈青崖等，《雍正陝西通志》∥景印文淵閣四庫全書，551～556 冊，臺北：臺灣商務印書館，1983 年。

27. 王九疇、張毓翰，《萬曆華陰縣志》，明萬曆四十二年刻本。

28. 陸維炬、李天秀，《乾隆華陰縣志》，清乾隆五十九年刻本。

29. 朱登岳、張崇善，《華陰縣續志》，民國 21 年鉛印本。

30. 張崇善等，《萬曆華陰縣續志藝文志》，明萬曆四十二年刻本。

31. 張毓翰，《萬曆華陰縣志藝文》，明萬曆二十四年刻本。

32. 唐執玉等，《雍正畿輔通志》，清雍正十三年刻本。

33. 于成龍、格爾古德，《康熙畿輔通志》，清康熙二十一年刻本。

34. 李鴻章等,《光緒畿輔通志》,清光緒十年刻本。

35. 寶琳、勞沅恩,《道光直隸定州志》,清道光咸豐間刻本。

36. 劉師峻,《康熙曲陽縣新志》,清康熙十一年刻本。

37. 周斯億、董濤,《光緒重修曲陽縣志》,清光緒三十年

38. 曲陽縣志編纂委員會編纂,韓愛營,《曲陽縣志》,北京:新華出版社,1998 年。

39. 楊宗氣、周斯盛,《嘉靖山西通志》,明嘉靖四十三年刻本。

40. 李維禎,《崇禎山西通志》,明萬曆編修崇禎二年刻本。

41. 覺羅石麟、儲大文,《雍正山西通志》,清雍正十二年刻本。

42. 曾國荃、王軒,《光緒山西通志》,清光緒十八年重修本。

43. 趙之韓、王睿初,《萬曆渾源州志》,明萬曆三十九年刻本。

44. 張崇德,《順治渾源州志》,清康熙元年刻本。

45. 桂敬順,《乾隆渾源州志》,清乾隆二十八年刻本。

46. 賀澍恩、程績等,《光緒渾源州續志》,清光緒七年刻本。

47. 山西省渾源縣志編纂委員會編,熊存福,《渾源縣志》,北京:方志出版社,1999 年。

48. 賈漢復、沈荃,《順治河南通志》,清順治十七年刻本。

49. 田文鏡,《雍正河南通志》,清乾隆間刻本。

50. 王玉鉉,《嘉靖登封縣志》,明嘉靖八年刻本。

51. 鄧南金、李明通,《隆慶登封縣志》,明隆慶三年刻本。

52. 張朝瑞、焦復亨,《順治登封縣志》,清順治刻本。

53. 張聖詰、景日昣,《康熙登封縣志》,清康熙三十五年刻本。

54. 陸繼萼、洪亮吉,《乾隆登封縣志》,清乾隆五十二年刻本。

三、五嶽山志

1. 張崇德,《五嶽考》//小方壺齋輿地叢鈔再補編,清光緒二十三年鉛印本。

2. 桑調元,《弢甫五嶽集》,清乾隆刻本。

3. 張肇崧,《五嶽遊記》,北京:北京商務印字館,民國 10 年（1921）。

4. 東方朔,《洞玄靈寶五嶽古本真形圖》,上海:商務印書館,民國 12～15 年（1923～1926）。

5. 查志隆,《萬曆岱史》,上海:商務印書館,民國 12～15 年（1923～1926）。

6. 張岱,《萬曆岱志》,曲阜:曲阜師範大學圖書館,1989 年。

7. 汪子卿,《嘉靖泰山志》,明嘉靖三十三年刻本。

8. 金棨，《光緒泰山志》，清光緒二十四年刻本重修清嘉慶刻本。

9. 聶鈫，《光緒泰山道里記》，清光緒四年刊本影印，《中國方志叢書》，華北地方（70），臺北：成文出版社，1968 年。

10. 朱孝純，《乾隆泰山圖志》，清乾隆刻本。

11. 蕭協中，《乾隆泰山小史》，清乾隆五十四年刻本。

12. 宋思仁，《乾隆泰山述記》，清乾隆五十五年刻本。

13. 孔貞瑄，《康熙泰山紀勝》，清康熙刻本。

14. 唐仲冕，《乾隆岱覽》，清嘉慶十二年刻本。

15. 李光地，《光緒泰山脈絡記》，清光緒十七年刻本。

16. 王介藩，《泰山叢書：四十六種》，曲阜：曲阜師範大學圖書館，1989 年。

17. 金棨，《光緒泰山金石志》，曲阜：曲阜師範大學圖書館，1989 年。

18. 金簡、王價藩，《光緒泰山圖說》，曲阜：曲阜師範大學圖書館，1989 年。

19. 朱雲燝、王價藩，《岱宗大觀》，曲阜：曲阜師範大學圖書館，1989 年。

20. 宋燾，《萬曆泰山紀事》，明萬曆刻本，曲阜：曲阜師範大學圖書館，1989 年。

21. 周公才，《遊岱筆記》，曲阜：曲阜師範大學圖書館，1989 年。

22. 徐靈期，《南朝宋南嶽記》，上海：商務印書館，民國 19 年。

23. 宋居士、陳運溶，《衡山記》，清光緒二十五年刻本。

24. 陳運溶，《唐衡山圖經》。

25. 李沖昭，《唐南嶽小錄》，清道光三十年刻本。

26. 陳田夫，《宋南嶽總勝集》，清光緒三十三年刻本。

27. 曾鳳儀，《萬曆衡嶽志》，明萬曆刻本。

28. 鄧雲霄，《萬曆衡嶽志》，明萬曆四十年刻本。

29. 朱袞、袁奐，《康熙衡嶽志》，清康熙刻本，

30. 高自位、曠敏本，《乾隆南嶽志》，清乾隆十八年刻本。

31. 李元度，《光緒重修南嶽志》，清光緒九年刻本。

32. 桑調元，《乾隆衡山集》，清乾隆刻本。

33. 傅增湘，《南嶽遊記》，天津：天津大公報社，民國 24 年（1935）。

34. 黃周星，《道光衡嶽遊記》，清道光十二年刻本光緒重印。

35. 榮錫勳，《光緒尚書南嶽形勝考》，清光緒刻本。

36. 王處一撰，王民順增補，《西嶽華山志》，明萬曆三十四年刻本。

37. 戴鳳，《萬曆太華山全圖》，明萬曆四十三年刻石。

38. 賈鉉，《康熙太華全圖》，清康熙三十九年刻石。

39. 張維新撰，馮嘉會續撰，《萬曆華嶽全集》，明萬曆刻本。

40. 張維新，《萬曆華山志》，明萬曆刻本。

41. 姚遠翱，《乾隆華嶽志》，清乾隆二十七年刻本。

42. 李榕，《道光華嶽志》，清道光刻本。

43. 蔣湘南，《咸豐華嶽圖經》，清咸豐元年刻本。

44. 張崇德，《順治恒嶽志》，清順治十八年刻本

45. 桂敬順，《乾隆恒山志》，清乾隆二十八年刻本。

46. 蔣維喬，《恒山》//小方壺齋輿地叢鈔再補編，清光緒二十三年刻本。

47. 顧炎武，《北嶽辨》//小方壺齋輿地叢鈔，清光緒十七年刻本。

48. 閻若璩，《北嶽中嶽論》//小方壺齋輿地叢鈔，清光緒十七年刻本。

49. 劉師峻，《北嶽恒山歷祀上曲陽考》，清道光間刻本。

50. 李雲麟，《遊北嶽記》//小方壺齋輿地叢鈔補編，清光緒二十三年刻本。

51. 陸柬，《隆慶嵩嶽志》，明隆慶五年刻本。

52. 陸柬，《隆慶嵩嶽文志》，明隆慶五年刻本。

53. 傅梅，《萬曆嵩書》，明萬曆四十年刻本。

54. 景日昣，《康熙說嵩》，清康熙間刻本。

55. 葉封，《康熙嵩山志》，清康熙十五年刻本。

56. 田雯，《嵩嶽考》//小方壺齋輿地叢鈔，清光緒十七年刻本。

57. 晁說之，《宋嵩山文集》//四部叢刊續編，集部 59。

58. 晁公遡，《宋嵩山集》//景印文淵閣四庫全書，1139 冊，臺北：臺灣商務印書館，1983 年。

59. 桑調元，《乾隆嵩山集》，清乾隆刻本。

四、嶽廟廟志

1. 何出光，《萬曆北嶽廟集》，明萬曆十八年刻本。

2. 景日昣，《康熙嵩嶽廟史》，清康熙三十五年刻本。

五、今人專著

1. 王貴祥等，《中國古代建築基址規模研究》，北京：中國建築工業出版社，2008 年。

2. 傅熹年，《中國古代城市規劃建築群布局及建築設計方法研究》，北京：中國建築工業出版社，2001 年。

3. 南京工學院建築系，曲阜文物管理委員會，《曲阜孔廟建築》，北京：中國建築工業出版社，1987 年。

4. 傅熹年，《中國古代建築史》，第一卷〈兩晉、南北朝、隋唐、五代建築〉，北京：中國建築工業出版社，2001 年。

5. 郭黛姮，《中國古代建築史》，第三卷〈宋、遼、金、西夏建築〉，北京：中國建築工業出版社，2003 年。

6. 潘谷西，《中國古代建築史》，第四卷〈元明建築〉，北京：中國建築工業出版社，2001 年。

7. 傅熹年，《傅熹年建築史論文集》，北京：文物出版社，1998 年。

8. 中國營造學社編，《中國營造學社彙刊》，北京：國際文化出版公司，1997 年。

9. 孫大章，《禮制建築：壇廟祭祀》//中國古建築大系，9，北京：中國建築工業出版社，1993 年。

10. 蕭默，《中國建築藝術史》，北京：文物出版社，1999 年。

11. 巫鴻，《中國古代藝術與建築中的「紀念碑性」》（Monumentality in early Chinese art and architecture），上海：上海人民出版社，2009 年。

12. 巫鴻，《五嶽的衝突——歷史與政治的紀念碑》//《禮儀中的美術——巫鴻中國古代美術史文編》，下冊，北京：三聯書店，2010 年。

13. 雷聞，《郊廟之外：隋唐國家祭祀與宗教》，北京：三聯書店，2009 年。

14. 張澤洪，《道教神仙信仰與祭祀儀式》，臺北：文津出版社，2003 年。

15. 傅亞庶，《中國上古祭祀文化》，長春：東北師範大學出版社，1999 年。

16. 劉曄原、鄭惠堅，《中國古代的祭祀》，北京：商務印書館國際有限公司，1996 年。

17. 詹鄞鑫，《神靈與祭祀：中國傳統宗教綜論》，南京：江蘇古籍出版社，1992 年。

18. 王柏中，《神靈世界秩序的構建與儀式的象徵：兩漢國家祭祀制度研究》，北京：民族出版社，2005 年。

19. 荊榮娜，《秦漢封禪研究》（碩士學位論文），濟南：山東師範大學歷史系，2007 年。

20. 高敏，《唐代封禪研究》（碩士學位論文），濟南：山東師範大學歷史系，2007 年。

21. 高文文，《唐代巡狩制度研究》（碩士學位論文），西安：陝西師範大學歷史，2009 年。

22. 宮磊，《宋真宗封禪探究》（碩士學位論文），濟南：山東師範大學歷史系，2007 年。

23. 王美華，《唐宋禮制研究》（博士學位論文），長春：東北師範大學歷史系，2004 年。

24. 王柏中，《兩漢國家祭祀制度研究》（博士學位論文），長春：吉林大學古籍研究所，2004 年。

25. 李媛，《明代國家祭祀體系研究》（博士學位論文），長春：東北師範大學歷史系，2009 年。

26. 趙偉，《道教壁畫五嶽神祇圖像譜系研究》（博士學位論文），北京：中央美術學院人文學院，2007 年。

27. 褚贛生，《五嶽獨尊：山的文化考證》，長春：長春出版社，2008 年。

28. 李振華、李乃傑，《五嶽探秘》，濟南：山東畫報出版社，2007 年。

29. 褚贛生，《五嶽獨尊》，長春：長春出版社，2007 年。

30. 王士性、周振鶴點校，《五嶽遊草》，北京：中華書局，2006 年。

31. 崔秀國等，《五嶽史話》，北京：中華書局，1982 年。

32. 中華五嶽大事記編委會編，《中華五嶽大事記》，濟南：山東畫報出版社，2006 年。

33. （美）威廉·埃德加·蓋洛（William Edgar Geil），沈弘譯，《中國五嶽》，濟南：山東畫報出版社，2006 年。

34. 曲進賢、周郢等，《泰山通鑒》，濟南：齊魯書社，2005 年。

35. 米運昌，《泰山古今》，北京：東方出版社，1991 年。

36. 崔秀國，《東嶽泰山》，北京：中華書局，1983 年。

37. 李德明，《五嶽之首——泰山》，濟南：山東友誼出版社，2001 年。

38. （明）汪子卿撰，周郢校證，《泰山志校證》，合肥：黃山書社，2006 年。

39. 湯貴仁，《泰山封禪與祭祀》，濟南：齊魯書社，2003 年。

40. 韓理洲，《華山志》，西安：三秦出版社，2005 年。

41. 邵友程，《西嶽華山》，北京：地質出版社，1984 年。

42. 田澤生，《西嶽華山》，北京：科學出版社，1982 年。

43. 黨軍，《西嶽華山》//中國歷史小叢書，五嶽史話，二，北京：中華書局，1982 年。

44. 山西旅遊景區志叢書編委會編，張劍揚，《北嶽恒山志》，太原：三晉出版社，2009 年。

45. 華陰市地方志編纂委員會編，《華陰縣志》，北京：作家出版社，1995 年10 月。

46. 湖南省南嶽管理局，《南嶽衡山文化遺產調研文集》（內部資料），衡陽：2008 年，頁 80。

47. 湖南省文史研究館編，《南嶽》，長沙：湖南人民出版社，1958 年。

48. 彭玉成、譚岳生，《南嶽覽勝》，長沙：湖南文藝出版社，1987 年。

49. 南嶽文物管理所編，《天下南嶽》，長沙：湖南美術出版社，1984 年。

50. 廖和平、彭庭玉、曾津，《天下南嶽》，海口：海南出版社，2006 年。

51. 衡陽師專史地組著，《南嶽衡山》，北京：中華書局，1981 年。

52. 湖南省道教文化研究中心編，《道教與南嶽》，長沙：嶽麓書社，2003 年。

53. 廖和平，《天下南嶽朝聖》，海口：海南出版社，2006 年。

54. 廖和平、彭庭玉、曾津，《天下南嶽遊記》，海口：海南出版社，2006 年。

55. 王麗敏，《北嶽恒山探源》，石家莊：河北美術出版社，2006 年。

56. 張劍揚，《北嶽恒山》，太原：山西人民出版社，2004 年。

57. 張劍揚，《北嶽恒山志》，太原：山西人民出版社，2008 年。

58. 崔炎壽，《中嶽嵩山》，鄭州：黃河水利出版社，2000 年。

59. 張家泰，《中嶽嵩山》//中國歷史小叢書，五嶽史話，5，北京：中華書局，1983 年。

60. 張國臣等，《嵩山》，北京：地質出版社，1983 年。

61. 陳從周，《岱廟》，濟南：山東科學技術出版社，1992 年。

62. 劉慧，《泰山岱廟考》，濟南：齊魯書社，2003 年。

63. 李德明，《泰山神宮：岱廟》，濟南：山東人民出版社，1986 年。

64. 泰安市博物館編，《岱廟》，北京：文物出版社，1992 年。

65. 趙桂芝，《岱廟古籍》，濟南：山東畫報出版社，1998 年。

66. 劉慧、張玉勝，《岱廟漢畫像石》，濟南：山東畫報出版社，1998 年。

67. 張玉勝，《岱廟碑刻》，濟南：山東畫報出版社，1998 年。

68. 米山，《岱廟藏珍》，濟南：山東畫報出版社，1998 年。

69. 王麗娟，《岱廟神軸》，濟南：山東畫報出版社，1998 年。

70. 黃明，《岱廟傳說》，濟南：山東畫報出版社，1998 年。

71. 劉慧，《岱廟建築》，濟南：山東畫報出版社，1997 年。

72. 李京泰，《岱廟藝文》，濟南：山東畫報出版社，1997 年。

73. 劉慧，《岱廟神主》，濟南：山東畫報出版社，1997 年。

74. 李繼生，《東嶽神府：岱廟》，濟南：山東人民出版社，1984 年。

75. 山東友誼書社編，《岱廟》（輿圖），濟南：山東人民出版社，1985 年。

76. 泰安教育學院學報，《岱宗學刊》，泰安：泰安教育學院學報，1996 年。

77. 葉郭立，《北平東嶽廟調查》，臺北：東方文化書局，1970 年。

78. 楊慎初，湖南省文物事業管理局等編，《湖南傳統建築》，長沙：湖南教育出版社，1993 年。

79. 張齊政，《南嶽寺廟建築與寺廟文化》，廣州：花城出版社，1999 年。

80. 強躍、張江濤，《西嶽華山廟》，西安：三秦出版社，2006 年。

81. 故宮博物院編，《漢西嶽華山廟碑》，北京：文物出版社，1993 年。

82. 陝西省考古研究院，西嶽廟文物管理處等，《西嶽廟》（陝西省考古研究院田野考古報告 46 號），西安：三秦出版社，2007 年。

83. 夏振英等，《神仙信仰與西嶽廟》，西安：陝西旅遊出版社，1992 年。

84. 薛增福、王麗敏主編，《曲陽北嶽廟》，石家莊：河北美術出版社，2000 年。

85. 張惠民，王關林，《嵩嶽廟史》 //鄭州市圖書館文獻編輯委員會編，《嵩嶽文獻叢刊》（4），鄭州：中州古籍出版社，2003 年。

86. 王雪寶，《中嶽廟》，鄭州：河南人民出版社，1988 年。

87. 譚其驤主編，《中國歷史地圖集》，北京：地圖出版社，1982 年。

88. 曹婉如等編，《中國古代地圖集》（明代），北京：文物出版社，1995 年。

89. 曹婉如等編，《中國古代地圖集》（清代），北京：文物出版社，1997 年。

90. 陳正祥，《中國文化地理》，北京：三聯書店，1983 年。

91. 董鑒泓，《中國城市建設史》，北京：中國建材工業出版社，2004 年。

92. 呂思勉，《中國制度史》，上海：上海世紀出版集團，2005 年。

93. 馬正林，《中國城市歷史地理》，濟南：山東教育出版社，1998 年。

94. 郭華瑜，《明代官式建築大木作》，南京：東南大學出版社，2005 年。

95. 曹春平，《中國古代禮制建築研究》（博士學位論文），南京：東南大學，1995 年。

96. 侯衛東，《西嶽廟建築研究》（碩士學位論文），西安：西安建築科技大學建築學院，1984 年。

97. 宋寅，《五嶽祭祀建築研究》（碩士學位論文），天津：天津大學建築學院，1994 年。

98. 李震，《濟瀆廟建築研究》（碩士學位論文），西安：西安建築科技大學建築學院，2001 年。

99. 崔夢一，《北宋祠廟建築研究》（碩士學位論文），鄭州：河南大學歷史系，2007 年。

100. 閆凱，《北京太廟建築研究》（博士學位論文），天津：天津大學建築學院，2001 年。

101. 劉東衛，《五嶽人文景觀研究》（碩士學位論文），北京：北京建築工程學院建築系，1988 年。

102. 姚安，《清代北京祭壇建築與祭祀研究》（博士學位論文），北京：中央民族大學歷史系，2005 年。

103. 雷聞，《隋唐國家祭祀與民間社會關係研究》（博士學位論文），北京：北京大學歷史系，2002 年。

104. 顧效，《明代官式建築石作範式研究》（碩士學位論文），南京：東南大學建築學院，2006 年。

105. 白穎，《明代王府建築制度研究》（博士學位論文），北京：清華大學建築學院，2007 年。

106. 胡介中，《清代北京城內衙署建築之規模與空間布局探索》（碩士學位論文），北京：清華大學建築學院，2007 年。

107. 姜東成，《元大都城市形態與建築群基址規模研究》（博士學位論文），北京：清華大學建築學院，2007 年。

108. 李菁，《《乾隆京城全圖》之合院建築與城市肌理研究》（碩士學位論文），北京：清華大學建築學院，2006 年。

109. 歐陽恬之，《隋唐兩京里坊「割宅」制度及宅基地分配方法研究》（碩士學位論文），北京：清華大學建築學院，2005 年。

110. 史韶華，《明代南京佛寺基址規模與建築布局研究》（碩士學位論文），北京：清華大學建築學院，2007 年。

111. 王正武，《《乾隆京城全圖》中王府的規模與布局研究》，北京：清華大學建築學院，2006 年。

112. 項琳斐，《《乾隆京城全圖》中寺觀廟宇的用地規模與建築布局研究》（碩士學位論文），北京：清華大學建築學院，2006 年。

113. 陳聰，《西安東嶽廟保護》（碩士學位論文），西安：西安建築科技大學建築學院，2007 年。

114. 田承軍，《江南地區東嶽廟研究》（碩士學位論文），天津：南開大學歷史系，2003 年。

115. 馬方勝，《歷代帝王封禪祭祀泰山題刻研究》（碩士學位論文），北京：首都師範大學美術學，2009 年。

116. 豐湘，《明清時期泰山旅遊活動探析》（碩士學位論文），曲阜：曲阜師範大學，2006 年。

117. 劉國郁，《泰山東嶽廟會文化旅遊開發研究》（碩士學位論文），濟南：山東大學歷史系，2008 年。

118. 張賢雷，《泰山儒釋道的文化關係研究——以泰山之神信仰為例》（碩士學位論文），濟南：山東大學歷史系，2008 年。

119. 段曉明，《華山西嶽廟石牌坊石刻圖像初步研究》（碩士學位論文），西安：西安美術學院美術學，2007 年。

120. 劉博洋，《由五嶽山前拜謁空間看華山古柏行設計》（碩士學位論文），西安：西安建築科技大學藝術學院，2009 年。

121. 解明鏡，《南嶽宗教建築歷史及保護的研究》（碩士學位論文），長沙：湖南大學建築系，2004 年。

122. 張海霞，《先秦時期山嶽崇拜初探》（碩士學位論文），湘潭：湘潭大學歷史文化學院，2007 年。

六、期刊論文

1. 王貴祥，〈關於中國古代宮殿建築群基址規模問題的探討〉，《故宮博物院院刊》，2005 年第 5 期，頁 46～85。

2. 王貴祥，〈「五畝之宅」與「十家之坊」及古代園宅、里坊制度探析〉//賈珺，《建築史》（第 21 輯），北京：清華大學出版社，2005 年，頁 144～156。

3. 白穎，〈明洪武朝建築群規模等級制度體系淺析〉，《建築師》，2007 年第 12 期，頁 79。

4. 祁英濤，〈北京明代殿式木結構建築構架形制初探〉//中國文物研究所，《祁英濤古建論文集》，北京：華夏出版社，1992 年，頁 325～341。

5. 諸葛淨，〈嘉靖朝之制禮作樂〉//張復合，《建築史論文集》（第 16 輯），北京：清華大學出版社，2002 年，頁 115～132。

6. 張衛，〈嶽廟建築特色〉，《中外建築》，1995 年第 1 期，頁 34～35。

7. 白文固，〈宋代祠祿制度再探〉，《中州學刊》，1989 年第 6 期，頁 114～119。

8. 胡辭、王青，〈中國傳統佛寺與道觀選址布局比較〉，《建築知識》，2005 年第 6 期，頁 19～22。

9. 顧頡剛，〈「四嶽」與「五嶽」〉//《山嶽與象徵——2001 山嶽文化國際學術研討會論文集》，2001 年 6 月。

10. 酒井忠夫、金華，〈泰山信仰研究〉//《山嶽與象徵——2001 山嶽文化國際學術研討會論文集》，2001 年 6 月。

11. 鄭國銓，〈「五嶽」與傳統文化〉，《華夏文化》，1994 年第 1 期，頁 36～38。

12. 熊建偉，〈道家、道教在五嶽定位中的作用〉，《中國道教》，1993 年第 2 期，頁 36～41。

13. 張繼禹，〈道教五嶽配天思想簡論〉，《中國道教》，2009 年第 5 期，頁 17～21。

14. 姜生，〈論道教崇山的原因與實質〉，《復旦學報》（社會科學版），1996 年第 6 期，頁 85～90。

15. 王暉，〈論周代天神性質與山嶽崇拜〉，《北京師範大學學報》（社會科學版），1999 年第 1 期，頁 43～51。

16. 何彤鋒,〈儒道兩家的天人觀及其在古建築中的體現〉,《華南理工大學學報》(社會科學版),2002 年第 1 期,頁 65～69。

17. 胡曉明,〈《五嶽遊草》中的地名記述與研究〉,《中國地名》,2003 年第 5 期,頁 13～14。

18. 闕維民、謝凝高等,〈世界遺產視野中的中國五嶽〉,《人文地理》,2009 年第 4 期,頁 26～31。

19. 賈輝,〈中國五嶽、五鎮真形圖的文化奧秘〉,《蘭臺世界》,2004 年第 5 期,頁 41～42。

20. 耿直,〈五嶽真形圖碑〉,《中國道教》,1994 年第 4 期,頁 40～41。

21. 楊銳、趙智聰、鄔東璠,〈作為整體的」中國五嶽」之世界遺產價值〉,《中國園林》,2007 年第 12 期,頁 1～6。

22. 王運、李江海,〈淺談五嶽的文化整體性〉,《五臺山研究》,2007 年第 1 期,頁 32～36。

23. 趙世超,〈巡守制度試探〉,《歷史研究》,1995 年第 3 期,頁 3～15。

24. 王柏中,〈明嘉靖年間的廟制變革問題試探〉,《社會科學戰線》,2001 年第 2 期,頁 141～146。

25. 周郢,〈《水滸傳》與泰山文化〉,《泰山學院學報》,2007 年第 1 期,頁 27～32。

26. 陳巴黎,〈北京東嶽廟七十六司概述〉,《中國道教》,2000 年第 2 期,頁 47～52。

27. 劉玉沛,〈從地名看中國古代泰山信仰〉,《泰安教育學院學報岱宗學刊》,2003 年第 2 期,頁 20～21。

28. 賈運動,〈岱廟發現歐陽修等題跋碑〉,《文博》,1999 年第 1 期,頁 70。

29. 田承軍、趙鵬,〈岱廟舊影〉,《尋根》,2010 年第 1 期,頁 76～80。

30. 蕭放,〈東嶽廟與城市社會信仰空間的構建——以北京東嶽廟為例〉,《華中師範大學學報》(人文社會科學版),2009 年第 1 期,頁 92～97。

31. 周郢,〈東嶽廟在全國的傳播與分布〉,《泰山學院學報》,2008 年第 2 期,頁 17～29。

32. 石國偉、周徵松,〈東嶽信仰的傳承及其地方社會的影響——以山西地區為例〉,《宗教學研究》,2009 年第 1 期,頁 138～142。

33. 范恩君,〈洞天福地話泰山〉,《中國宗教》,2006 年第 2 期,頁 33～36。

34. 周郢、嘉寧殿,《仁安殿與岱廟壁畫——考證岱廟歷史的新資料》,〈泰安師專學報〉,2001 年第 1 期,頁 21～26。

35. 莫金山,〈歷代泰山封禪綜述〉,《青海社會科學》,1989 年第 4 期,頁 118～121。

36. 范恩君,〈論碧霞元君信仰〉,《中國道教》,1995 年第 2 期,頁 22~29。

37. 葉濤,〈論泰山崇拜與東嶽泰山神的形成〉,《西北民族研究》,2004 年第 3 期,頁 132~141。

38. 王曉亭,〈乾隆帝六登泰山〉,《故宮博物院院刊》,1983 年第 4 期,頁 92~94。

39. 周郢,〈清宮彩卷繪岱宗〉,《山東檔案》,1999 年第 2 期,頁 36。

40. 王麗娟,〈清宮御賜泰山祭器〉,《紫禁城》,2002 年第 2 期,頁 33~35。

41. 袁鏡身,〈泰安、泰山的規劃、建築、景物析〉,《建築學報》,1982 年第 12 期,頁 23~27。

42. 高曉燕、秦彧,〈泰安岱廟出土的漢唐瓦當〉,《江漢考古》,2000 年第 3 期,頁 92~93。

43. 趙祥明,〈泰安岱廟古城牆的歷史演變與科學保護〉,《古建園林技術》,2008 年第 4 期,頁 57~60。

44. 趙祥明,〈泰安岱廟古建築維修工程技術初探〉,《中國文物科學研究》,2008 年第 4 期,頁 75~78。

45. 趙鵬,〈泰安岱廟考古獲新發現〉,《中國文物報》,2005 年 8 月 26 日第 2 期。

46. 趙祥明,〈泰安岱廟瓦當的造型藝術和歷史文化價值〉,《文物世界》,2009 年第 1 期,頁 56~60。

47. 田承軍,〈泰山岱廟的銅鐘和鐵香爐〉,《文物春秋》,2005 年第 2 期,頁 74~75。

48. 柳華軍,〈泰山岱廟古城牆將恢復宋代原貌〉,《中國文物報》,2004 年 7 月 2 日第 2 期。

49. 周今立等,〈泰山岱廟古建築〉,《山東建築工程學院學報》,1996 年第 1 期,頁 2~9。

50. 張樂珍、苑勝龍,〈泰山岱廟天貺殿壁畫現狀調查與保護〉,《中國文物科學研究》,2009 年第 3 期,頁 67~71。

51. 周今立,〈泰山古建築群特徵淺析〉,《規劃師》,1997 年第 1 期,頁 77~79。

52. 周郢,〈泰山在國內外的影響〉,《泰山學院學報》,2003 年第 4 期,頁 6~7。

53. 趙祥明,〈淺析岱廟西華門的文物價值和科學保護〉,《古建園林技術》,2006 年第 2 期,頁 9~11。

54. 曹虎,〈遙參亭──泰山岱廟的序幕和前奏曲〉,《古建園林技術》,2004 年第 2 期,頁 29~30。

55. 米運昌，〈岱廟「秦既作畤」「漢亦起宮」質疑〉，《山東師大學報》（哲學社會科學版），1985 年第 2 期，頁 20～22。

56. 陳從周，〈岱廟淺談〉，《風景名勝》，1995 年第 12 期，頁 20～23。

57. 周郢，〈明《泰山志》整理論略〉，《泰山學院學報》，2004 年第 2 期，頁 64～68。

58. 范恩君，〈泰山岱廟藏明萬曆聖旨及《道藏》考〉，《中國道教》，2003 年第 1 期，頁 41～42。

59. 安泰，〈巍巍五嶽話泰山〉，《中國地》，2007 年第 1 期，頁 6～9。

60. 李之勤，〈《華山之神封金天王懿號冊》當係北宋以後之人所偽託——兼駁西嶽廟原建於黃神谷口後〉，《文博》，1997 年第 4 期，頁 61～66。

61. 黃光琦、賀林，〈華陰西嶽廟維修工程〉，《文博》，2005 年第 4 期，頁 30～31。

62. 王飛玉，〈略論《西嶽華山神廟之碑》的價值〉，《文博》，2006 年第 4 期，頁 88～89。

63. 劉宇生，〈明清西嶽廟修繕記略〉，《文博》，2005 年第 5 期，頁 18～23、第 6 期，頁 26～29。

64. 馬宏林、黃光琦，〈熱釋光測年：西嶽廟古建築維修中屋面瓦件選擇研究〉，《文博》，2005 年第 5 期，頁 24～26。

65. 田鵬剛等，〈西嶽廟「少昊之都」石牌樓加固與修復工程〉，《工業建築》，2006 年第 1 期，頁 85～87。

66. 強躍、劉宇生，〈西嶽廟的文化遺產價值〉，《文博》，2005 年第 5 期，頁 16～17。

67. 張躍峰，〈西嶽廟灝靈殿維修記〉，《文博》，2006 年第 1 期，頁 47～50。

68. 劉宇生，〈西嶽廟建築文化初探〉，《文博》，2006 年第 1 期，頁 40～46。

69. 陝西省考古研究所、西嶽廟文官所，〈西嶽廟角樓發掘簡報〉，《文博》，2000 年第 5 期，頁 3～10。

70. 呂智榮、劉育生，〈西嶽廟考古收穫〉，《文博》，2005 年第 1 期，頁 16～23。

71. 丁志軍，〈《修華嶽廟記》疑為北魏文〉，《宜賓學院學報》，2007 年第 4 期，頁 45～47。

72. 劉宇生，〈敕修西嶽廟記碑與陝甘回民起義〉，《文博》，2003 年第 6 期，頁 55～59。

73. 莫道才，〈關於李商隱駢文佚作《修華嶽廟記》〉，《柳州師專學報》，1997 年第 4 期，頁 17～18。

74. 盧慧傑，〈華山西嶽廟石刻〉，《文博》，2001 年第 6 期，頁 61～63。

75. 呂智榮，〈西嶽廟一號琉璃瓦窯址發掘簡報〉，《考古與文物》，2005 年第 6 期，頁 31～37。

76. 龐博，〈千載滄桑西嶽廟〉，《西部大開發》，2004 年第 3 期，頁 65～67。

77. 於健惠，〈華山有座西嶽廟〉，《西部大開發》，2006 年第 1 期，頁 50～52。

78. 施安昌，〈評清人題西嶽華山廟碑及其歷史背景〉，《故宮博物院院刊》，1994 年第 2 期，頁 66～75。

79. 歐陽謙，〈民國重修南嶽廟記〉，《船山學刊》，2000 年第 3 期，頁 62。

80. 黃偉、劉建平，〈天下南嶽品味衡山〉，《中國地名》，2007 年第 3 期，頁 8～37。

81. 張齊政，〈南嶽寺廟建築論〉，《衡陽師範學院學報》（社會科學），2003 年第 5 期，頁 104～109。

82. 朱玉龍，〈南嶽山所在方位考〉，《江淮論壇》，1983 年第 4 期，頁 117～118。

83. 蔡梅良，〈南嶽廟會文化的旅遊價值研究〉，《船山學刊》，2009 年第 4 期，頁 53～56。

84. 姚玲玲，〈南嶽廟的火災與防範〉，《湖南消防》，1994 年第 4 期，頁 11。

85. 張齊政，〈南嶽衡山寺廟地產的形成及其估算〉，《長沙理工大學學報》（社會科學版），2006 年第 2 期，頁 81～83。

86. 袁紹芳，〈南嶽佛道今昔談〉，《中國建設》，1987 年第 6 期，頁 59～61。

87. 涂明，〈話說南嶽廟——文化內涵與科技藝術價值〉，《南方建築》，2001 年第 3 期，頁 54～57。

88. 蔡道馨、邱燦紅，〈賦予傳統建築以新的生命——南嶽大廟全面修復規劃〉，《規劃師》，1996 年第 1 期，頁 79～82。

89. 黃至安、余月，〈道教神府——衡山南嶽廟〉，《中國道教》，1994 年第 2 期，頁 44～47。

90. 柳肅，〈從五嶽文化的比較研究談南嶽廟修復規劃設計〉，《中外建築》，1996 年第 1 期，頁 20～22。

91. 周本淳，〈從「嶽廟」與「嶽寺」談起韓愈《謁衡嶽廟遂宿嶽寺題門樓》兩條注解的辨析〉，《淮陰師專學報》（社會科學版），1984 年第 1 期，頁 53～69。

92. 戒圓，〈「南嶽廟會」參觀記〉，《法音》，1992 年第 12 期，頁 34～36。

93. 曠光輝，〈《南嶽賦》初探〉，《船山學報》，1988 年第 1 期，頁 81～83。

94. 武占江、蔡立偉，〈宗教的虔誠與人文的形式化——從曲陽北嶽廟碑刻看北嶽祭祀的文化內蘊〉，《河北經貿大學學報》（綜合版），2007 年第 2

期，頁 10～14。

95. 梁勇，〈再論北嶽恒山地望及其歷史變遷——兼與王暢同志商榷〉，《中國歷史地理論叢》，2004 年第 6 期，頁 149～155。

96. 王金科，〈與曲陽北嶽廟碑有關的幾個歷史問題〉，《文物春秋》，2001 年第 5 期，頁 21～23。

97. 張立方，〈五嶽祭祀與曲陽北嶽廟〉，《文物春秋》，1993 年第 4 期，頁 58～62。

98. 王麗敏，〈蘇軾與古北嶽〉，《文物春秋》，2009 年第 6 期，頁 3～6。

99. 文有仁、單楅，〈曲陽北嶽廟與河北省古北嶽恒山探秘〉，《知識就是力量》，2006 年第 3 期，頁 38～41。

100. 王麗敏、高曉靜、呂興娟，〈曲陽北嶽廟唐李克用題名碑淺析〉，《文物春秋》，2007 年第 4 期，頁 50～51。

101. 劉青，〈曲陽北嶽廟發現元代祭祀遺物〉，《文物春秋》，2009 年第 6 期，頁 42～49。

102. 聶金鹿，〈曲陽北嶽廟德寧之殿結構特點芻議〉，《文物春秋》，1995 年第 4 期，頁 47～53。

103. 劉淑敏，〈淺述河北古代道教建築及文化特色〉，《河北建築工程學院學報》，2006 年第 4 期，頁 82～85。

104. 呂睿，〈千古衰榮話北嶽〉，《中國林業》，2005 年第 4 期，頁 28。

105. 齊仁達，〈明清北嶽祭祀地點轉移之動態考察〉，《史學月刊》，2009 年第 9 期，頁 38～49。

106. 呂興娟，〈明喬宇登恒山詩辨惑〉，《文物春秋》，2009 年第 6 期，頁 10～12。

107. 王繼光，〈漫談恒山「和文化」〉，《綠葉》，2007 年（Z1），頁 122～123。

108. 王暢，〈晉冀恒山之爭與中國山嶽文化〉，《河北學刊》，2002 年第 6 期，頁 145～148。

109. 保定地區行署宗教局，〈華北道教勝地——曲陽北嶽廟〉，《中國道教》，1995 年第 1 期，頁 55～56。

110. 張劍揚，〈恒山宗教探源〉，《雁北師院學報》，1995 年第 1 期，頁 18～20。

111. 田軍，〈恒山北嶽廟〉，《紫禁城》，2001 年第 1 期，頁 42～43。

112. 文有仁、單楅，〈古北嶽探源〉，《知識就是力量》，2003 年第 1 期，頁 44～45。

113. 高曉靜，〈古北嶽恒山祭祀文化淺析〉，《文物春秋》，2006 年第 1 期，頁 3～23。

114. 張建鎖、馬志強，〈古北嶽恒山調查紀略〉，《文物春秋》，2009 年第 6

期，頁 21～34。

115. 牛亞輝，〈風雨滄桑北嶽廟〉，《建築》，2006 年第 24 期，頁 71～72。

116. 呂興娟，〈訪大茂山遺跡談古北嶽恒山〉，《文物春秋》，2006 年第 4 期，頁 21～23。

117. 韓成武，〈從河北曲陽北嶽廟碑刻看北嶽地點的沿革〉，《史學月刊》，2004 年第 12 期，頁 114～116。

118. 呂興娟，〈北嶽廟建立飛石殿的年代及原因初考〉，《文物春秋》，2005 年第 5 期，頁 35～40。

119. 常學文，〈北嶽恒山元靈宮〉，《文物世界》，2004 年第 2 期，頁 37～39。

120. 葛致巍，〈北嶽恒山及勝蹟考略〉，《河北大學學報》（哲學社會科學版），1987 年第 3 期，頁 223～225。

121. 王宜峨、郭鑄，〈北嶽恒山參訪記〉，《中國道教》，1995 年第 3 期，頁 52～53。

122. 郭英昆，〈《曲陽北嶽廟文物保護規劃》正式公布〉，《保定日報》，2009 年 11 月 25 日第 2 期。

123. 王子今，〈《封龍山頌》及《白石神君碑》北嶽考論〉，《文物春秋》，2004 年第 4 期，頁 1～6。

124. 王麗敏、高曉靜，〈《大明詔旨》碑探秘〉，《文物春秋》，2009 年第 6 期，頁 68～70。

125. 郭黛姮，〈「天地之中」的嵩山歷史建築群〉，《中國文化遺產》，2009 年第 3 期，頁 10～19。

126. 張家泰，〈《大金承安重修中嶽廟圖》碑試析〉，《中原文物》，1983 年第 1 期，頁 40～50。

127. 王雪寶，〈從金代廟圖看中嶽廟建築布局〉，《鄭州日報》，2008 年 5 月 7 日第 7 期。

128. 張家泰，〈登封中嶽廟〉，《中州學刊》，1982 年第 2 期。

129. 余曉川，〈登封中嶽廟四嶽殿修復設計研究〉，《山西建築》，2005 年第 13 期，頁 35 / 45。

130. 李光明，〈登封中嶽廟選址理念解析〉，《古建園林技術》，2009 年第 2 期，頁 27～30。

131. 陳漢平，〈漢太室闕「象」形新議〉，《中原文物》，1984 年第 4 期，頁 81 / 48。

132. 張惠民，〈景曰昣與《嵩嶽廟史》〉，《河南圖書館學刊》，2003 年第 5 期，頁 83～84。

133. 曲旭東、馬海冰，〈淺析中嶽廟選址中的風水學〉，《科技信息》（學術研

究），2008 年第 9 期，頁 464。

134. 張永勝，〈嵩嶽觀古〉，《華夏文化》，1999 年第 1 期，頁 40～41。

135. 王卡、尹嵐寧，〈唐以前嵩山道教的發展及其遺跡──《中嶽嵩高靈廟之碑》〉，《中國道教》，1989 年第 1 期，頁 1～13。

136. 唐明貴，〈武則天封禪嵩山論略〉，《山東科技大學學報》（社會科學版），2004 年第 3 期，頁 41～45。

137. 周永慎，〈中嶽廟訪古〉，《中國宗教》，2005 年第 1 期，頁 45～46。

138. 日農，〈中嶽廟會紀事〉，《中國建設》，1982 年第 4 期，頁 56～58。

139. 勇剛，〈中嶽廟天中閣簡介〉，《中國道教》，1991 年第 2 期，頁 63。

140. 潘國良，〈中嶽廟與鎮庫鐵人〉，《金屬世界》，1997 年第 6 期，頁 21。

致　謝

　　感謝導師王貴祥教授的精心指導。王貴祥先生中西融會的淵博學識、獨闢蹊徑的研究視角以及在學術道路上勤耕不輟的執著精神，是我一生的榜樣。

　　感謝郭黛姮、呂舟、鍾曉青、秦祐國、賈珺、劉暢諸位先生在論文開題和寫作過程中給予的指導。感謝廖慧農、賀從容、李路珂、謝鴻權諸位老師給予的幫助。

　　感謝華陰、登封、南嶽、曲陽等地方的文物管理部門同志對論文調研提供的幫助。

　　感謝清華大學建築學院建築歷史與理論研究所全體同窗給予的幫助。

　　感謝讀博期間同屋舍友張振威博士鼓勵和幫助。

　　感謝父母雙親、愛人方娟的鼓勵和支持。

附錄 A　中國五嶽祭祀歷史沿革記錄

A.1　東嶽泰山祭祀沿革

表 A.1　東嶽泰山歷代帝王巡狩年表

朝　代	年　代	文獻記載
唐虞三代		觀象曰風行地上，觀先王以省方，觀民設教。(《周易》)
		歲二月，東巡狩至於岱宗，柴望秩於山川，詩周頌於皇時，周陟其高山。(《尚書·舜典》)
		天子五年一巡守。歲二月，東巡守至於岱宗，柴而望祀山川，覲諸侯問百年者，就見之命。(《禮記·王制》)
秦	始皇帝即帝位三年	東巡海上，行禮，祠名山大川及八神二日地主，祠泰山梁父。(《史記》)
	二世皇帝元年	東巡碣石並海南，歷泰山，至會稽，皆禮祠之。(《史記》)
漢	武帝元狩四年	始巡郡縣，濅尋於泰山。(《通典》)
	光武帝建武三十年三月	幸魯，過泰山，告太守以上過故承詔，祭泰山及梁父。(《後漢書·祭祀志》)
	章帝元和二年	二月，東巡狩至泰山，修光武山南壇，兆辛未柴祭天地群神如故事；壬申宗祀五帝於孝武所作汶上明堂，光武帝配□酉更告祠，高祖、太宗、世宗、中宗、世祖、顯宗於明堂各一太牢，卒事，遂觀東。後饗賜王侯群臣。因行郡國幸魯祠孔子及七十二弟子，四月還京都。(《後漢書·祭祀志》)
	安帝延光三年	二月丙子，東巡狩，辛卯幸泰山，柴告岱宗。(《文獻通考》)
三國		魏明帝，凡三東巡狩，所過存問高年、恤疾苦或賜穀帛，有古巡幸之風焉。(《晉書·禮志》)

北魏太武帝	太平真君十一年	十一月，南征過岱宗，祀以太牢。（《冊府元龜》）
隋	文帝開皇十五年	春正月壬戌，車駕次齊州，丙寅旅玉符山，庚午祠泰山，三月己未至自東巡狩，望祭五嶽。（《文帝本紀》）
唐	高宗麟德二年	幸東都，遂幸東嶽。（《文獻通考》）
	元（玄）宗開元十二年	十月，發東都，赴東岱。（《文獻通考》）
明	成祖永樂七年	三月車駕巡守，駐蹕東平，望祭泰山。（《明會典》）
清	康熙二十三年	十月，皇帝躬祀東嶽泰山之神。
	康熙四十二年	皇帝南巡至泰安州，登岱。遣內閣侍讀趙世芳致祭於東嶽泰山之神。
	乾隆十六年	四月十一日，聖駕南巡迴鑾抵泰安，謁岱廟，即日登山祀碧霞祠。
	乾隆二十二年	四月十一日，聖駕南巡迴鑾抵泰安，謁岱廟，即日登山祀碧霞祠。
	乾隆二十七年	四月十九日，聖駕南巡迴鑾抵泰安，謁岱廟，明日登山祀碧霞祠。
	乾隆三十六年	二月二十五日，聖駕親謁岱廟拈香，二十六日登山祀碧霞祠。
	乾隆四十一年	三月十四日，聖駕東巡親謁岱廟拈香，十五日登岱，祀碧霞祠。
	乾隆四十五年	正月二十六日，聖駕南巡過泰安，駐蹕白鶴泉行宮；二十七日，躬祀遙參亭，謁岱廟。
	乾隆五十五年	三月初五日，聖駕東巡至泰安，祇謁岱廟，駐蹕白鶴泉行宮；初七日躬謁岱廟拈香。

（資料來源：光緒《泰山志》卷第十一秩祀志）

表 2.3　東嶽泰山歷代祀典年表

朝　代	年　　代	文獻記載
唐虞三代		望於山川，徧於群神。（《尚書·舜典》）
		天子祭名山大川，五嶽視三公，四瀆視諸侯。祭名山大川之在其地者。（《禮記·王制》）
		以血祭祭社稷、五祀五嶽。（《周禮·大宗伯》）

秦		始皇帝併天下，令祠官所常奉名山。一曰泰山春以脯酒為歲祠……祠其牲用牛犢各一牢，具珪幣各異。(《史記》)
漢	宣帝神爵元年	制詔太常，五嶽皆有常禮，東嶽泰山於博，使者持節侍祠，歲五祠。(《漢書·郊祀志》)
三國	魏文帝黃初元年	十一月庚午，以節阼燎祭五嶽。(《本紀》)
	魏文帝黃初二年	六月庚子，祀嶽瀆瘞沉珪璧。
晉	元帝建武元年	令郡國有五嶽者置宰視三人，以孟春、仲冬祠之。(《晉·禮志》)
	明帝太寧三年七月	詔以五嶽四瀆望秩久廢主者，依舊詳處。(《本紀》)
	成帝咸和八年	立北郊祀地祇，地郊五嶽從祀。(《文獻通考》)
北魏	明元帝泰常三年	立五嶽廟於桑乾水陰，春秋遣有司致祭，有牲及幣準古望秩云。(《北魏書·禮志》)
	獻文帝皇興二年	二月，以青徐既平，遣中書令兼太常高允奉玉幣，祀於東嶽。(《北魏書·禮志》)
	孝文帝太和十九年	正月己亥，帝南征，二月壬戌，詔班師，四月己未，行幸瑕邱，遣使以太牢祀岱嶽。(《本紀》)
北齊	文宣帝天保元年	六月乙卯，詔分遣使致祭五嶽。(《文獻通考》)
唐		武德貞觀之制：五嶽以五郊迎氣，曰祭之東嶽岱山祭於兗州，其牲皆用太牢，祀官以當界都督刺史充。(《文獻通考》)
	玄宗開元五年	十二月戊寅，詔詳定嶽瀆典禮。(《冊府元龜》)
	開元十三年	十一月壬辰，詔封泰山神為天齊王，禮秩加三公一等，宣令所管，崇飾祠廟，去山十里禁樵採。(《冊府元龜》)
	開元十八年	正月丁巳，詔五嶽四瀆各令郡縣逐處設祭。十九年四月甲辰，命有司祭五嶽四瀆以尚書省諸曹郎，分往諸州祭焉。(《冊府元龜》)
	開元二十年	四月戊申，命有司擇日就祭五嶽。 十一月庚申，制五嶽四瀆各令致祭，務盡誠潔。(《冊府元龜》)
	開元二十二年	春正月癸卯，制嶽鎮用牲牢，餘並以酒脯充奠。 六月以多雨，令高品官祭五嶽。(《開元禮》)
	開元二十三年	正月己亥，詔五嶽所在長官以禮致祭。(《冊府元龜》)

		開元二十五年	十月戊申，敕禮部尚書杜暹祭東嶽。(《冊府元龜》)
		天寶元年	正月丁未，改元，五嶽四瀆並令所在州縣致祭。 甲寅以得靈符又令所在長官備禮祭五嶽。 十二月己亥，令光祿卿嗣鄭王希言祭東嶽。(《冊府元龜》)
		天寶三年	四月丙辰，令太子詹事嗣許王瓛祭東嶽。(《冊府元龜》)
		天寶七年	五月壬午，以上尊號詔所在長官致祭五嶽。(《冊府元龜》)
		天寶八年	九月，詔令宗正卿襃信郡王璆等分祭五嶽。(《冊府元龜》)
		天寶十年	正月甲子，制專使分祭五嶽。(《冊府元龜》)
		天寶十二年	二月，制五嶽四瀆各委郡縣長官祭其祠宇，頹毀者，量事修葺。(《冊府元龜》)
		天寶十四年	八月辛卯，以歲稔制，令郡縣長官秋後醮祭嶽瀆 ；又詔，令所在長官即擇日致祭五嶽四瀆。(《冊府元龜》)
		代宗廣德二年	二月，詔五嶽宜令所管致祭。(《冊府元龜》)
		永泰元年	正月癸巳，改元，制令五嶽所管牧宰精誠致祭。(《冊府元龜》)
		大曆元年	十一月甲子，大赦，改元，制曰五嶽四瀆祀典攸存，神理昭著，宜以禮致祭。(《冊府元龜》)
		大曆五年	六月詔曰五嶽四瀆神明所居，風雨是主，宜委中書門下分使致祭，以達精誠。(《冊府元龜》)
		德宗貞元二年	詔太常卿裴郁等十人，各就方鎮，祭嶽瀆。(《冊府元龜》)
		貞元四年	五月初，復御署祭嶽瀆，祝版舊制。
		貞元二十一年	順宗以貞元二十一年正月即位，四月冊皇太子，詔五嶽委所在長吏，量加祭祀。(《冊府元龜》)
		憲宗元和四年	十一月庚寅，冊皇太子，詔五嶽委所在長吏，量加祭祀。(《冊府元龜》)
		元和七年	十月庚戌，制冊皇太子，詔五嶽委所在長吏，量加祭祀。(《冊府元龜》)
		穆宗長慶元年	七月壬子，受冊尊號，禮畢，詔五嶽各令所在以禮致祭。(《冊府元龜》)
		文宗太和八年	二月寅，大赦，詔五嶽四瀆各委所在長吏致祭，仍加豐潔，以副精誠。(《冊府元龜》)
	五代	後晉高祖天福二年	八月，詔以正位，差官祭告五嶽兼下逐州府，量事修崇，所有近廟山林，仍宜禁樵牧。十月丙戌，令使祠五嶽。(《冊府元龜》)

	天福六年	詔嶽鎮廟宇宜令各修葺，仍禁樵牧。（《冊府元龜》）
	後周太祖廣順二年	五月，親征兗州，遣翰林學士竇儀祭東嶽廟。（《冊府元龜》）
宋	太祖建隆元年	六月，平澤潞，遣官祭泰山廟。（《禮志》）
	建隆四年	平湖南，遣使祀南嶽，繼令有司制諸嶽神衣冠劍履，遣使易之。（《禮志》）
	乾德元年	五月甲寅，遣使禱雨嶽瀆。（《本紀》）
	乾德二年	三月丁酉，遣使祈雨五嶽。（《本紀》）
	乾德九年	七月丁亥，命修五嶽祠廟。（《本紀》）
	開寶五年	詔，自今五嶽各以本縣令兼廟令尉兼廟承，專掌祀事，常加案視，務於□潔，仍籍其廟宇祭器之數，受代□交以相付本州長吏，每月一詣廟察舉縣，近廟者，遷治所就之。（《文獻統考》）
	太宗雍熙三年	八月丁未，大雨遣使禱嶽瀆。（《本紀》）
	淳化元年	夏四月庚戌，遣中使詣五嶽禱雨。（《本紀》）
	淳化二年	二月，秘書監李至請遵舊禮，五嶽就迎氣日各祭於所隸之州，長吏以次為獻官，其後立春日祀東嶽泰山於兗州。（《禮志》）
	至道元年	二月八日，以旱祀五嶽故事御書祝版，學士言五嶽視三公，稱名恐非古上，曰，唐德宗猶拜風雨，朕為民祈福，無憚桑林之禱，舊制豈可廢。（《玉海》）
	真宗大中祥符元年	加號泰山為仁聖天齊王，遣執方郎中沈為宗致告；又封威雄將軍為炳靈公，通泉廟神為靈派侯，亭亭山神為廣禪侯，各遣官致告；詔泰山四面七里禁樵採，給近山二十戶以奉神，祠社首、徂徠，並禁樵採。（《禮志》）
	大中祥符四年	五月乙未，加上東嶽為天齊仁聖帝。（《禮志》）
		九月辛卯，向敏中等為五嶽奉冊使，冬十月御朝元殿，發五嶽冊。（《本紀》）
		十一月戊戌，又加上東嶽帝后號，曰淑明，遣官祭告。（《禮志》）
	大中祥符五年	二月，命晁迥等撰加五嶽帝號碑。（《玉海》）
		八月己未，作五嶽觀。（《本紀》）
	仁宗慶曆三年	夏四月丙辰，以春夏不雨，遣使禱於嶽瀆。（《本紀》）
	嘉祐元年	春正月朔御大慶殿，受朝，命諸州長吏致祭嶽瀆 。（《本紀》）

	嘉祐八年	英宗即位於嘉祐八年五月戊辰初，御延和殿，以疾未平，命禱於嶽瀆。（《本紀》）
	治平二年	九月己酉，以久雨遣使祈於嶽瀆。（《本紀》）
	神宗熙寧元年	以祈雨，命諸路擇端誠修潔之士，禱嶽瀆。（《本紀》）
	元豐三年	集賢校理陳侗，請依周禮建四望壇於四郊，以鎮五嶽四鎮四瀆，庶合於經。詔下詳定，禮文所詳定。（《文獻通考》）
	哲宗元祐五年	二月癸卯，禱雨嶽瀆。（《本紀》）
	元符三年	修東嶽廟，命曾肇撰碑文，為殿三，曰嘉寧、蕃祉、諸祐。（《玉海》）
	徽宗宣和四年	九月，有司以泰嶽廟成，奏功，詔學士承旨宇文萃中，撰修嶽廟碑。（《廟碑》）
	高宗紹興七年	五月壬申，命禮官舉嶽鎮海瀆之祀。（《本紀》）
		太常博士黃積厚言，嶽鎮海瀆請以每歲四立日分祭，如祭五方帝禮，詔從之。（《禮志》）
金	世宗大定四年	六月庚午初，定五嶽四瀆禮，禮官言嶽鎮海瀆當以五郊迎氣日祭之，詔依典禮，以四立土旺日，就本廟致祭，其在他界者，遙祀；立春祭東嶽於泰安州，其封爵並仍唐宋之舊。（《禮志》）
	大定十九年	敕修嶽廟。（《廟志》）
	章宗明昌元年	命有司祈雨望祀嶽鎮海瀆。（《本紀》）
	明昌三年	三月丁酉，命有司祈雨望祀嶽鎮海瀆。 五月乙丑，以雨足，望祀嶽鎮海瀆。（《本紀》）
	明昌四年	六月丙辰，以晴，致祭嶽鎮海瀆。（《本紀》）
	承安元年	三月丁酉，不雨，遣官望祀嶽鎮海瀆於北郊。 丁未，復遣使就祈於東嶽。 四月乙卯，遣官望祀嶽鎮海瀆。 十一月癸卯，命有司祈雪，仍遣官祈於東嶽。（《本紀》）
	承安二年	夏四月丙辰，命有司祈雨，望祭於嶽鎮海瀆。 五月甲申，以雨足，望祀嶽鎮海瀆。（《本紀》）
	承安四年	五月戊戌，命有司望祭於嶽鎮海瀆禱雨。 六月辛巳，遣官報祀嶽瀆。（《本紀》）
	承安五年	六月乙巳，遣有司祈晴，望祭嶽瀆　。 七月乙卯，朔以晴，遣官望祭嶽瀆　。（《本紀》）

	太和四年	二月丁酉，詔祈雨東北二嶽。 四月丙午，以祈雨望祀嶽瀆。（《本紀》） 五月乙丑，有司請雩，詔三禱嶽瀆。 　　辛卯，報謝嶽瀆。（《本紀》）
	宣宗興定二年	七月乙卯，以旱災，遣官望祀嶽鎮海瀆。（《本紀》）
元	中統初	嶽鎮海瀆祭祀之禮，使者奉聖書印，其處行事曰代祀。代祀，自中統二年始，凡十有九，處分五道。後乃以東嶽、東海、東鎮、北鎮為東道，道遣使二人。集賢院奏遣漢官，翰林院奏遣蒙古官，出聖書給驛以行。中統初，遣道士或副以漢官。（《祭祀志》）
	世祖中統二年	秋七月乙丑，遣使持香幣，祀嶽瀆。（《本紀》）
	至元三年	夏四月，定歲祀嶽鎮海瀆之制。正月祀東嶽、海、鎮、瀆，十王日祀泰山於泰安州。（《祭祀志》）
	至元三年	秋七月丙午，遣使代祀嶽瀆。（《本紀》）
	至元四年	四月辛未，遣使代祀嶽瀆。（《本紀》）
	至元五年	四月壬寅，遣使代祀嶽瀆。（《本紀》）
	至元六年	四月甲午，遣使祀嶽瀆。（《本紀》）
	至元九年	正月辛巳，刺燕王遣使持香幡祀嶽瀆。（《本紀》）
	至元十一年	三月辛卯，遣使代祀嶽瀆。（《本紀》）
	至元十二年	二月庚午，命怯薛丹察罕不花侍儀、副使關思義、真人李德和代祀嶽瀆。（《本紀》）
	至元十三年	五月乙未，遣使代祀嶽瀆。 秋七月丙辰，遣使持香幣，祀嶽瀆。（《本紀》）
	至元十四年	二月甲子，遣使代祀嶽瀆。（《本紀》）
	至元十六年	二月丙午，遣使代祀嶽瀆。（《本紀》）
	至元十七年	二月辛丑，遣使代祀嶽瀆。（《本紀》）
	至元十八年	正月辛亥，遣使代祀嶽瀆。（《本紀》）
	至元十九年	二月辛卯，遣使代祀嶽瀆。（《本紀》）
	至元二十一年	正月甲戌，遣蒙古官及翰林院各一人，祀嶽瀆。（《本紀》）
	至元二十二年	春正月壬午，太陰犯軒轅、太民，遣使代祀嶽瀆。（《本紀》）
	至元二十四年	春正月庚寅，遣使代祀嶽瀆。（《本紀》）
	至元二十五年	春正月丁酉，遣使代祀嶽瀆。（《本紀》）

	至元二十六年	春正月辛丑，遣使代祀嶽瀆。（《本紀》）
	至元二十七年	春正月丁巳，遣使代祀嶽瀆。（《本紀》）
	至元二十八年	二月丁酉，詔加五嶽四瀆封號，各遣官詣祠致告，加上東嶽為天齊大生仁聖帝。（《本紀》）
	至元二十九年	二月甲子，遣使代祀嶽瀆。（《本紀》）
	至元三十年	春正月丁亥，遣使代祀嶽瀆。（《本紀》）
	成宗元貞二年	二月丙寅，遣使代祀嶽瀆。（《本紀》）
	大德元年	六月甲午，諸王也里千遣使乘驛祀五嶽，命追其驛券，仍切責之。（《本紀》）
	大德二年	二月癸未，詔諸王駙馬毋擅祀嶽鎮海瀆。（《本紀》）
	大德四年	二月乙卯，遣使祀東嶽。（《本紀》）
	武宗至大元年	三月丁卯，遣使祀五嶽。（《本紀》）
	仁宗皇慶元年	十二月丁亥，遣官祈雪於嶽鎮海瀆。（《本紀》）
	泰定帝泰定元年	秋七月庚寅，遣使代祀嶽瀆。（《本紀》）
	泰定二年	八月辛丑，遣使代祀嶽瀆。（《本紀》）
	泰定三年	三月乙巳，帝以不雨，遣使分祀嶽瀆。（《本紀》）
	泰定四年	閏九月甲戌，致祭五嶽。（《本紀》）
	文宗天曆元年	九月壬戌，遣使祭五嶽。（《本紀》）
	天曆二年	冬十月庚戌，遣使代祀五嶽。（《本紀》）
	至順二年	冬十月甲辰，遣秘書太監王珪等代祀嶽瀆。（《本紀》）
	至順三年	六月癸丑，遣使分祀嶽瀆。（《本紀》）
	順帝至正二年	春正月癸丑，遣翰林學士三保等待祀五嶽。（《本紀》）
明	太祖洪武二年	二月命都督孫遇仙等分祭嶽瀆 。（《禮儀志》）
	三年	詔定嶽鎮海瀆神號略，並去前代所封名號，東嶽稱東嶽泰山之神。（《岱史》）
	十八年	八月，以天下寧謐，遣曹國公李文忠、道士吳永興、鄧子方，代祀泰山，樹碑嶽廟。詔：自今以後，歲以仲秋，祀祠致祭。（《岱史》）
	二十一年	遣道士吳永興、官行甫祭泰山。（《岱史》）

三十九年	九月，以用師西南夷，遣道士朱鐸如、監生高翥，祭告泰山。（《岱史》）
成祖永樂四年	七月，師討安南，遣道士嚴士安、監生馬武，致祭泰山。（《岱史》）
永樂五年	討安南，遣道士復生、監生張禮，致祭泰山。（《岱史》）
宣宗宣德十五年	五月，遣泰安知州胡宗敏，致祭祈年。（《岱史》）
英宗正統元年	五月，以嗣承大統，遣吏科給事中車遜，祭告泰山。（《岱史》）
正統三年	遣泰安知州胡宗敏，致祭祈年。（《岱史》）
正統九年	夏旱，翰林院侍讀習嘉言，致祭祈雨。（《岱史》）
代宗景泰元年	閏正月，以嗣承大統，遣禮部左侍郎儀銘，祭告泰山。（《岱史》）
景泰二年	遣工部右侍郎張敏，致祭泰山。（《岱史》）
景泰三年	以河流泛濫，遣太子太保都御史工文，祭泰山。（《岱史》）
景泰四年	以雨雪過多，遣刑部尚書薛希璉，祭泰山。（《岱史》） 秋，又遣翰林院編修王稹，致祭祈雨。（《岱史》）
景泰五年	遣太常寺少卿李宗周，致祭祈雨。（《岱史》）
景泰六年	遣刑部尚書薛希璉，祭泰山祈年。（《岱史》）
憲宗成化元年	四月，以嗣統，遣尚寶司丞李木，祭告泰山。（《岱史》）
成化四年	遣山東巡撫都御史原，致祭祈年。（《岱史》）
成化六年	遣禮部尚書李希安，祭泰山祈雨。（《岱史》）
成化九年	遣禮部左侍郎劉吉，祭泰山祈雨。（《廟碑》）
成化十三年	以連歲災祲，遣山東左布政使陳儼，致祭祈年。（《岱史》）
成化二十年	以祈雪，遣山東布政使戴珖，祭告泰山。（《岱史》）
成化二十一年	地震，遣山東巡撫盛容，祭告泰山。（《岱史》）
孝宗弘治元年三月	以嗣統，遣大理寺右少卿李介，祭告泰山。（《岱史》）
弘治四年	遣左通政元守直，祭泰山祈雨。（《岱史》）
弘治六年	遣山東巡撫王霽，致祭祈雨。（《岱史》）

	弘治十年	河決張，秋遣平江伯陳銳、右副都御史劉大夏、右僉都御史熊狪督工修築，祭告泰山。（《岱史》）
	弘治十年	遣山東巡撫熊狪，祭告祈雨。（《岱史》）
	弘治十二年	詔修東嶽廟。（《岱史》）
	弘治十七年	遣右副都御史徐源，致祭祈雨。（《岱史》）
	武宗正德四年	正月，遣山東布政使司、左參政張文佐，致祭祈年。（《岱史》）
	正德五年	遣戶部左侍郎喬宇，祭泰山祈雨。（《岱史》）
	正德六年	以兵討寧夏逆黨就擒，遣山東布政使司、右參議徐永，告謝泰山。（《岱史》）
	正德七年	遣山東布政使司、左參政張津，祭告祈年。（《岱史》）
	世宗嘉靖元年	三月，以嗣承大統，遣禮部尚書石瑤，祭告泰山。（《岱史》）
	嘉靖十一年	命泰安知州李收，祭泰山祈嗣。（《岱史》）
	嘉靖十七年	元子誕生，命泰安知州丁方，告謝泰山。（《岱史》）
	嘉靖三十二年	閏二月，以黃河漲溢，遣山東巡撫沈應龍，致祭泰山。（《岱史》）
	嘉靖三十三年	一月，以修濬工成，遣山東巡撫沈應龍，告謝泰山。 夏四月，遣巡撫沈應龍，祭告祈年。
	穆宗隆慶三年	以水災，遣山東巡撫姜廷頤，祭告泰山。（《岱史》）
	隆慶六年	漕河橫溢，遣山東巡撫傅希摯，祭泰山。（《岱史》）
	神宗萬曆元年	以嗣統，遣左布政使曹科，祭告泰山。（《岱史》）
清	順治八年	四月初七日，皇帝遣都察院右都御史劉昌，致祭於東嶽。
	順治十八年	八月初一日，皇帝遣翰林院侍讀學士左敬祖，致祭於東嶽。
	康熙六年	八月十七日，皇帝遣內秘書院學士劉芳躅，致祭於東嶽。
	康熙十五年	二月初七日，皇帝遣宗人府府丞馬汝驥，致祭於東嶽。
	康熙二十一年	三月初四日，皇帝遣宗人府府丞李廷松，致祭於東嶽。
	康熙二十七年	二月十七日，皇帝遣內閣學士兼禮部侍郎李振裕，致祭於東嶽。
	康熙三十六年	八月初三日，皇帝遣日講官起居注侍讀學士傅伸，致祭於東嶽。

康熙五十二年	五月二十五日，皇帝遣吏部侍郎孫柱，致祭於東嶽。
康熙五十八年	二月，皇帝遣內閣侍讀學士兼參領朱汝錩，致祭於東嶽。
雍正元年	二月十七日，皇帝遣內閣學士兼禮部侍郎李振裕，致祭於東嶽。
雍正十三年	十二月初五日，皇帝遣翰林院侍講學士伊爾敦，致祭於東嶽。
乾隆十四年	六月初三日，皇帝遣內閣侍讀學士明德，致祭於東嶽。
乾隆十五年	十月初一日，皇帝遣三品以上大臣歸宣光，致祭於東嶽。
乾隆十六年	正月二十七日，皇帝遣太僕寺卿伊拉齊，致祭於東嶽。
乾隆十七年	正月十一日，皇帝遣翰林院侍讀學士洙蘭泰，致祭於東嶽。
乾隆十七年	七月二十八日，皇帝遣內閣侍讀學士龔學海，致祭於東嶽。
乾隆二十二年	正月二十五日，皇帝遣禮部左侍郎介福，致祭於東嶽。
乾隆二十四年	十二月十五日，皇帝遣吏部右侍郎五福，致祭於東嶽。
乾隆二十七年	正月十二日，皇帝遣吏部右侍郎恩丕，致祭於東嶽。 二十五日，皇帝遣協辦大學士、武毅謀勇公兆惠，致祭於東嶽。
乾隆三十年	正月三十日，皇帝遣御前侍衛、工部右侍郎五福，致祭於東嶽。
乾隆三十六年	二月二十四日，皇帝遣經筵講官、禮部侍郎德福，致祭於東嶽。
乾隆三十七年	正月二十五日，皇帝遣吏部右侍郎曹秀先，致祭於東嶽。
乾隆四十一年	三月十五日，皇帝遣和碩莊親王永瑺，致祭於東嶽。 七月十一日，皇帝遣內閣學士汪廷璵，致祭於東嶽。
乾隆四十五年	正月二十六日，皇帝遣禮部右侍郎達椿，致祭於東嶽。 二十九日，皇帝遣內閣學士達敏，致祭於東嶽。 是年四月，皇帝遣都統德保，致祭於東嶽泰山之神。 是月十八日為碧霞元君誕辰，自是每年皇帝遣侍衛大臣一員。於四月十七日齋宿岱頂，十八日黎明詣碧霞宮拈香，歲為常例。
乾隆四十六年	四月，皇帝遣都統德保，致祭於東嶽。
乾隆四十七年	四月，皇帝遣都統德保，致祭於東嶽。
乾隆四十八年	四月，皇帝遣都統德保，致祭於東嶽。

乾隆四十九年	四月，皇帝遣御前侍衛兼副都統阿彌達，致祭於東嶽。
乾隆五十年	四月，皇帝遣御前侍衛兼副都統阿彌達，致祭於東嶽。
乾隆五十一年	四月，皇帝遣御前侍衛兼副都統阿彌達，致祭於東嶽。
乾隆五十二年	四月，皇帝遣工部侍郎兼滿洲副都統阿彌達，致祭於東嶽。
乾隆五十三年	四月，皇帝遣工部侍郎兼滿洲副都統阿彌達，致祭於東嶽。
乾隆五十四年	四月，皇帝遣工部侍郎兼滿洲副都統阿彌達，致祭於東嶽。
乾隆五十五年	三月，皇帝遣內閣學士圖敏，致祭於東嶽。皇十一子成親王永瑆，致祭於東嶽。 四月，皇帝遣工部侍郎兼滿洲副都統阿彌達，致祭於東嶽碧霞宮。
乾隆五十六年	四月，皇帝遣工部侍郎兼滿洲副都統阿彌達，進香於東嶽碧霞宮。
乾隆五十七年	四月，皇帝遣御前侍衛都統布延達賚，進香於東嶽碧霞宮。
乾隆五十八年	四月，皇帝遣御前侍衛都統布延達賚，進香於東嶽碧霞宮。
乾隆五十九年	四月，皇帝遣御前侍衛都統布延達賚，進香於東嶽碧霞宮。
乾隆六十年	四月，皇帝遣御前侍衛都統布延達賚，進香於東嶽碧霞宮。
嘉慶元年	三月二十五日，皇帝遣青州副都統觀明，致祭於東嶽。
嘉慶二年	四月，皇帝遣御前侍衛都統布延達賚，進香於東嶽碧霞宮。
嘉慶三年	四月，皇帝遣御前侍衛都統布延達賚，進香於東嶽碧霞宮。
嘉慶四年	四月，皇帝遣御前侍衛都統布延達賚，進香於東嶽碧霞宮。

（資料來源：《泰山志》卷第十一秩祀志）

A.2　南嶽衡山祭祀沿革

表 A.2　南嶽衡山歷代祀典年表

朝　代	年　代	文獻記載
上古		南巡狩至於南嶽，如岱禮。（《有虞氏》）
周		周制，五月南巡守至於南嶽，如東巡守之禮。
漢	武帝元封五年	漢元封五年，帝巡南郡，至於江陵禮南嶽。 （漢武帝封禪以衡山道遠，望祭於南郡，以灊之天柱山為南嶽）

		魏黃初三年，禮南嶽，沈瘞珪璋。
		晉咸和八年，祀南嶽，遣百戶卒，以奉其事。
南北朝		宋大明七年，議祭南嶽，禮儀使太常持節，牲用太牢，羞用酒脯時毅，禮用赤璋繡幣。
		梁天監中，令衡陽郡置宰祀三人，以孟春、仲冬致祭。
		北周皇建元年，祀南嶽於慈利之天門山
隋		隋祀五嶽，以立春、立夏、立秋、立冬之日及季夏之月，遣使就其所，祭之以太牢。 （自北周望祀慈利天門山，後至是始，仍以衡山為南嶽。）
唐	太宗	唐貞觀中，以五郊迎氣日祀南嶽衡山於衡州。
	玄宗	開元十三年，封為司天王。
		天寶元年，以歲豐，祭五嶽。
		貞元二年，詔太常卿裴郁等各就方鎮嶽瀆致祭。
		大曆八年，遣集賢學士歸崇敬致祭。
宋	太祖	宋建隆四年，遣給事中李昉致祭。乾德元年，遣使祭南嶽。
		六年，始定南嶽常祀。
	真宗	大中祥符二年，祀南嶽於衡山。
		四年，命工部侍郎薛映、給事中錢惟齋玉冊，加封司天昭聖帝。 熙寧九年正月，遣使祭南嶽；十月，太常禮院王存禱南嶽，遣中使建祈福道場。
	高宗	紹興元年，遣湖南安撫使向子諲致祭。
元		至元二十八年，加封司天大化昭聖帝。
明		洪武三年，去帝號，改稱南嶽衡山之神。是年，遣尚寶司大使胡鉉致祭。
		十年，遣曹國公李文忠致祭。
		二十八年，遣神樂觀道士樂本然、監生王濟致祭。
		三十年，遣神樂觀道士朱鐸如、監生高翥致祭。
	永樂	永樂五年，遣監生張禮致祭。
	正統	正統元年，遣尚寶卿宋禮致祭。
		三年，遣侍郎王士嘉致祭。

		九年，遣侍郎周敘致祭。
	宣德	宣德十年，遣衡州府知府胡宗敏致祭。
	景泰	景泰元年，遣給事中霍榮致祭。
		六年，尚書薛希璉致祭。
	天順	天順元年，遣尚寶司少卿凌信致祭。
	成化	成化元年，遣中書解禎致祭。
		四年，遣湖廣巡撫羅篪致祭。
		六年，遣行人范鎮致祭。
		十三年，遣湖廣巡撫劉敷致祭。
		二十年，遣湖廣巡撫馬馴致祭。
	弘治	弘治六年，遣湖廣布政使司、參議章元英致祭。
		十年，遣湖廣巡撫沈暉致祭。
	正德	正德四年，遣湖廣布政使司、參政周紘致祭。
		六年，遣分守湖南道孫綱致祭。
		七年，遣湖廣巡撫劉丙致祭。
	嘉靖	嘉靖元年，遣編修尹襄致祭。
		九年，遣湖廣巡撫朱庭聲致祭。
		十二年，遣湖廣巡撫汪珊致祭。
		十七年，遣署衡山縣知縣王經致祭。
		三十年，遣湖廣巡撫沈應龍致祭。
		四十四年，遣都御史張雨、副使汪克用致祭。
	隆慶	隆慶元年，遣太常寺少卿王凝致祭。
		三年，遣湖廣巡撫姜廷頤致祭。
	萬曆	萬曆元年，遣給事中張楚城致祭。
清		國朝（清）因明制，稱南嶽恒山之神。
	順治	順治八年，遣侍讀學士白允謙致祭。
		十八年，遣太常寺少卿王允祚致祭。
	康熙	康熙六年，遣禮部侍郎曹申吉致祭。

		二十七年，遣副都統速爾致祭。
		三十五年，遣工部侍郎李枬致祭。
		三十六年，遣侍讀學士張廷瓚致祭。
		四十二年，遣侍讀學士宋大業致祭。
		四十八年，遣侍讀學士陳壯履致祭。
		五十二年，遣通政使司左通政羅占致祭。
		五十八年，遣侍讀學士梅之珩致祭。
	雍正	雍正元年，遣侍讀學士吳士玉致祭。
	乾隆	乾隆元年，遣兵部侍郎楊汝轂致祭。
		十三年，遣湖南按察司副使嚴有喜致祭。
		十四年，遣侍讀學士馬璘致祭。
		十五年，遣侍讀學士德昌致祭。
		十六年，遣詹事府詹事文保致祭。
		二十年，遣吏部侍郎蘇昌致祭。
		二十五年，遣侍讀學士朱珪致祭。
		二十七年，遣左都御史董邦達致祭。
		三十七年，遣戶部侍郎范時紀致祭。
		四十一年，遣侍讀學士歐陽瑾致祭。
		四十五年，遣詹事府詹事夢吉致祭。
		五十年，遣禮部侍郎莊存與致祭。
		五十五年，遣內閣學士傅森致祭。
	嘉慶	嘉慶元年，遣副都統成德致祭。
		五年，遣國子監祭酒玉麟致祭。
		八年，遣刑部侍郎賡音致祭。
		十四年，遣理藩院右侍郎策丹致祭。
		二十四年，遣都察院左副都御史韓鼎晉致祭。
		二十五年，遣副都統七克棠阿致祭。
	道光	道光元年，仍遣七克棠阿致祭。

		九年遣鎮筸鎮總兵陳階平致祭。
		十五年，遣綏靖鎮總兵李約文致祭。
		十六年，仍遣李約文致祭。
		二十五年，遣永州鎮總兵英俊致祭。 二十六年，仍遣英俊致祭。
		三十年，遣副都統官文致祭。
	咸豐	咸豐二年，仍遣官文致祭。
		十年，遣布政使文格致祭。
	同治	同治元年，遣署布政使惲世臨致祭。
		三年，遣布政使石贊清致祭。
		十二年，遣永州鎮總兵朱洪章致祭。
		光緒元年，遣副都統穆克德布致祭。

（資料來源：光緒《湖南通志》卷七十三，典禮三，祀典二）

A.3　西嶽華山祭祀沿革

表 A.3　西嶽華山歷代祀典年表

朝 代	帝　王	文獻記載
唐虞	帝堯	帝堯五十載癸巳，觀於華。(《通鑑綱》)
		六十載癸卯，巡狩西嶽。(《通鑑》)
		七十四載，舜巡狩四嶽。(《竹書紀年》)
		七十有八載辛酉，舜巡狩方嶽。(《通鑑》)
		六載，巡狩方嶽。(《通鑑》)
	帝舜	舜元載丙戌，巡狩四嶽。(《通鑑綱》)
		八月，西巡狩至於西嶽。(《書舜典》)
周	武王	武王十二年，縱馬於華山之陽。(《史記‧周本紀》)
		十有五年辛巳，巡狩方嶽。(《通鑑》)
	成王	成王十有二年丁酉，巡狩朝諸侯於方嶽。(《通鑑》)
	恒王	恒王十有三年，秦伐彭戲氏至於華山下。(《通鑑》)

秦	始皇帝	始皇帝定祀西嶽禮。 秦併天下，令祠官所常奉天地名山大川鬼神，可得而序也。
漢	武帝	武帝元光□年，立集靈宮於華山下。帝修封禪之禮巡省五嶽，立宮其下。宮曰：集靈宮。《漢碑》欲以懷集仙者王喬赤松子，故名殿為存仙，端門南向山，署曰：望仙門。（《恒譚賦序》）
		□年，遷嶽廟於官道北。神之祠在黃神谷口。漢元光初，遷於官道北，建立宮廷，祀事牲幣視三公之禮。（《唐書‧地理志》）
		元封元年，詔春正月用事華山。（《漢書》）
		十月，有事華山，帝因巡狩禮其名山大川，用駒者悉以木寓馬代行，親祠者乃用駒。（《文獻通考》）
	成帝	元延二年三月，幸河東祀后土，陟西嶽而歸。（《紀事年表》）
	獻帝	初平四年癸酉夏六月，華山崩裂。（《通鑑》）
魏	文帝	黃初二年六月，初祀五嶽。（《魏志‧文帝紀》）
	元帝	咸熙元年行幸長安，使以璧幣祀華山。（《晉書‧禮志》）
晉	武帝	泰始二年秋七月辛巳，營太廟，採華山之石。（《晉書‧武帝紀》）
北魏	明元帝	明元帝泰常七年正月，幸洛陽，遣使以太牢祀華山。（《魏書‧禮志》）
	太武帝	太武帝太延元年，立廟於華嶽上，置侍祀九十人，歲時祈禱水旱，其春秋泮涸，遣官率刺史祭以牲牢有玉幣。（《魏書‧禮志》）
	文成帝	文成帝興光元年正月，遣使謁華山，修廟立碑。（王山史云，遷官道北即此，唐書誤一） 是時，有數十人在山上聞廬中有聲，聲中稱萬歲云。（《魏書‧禮志》）
	孝文帝	孝文帝太和二十一年五月癸卯，遣使祭華嶽。（《北魏‧孝文紀》）
	孝武帝	孝武帝泰昌三年，遣使以太牢禮華嶽。（《魏書‧禮志》）
梁		太平二年八月，車駕西征次於陝，命宰臣杜曉祭華嶽。
後周		保定三年，大旱，敕同州刺史達奚武祭西嶽。武以太保為同州刺史，時天大旱，敕武祀華山廟。……（《後周書》）
隋	煬帝	煬帝大業十年十二月，祀華嶽，築場於廟側。
		十三年九月，有事於華山。
唐	高祖	高祖武德二年己卯十月甲子，祠華山。十二月丙申，獵於華山。（《唐書‧帝紀》）

		三年四月，祠華山。
		六年十一月丁亥，校獵於華山之陰。(《冊府元龜》)
	高宗	高宗上元元年十一月己酉，獵於華山曲武原。(《唐書·帝紀》)
	玄宗	玄宗先天元年癸丑，封華嶽為金天王。(《冊府元龜》)
		玄宗乙酉歲生，以華嶽當本命。先天元年七月正位、八月封華嶽神為金天王。(《宋史·禮志》)
		開元八年三月，令太常長官祭華嶽。(《冊府元龜》)
		十有二年冬十一月，立碑於華嶽祠南之通衢。 十二年冬十一月庚午，幸東都，至華陰，上見嶽神迎謁，問左右莫見。遂召諸巫問之。有阿馬婆者，奏如上所見。上加敬禮，詔先諸嶽，封為金天王。自書御製碑文，命華州刺史徐知仁與信安王禕，勒石於華嶽祠南之通衢。十三年七月七日，碑成，張於應天門以示百僚。銘曰：高標赫日，半壁飛雨。其高五十餘尺，闊丈餘，厚四五尺，天下碑莫大也。其陰刻扈從太子、王公已下官名，製作壯麗，鐫琢精巧無比。(參錄《唐書·會要·開元傳信錄》)
		二十五年十月，敕御史大夫李适之祭西嶽。(《冊府元龜》)
		天寶三載四月丙辰，令宗正卿濮陽郡王徹祭西嶽。
		八載九月，命宗正卿褒郡信王璆祭西嶽。
		九載正月，群臣請封西嶽，許之。(《帝紀》) 二月壬寅，白鶴見於西嶽五福峰，甘露將於大羅峰之醮壇，白鹿見於大羅東南峰駕鶴嶺衛叔卿得仙處，請附史館從之。(《冊府元龜》) 三月辛亥，嶽廟災，關內旱，乃停封。(《唐書·帝紀》)
	德宗	德宗貞元二年，詔太常裴郁祭西嶽。詔太常裴郁等十人就方鎮祭嶽瀆，舊祀皆因郊祀望之。天寶中始有遣使祈福之事，非禮也。(《類函》)
	僖宗	僖宗廣明元年，嶽廟碑有聲。
		中和二年，巢寇焚嶽廟，墮其門觀。 元年庚子，金天王廟元宗御製碑自鳴，聲聞數里，浹旬而後定明年，黃巢亂廟，為賊所焚，墮其門觀，碑燔為石。(《賈氏談錄》)
北周	世宗	世宗顯德三年丙辰，詔華山隱士陳摶謁闕，尋遣還山。(《通鑒》)
		四年十一月，召華山隱士陳摶至大梁，以為諫議大夫，不受。(《通鑒》)
宋	太宗	太宗太平興國三年四月，召華山道士丁少微。(《宋史》)

		四年九月，華山道士丁少微謁闕，獻金丹及巨勝南芝、元芝。十一月庚辰，放道士丁少微歸華山。（《宋史‧帝紀》）
		八年立秋日，祀西嶽。秘書監李至言，按五郊迎氣日祭逐方嶽鎮，立秋日祀西嶽華山於華州。
		雍熙元年冬十月，華山隱士陳摶入朝。《通鑒》賜華山隱士陳摶號「希夷先生」。（《宋史》）
	真宗	大中祥符二年己酉，華山張超穀石上生紫芝二本。（《宋史‧五行志》） 五月，陝西旱，遣使禱西嶽。（《宋史‧帝紀》）
		四年二月，祀汾陰，車駕至潼關，遣官祭西嶽。用太牢備三獻禮。庚午親謁西嶽廟，群臣陪位，廟垣內外列黃麾仗，遣官分祭廟內諸神，加號嶽神為順聖金天王。 乙巳幸雲臺觀，庚午宴宣澤亭，紫雲如龍起，上召見隱士鄭隱、李寧，賜茶果束帛。至自汾睢，再幸雲臺，除觀田租，使賈得升建聖祖、并真宗本命星官、元辰三殿。 五月，加號西嶽金天順聖帝，加西嶽後號曰肅明，遣官祭告。（《宋史‧帝紀‧禮志》） 冬十月，以向敏中五人為五嶽奉冊使。（《通鑒‧綱》） 加上五嶽帝號，帝御朝元殿，發冊，命向敏中等奉使。（《通鑒‧目》）
		七年，民入華山得白芝石上，雙莖連蓋。（《宋史‧五行志》）
	神宗	熙寧五年，華山阜頭嶺崩，聲震數十里。西嶽祠門戶皆震動，鐘鼓成聲，陷千餘家，有大石自立，高四丈，周百八十丈。（《道山清談》）
	哲宗	元祐元年十二月，小敷谷山崩。《帝紀》命太常博士顏復祭西嶽。（《禮志》）
	徽宗	政和三年，祭西嶽於華州。儀禮局上五禮新儀，祭嶽鎮海瀆，年別一祭，以祭五帝日祭之。（《禮志》）
	孝宗	淳熙十四年，除朱子主管華山雲臺宮。（《朱子年譜》）
元	世祖	至元二年，定每歲祀嶽鎮之制。七月土王日祀華山於華州界，以守土官為之。
		二十八年春正月，加上西嶽金天大利順聖帝。（《元史‧祭祀志》）
	文宗	天曆二年四月，以陝西旱久，遣使禱西嶽，禱於嶽祠。（《元史‧帝紀》）
	順帝	至正二十八年二月，有火飛自華山，下流入張良弼營中，焚兵庫器仗。（《五行志》）

明	太祖	洪武三年，定華山神號曰：西嶽華山之神，遣尚書、吏部員外郎李矩祭告。詔定嶽鎮海瀆之神號曰：為治之道，必本於禮。嶽鎮海瀆之封號起自唐宋，夫英靈之氣萃而為神，必受命於上帝，豈國家封號所可加？瀆禮不經，莫此為甚，今依古定制，並去前代所封名號，西嶽稱西嶽華山之神。(《明史》) 七月，令祭山川，祭西嶽。
		十年八月，祭西嶽。
		二十五年，分封諸王，祭西嶽。
	成祖	永樂元年，即位，祭西嶽。
		四年七月，用兵安南，祭西嶽。
		五年五月，用兵安南，祭西嶽。
		九年，因疫癘，祭西嶽。
	仁宗	洪熙元年，嗣位，祭西嶽。
	宣宗	宣德元年，嗣位，祭西嶽。
	英宗	正統元年正月，嗣位，祭西嶽。
		二年，祈穀，祭西嶽。
		六年正月，以二年冬至今年春，邊境地震，祭西嶽。
		九年四月，以久旱，祭西嶽。
		十年六月，以陝西災役，祭西嶽。
		十一年，復以災役，祭西嶽。
	景泰帝	景泰元年閏正月，嗣位，祭西嶽。
		五年，因務農，祭西嶽。
	英宗	天順元年三月，復位，祭西嶽。
		五年，祭西嶽。
	憲宗	成化元年二月，以嗣位，祭西嶽。
		四年五月，以災沴，祭西嶽。
		九年四月，因用兵荒災，祭西嶽。
		十三年六月，以災沴，祭西嶽。
		二十年，因久旱、地震，祭西嶽。 十月，復以陝西大旱、地震，祭西嶽。

		二十三年，因亢旱，祭西嶽。
	孝宗	弘治元年，祭西嶽。
		六年五月，因久旱，祭西嶽。
		八年，祈雪，祭西嶽。
		十年四月，因亢旱，祭西嶽。
		十四年正月元日，地震，祭西嶽。
		四月，因陝西地震，祭西嶽。
	武宗	正德元年三月，以嗣位，祭西嶽。
	世宗	嘉靖十七年七月，以元儲生，祭西嶽。
		四十年八月，壽節，祭西嶽。
		四十三年八月，壽節，祭西嶽。
	穆宗	隆慶元年十月，嗣位，祭西嶽。
		二年六月，陝西地震，祭西嶽。
		七年，遣謁華山，啟建清醮，頒西嶽廟藏經五千三百六十餘卷。
	神宗	萬曆十五年，因災沴，祭西嶽。
	懷宗	崇禎元年五月，嗣位，祭西嶽。
		四年，陝西災旱，祭西嶽。
清	章皇帝	順治十四年，陝西旱，祭西嶽。
		十八年閏七月，祭西嶽。
	仁皇帝	康熙六年八月，祭西嶽。
		十五年，祭西嶽。
		二十一年，以疆宇蕩平，祭西嶽。
		二十三年，祭西嶽。
		二十四年，華山雲臺觀建朱子祠。
		二十七年，孝莊文皇后，神主升祔太廟禮成，祭西嶽。
		三十二年四月，以關中旱災，遣皇長子祭華山。
		三十五年，因歲歉，正月祭西嶽。
		三十六年八月，因寇平，祭西嶽。

	三十九年，陝西按察使賈鉉伐華山之松，以開屏蔽。
	四十二年，癸未，萬壽五旬，祭西嶽。 冬十一月，西巡狩至於華陰，祀於嶽神之祠，命皇長子登山致祭，敕陝西巡撫鄂海重修廟宇，御書「露凝仙掌」匾額，懸南峰金天宮。
	四十四年六月，頒御製重修嶽廟碑文，刊石於廟內。
	四十八年，復定元儲；五月，祭西嶽。
	五十二年癸巳，萬壽六旬，五月，祭西嶽。
	五十八年己亥，孝惠章皇后，神主升祔太廟禮成，祭西嶽。
憲皇帝	雍正元年癸卯，登極。二月，祭西嶽。
	十三年，陝西旱，二月，祭西嶽。十二月，祭西嶽，登極。
純皇帝	乾隆十三年五月，祭西嶽。
	十四年己巳，皇太后晉號慈寧，祭西嶽。
	十五年，皇后正位，十月祭西嶽。
	十七年，慈寧皇太后萬壽，五月祭西嶽。
	二十年，以平定準格爾，上皇太后徽號，八月祭西嶽。
	二十五年，蕩平回部，祭西嶽。
	二十七年，皇太后萬壽晉加徽號，正月祭西嶽。
	三十一年，華山谷大水，沖毀玉泉，泉自此涸。
	三十七年，皇太后萬壽晉加徽號，正月祭西嶽。
	四十年秋，陝西巡撫畢沅，登華禱雨，當夜雨降，奏聞欽頒御書「嶽蓮靈澍」匾額，刊石廟內。
	四十一年，平定金川，祭西嶽。
	四十二年，發內帑金十二萬，命巡撫畢沅重修西嶽廟，並金天宮、玉泉院。
	四十四年，頒發御製修嶽廟碑文，刊石廟中。
	四十五年，頒發御書匾額於嶽廟。扁「金衹載福」，聯：「作廟始西京，升馨自昔；侑神比東嶽，鼎構維新。」
	五十年，萬壽七旬，三月祭西嶽。
	五十三年，修潼關城，採華山之石。
	五十五年，萬壽八旬，祭西嶽。

睿皇帝	嘉慶元年，嗣位，祭西嶽。
	五年七月，谷中雨，作水湧數丈，沖崩五里關及玉泉院。
	八年，掃除白蓮教匪，祭西嶽。
	十四年，萬壽五旬，祭西嶽。
	二十四年，萬壽六旬，祭西嶽。
	二十五年，皇帝道光登極，祭西嶽。
成皇帝	道光元年，祭西嶽。

（資料來源：道光《華嶽志》卷七紀事）

A.4 古北嶽大茂山祭祀沿革

表 A.4 古北嶽大茂山歷代祀典年表

朝代	帝王	文獻記載
上古		至於北嶽。（《舜典》）
		維元祀巡狩四嶽，壇四奧，沉四海，封十有二峰，肇十有二州。樂正定嶽名。冬祀幽都弘山，貢兩伯之樂焉。北嶽冬伯之樂，舞其落，其歌聲比小謠，名曰縵縵。和伯之樂，舞，其歌聲比中謠。（《尚書·大傳》）
周		周制：五嶽視三公。
秦		秦祠官所奉名山十二，其二曰恒山。（《通典》）
		秦併天下，自殽以東，名山五曰：太室、恒山、泰山、會稽、相山，春以脯酒為歲祠泮凍秋涸凍冬賽，禱祠其牲用牛犢各一牢，具珪幣各異。
漢	文帝	漢文帝詔曰，名山大川太祝，盡以歲時致禮，如故。
	武帝	武帝祀常山，瘞元玉。
		天漢三年春三月，幸北地、泰山，修封。還過祠恒山，瘞元玉。（《前漢書》）
	宣帝	神爵元年，祠北嶽恒山於上曲陽，一禱而三祠。（《前漢書》）（祠上曲陽始此）
		宣帝，五嶽皆有常禮，使者持節禱祠，一禱而三祠。

	章帝	元和三年春二月，章帝北巡。至中山，遣使以太牢祠北嶽於上曲陽。（《後漢書》）
三國	魏文帝	魏文帝禮五嶽，瘞沈珪璧。
北魏	明元帝	泰常三年四月，幸代，至雁門關，望祀恒嶽，建嶽瀆祠於□陰。祀用牲幣。（《通志》云，此即今渾源州之北嶽也。）
		四年正月，南巡恒嶽，祀以太牢。秋八月，東巡，遣使祀恒山。
		後魏明元帝，祀以太牢。
	太武帝	延和三年春正月，至代，祀恒山。
		太延元年春，祀恒山，建祠山上，置侍祀九十人，祀用牲牢、玉帛。十二月癸卯，遣使者以太牢祀北嶽。
		太平真君四年二月丙子，車駕至於恒山之陽，詔有司刊石勒銘。十一年冬十一月，南征徑恒山，祀以太牢。
		太武帝，置侍祠九十人，歲時祈禱。
	文成帝	和平元年春正月，如中山，過恒嶽，禮其神而返。
		二年，南巡過石門，遣使者用玉璧、牲牢禮恒嶽。
	孝文帝	太和十八年，親為文，遣使祭恒嶽，薦牲玉。
隋	煬帝	大業三年，有事於恒嶽。四年秋八月，巡河北，親祀恒嶽。西域吐谷渾十餘國咸來助祭。（《隋書》）
		隋煬帝有事恒嶽，西域十餘國，咸來助祭，河北道郡守，畢集，大赦天下。
		大業中，上幸晉陽，因祭恒嶽。其禮頗採高祖拜岱宗儀，增置二壇，命道士、女官數十人於壇中設醮。（《隋書》）
唐	太祖	唐武德、貞觀之制：年各一祭，牲用太牢，祠官以當界都督、刺史充廟置令一人，齋郎三十人，祝吏三人，歷朝歲，舉三獻之禮。
	太宗	貞觀十九年，親為文，以太牢祭北嶽於上曲陽。（《唐書》）（《通志》云，一說貞觀間有石飛墮於曲陽，因建祠，自是祭嶽於曲陽祠。）
		立冬日祭北嶽於定州。（《唐六典》）
	玄宗	開元元年，封北嶽為安天王。（《唐書》）
		天寶五載，偕中天王、司天王同封。七載，封北嶽神為安天王。碑辭李荃撰，其陰則康傑文，書以八分者，戴千齡也。（《通考》）
	僖宗	僖宗時，晉王李克用謁祠禱謝。

五代	後唐莊宗	後唐莊宗，次曲陽，與王處直謁祠。
宋	太祖	宋太祖時，遵舊禮，長吏以次為獻官，立冬祀北嶽恒山，其北鎮醫巫閭山，並就廟望祭。
		乾德六年後，望祭北嶽於定州北嶽祠。(《通志》)
	真宗	大中祥符四年冬十月，加封安天元聖帝后，加號靖明后，真宗嘗撰碑記。(《宋紀逸鈔》)
		真宗尤隆祀事，遣使奉玉冊袞冕於祠，郊瑞告祭，屢建道場，或三晝夜或七晝夜嗣後諸帝，歲祀以外，輒遣使致祭。
	徽宗	政和三年，詔嶽、鎮、海、瀆，年別一祭。北嶽常山及遙祀北鎮醫巫閭山於定州界，設位南向，以西為上。山川後祀，西向，以北為上。(《宋史》)
	高宗	紹興七年，詔以立冬日祭北嶽。(《宋史》)
元	世祖	至元五年，加號安天大貞元聖帝。(《元史》)
明	太祖	洪武二年春正月，遣使祀北嶽於上曲陽。(《明太祖實錄》)
		洪武三年，詔更北嶽稱恒山之神。(《會典》)
		三年秋七月，遣使祀北嶽於上曲陽。(《明太祖實錄》)
	太宗	永樂七年春三月，車駕駐蹕景州，望祭恒山。(《成祖實錄》)
	仁宗	洪熙元年春二月，遣使祀北嶽於上曲陽。(《仁宗實錄》)
	宣宗	宣德元年春二月，遣使祀北嶽於廟。(《宣宗實錄》)
	英宗	正統元年春正月，遣使祀北嶽於廟。九年夏四月，遣使祀北嶽禱雨。(《英宗實錄》)
		正統元年春正月，遣使祀北嶽於廟。九年夏四月，遣使祀北嶽禱雨。(《英宗實錄》)
		四年春二月，恒陰雨雪，遣使祈祀北嶽。秋七月，大水，遣使祈祀北嶽。
		五年夏四月，大旱，遣使祈祀北嶽。六年夏六月，大旱，遣使祈祀北嶽。(《明史》)
		天順元年春三月，英宗復辟，遣使告祀北嶽。(《實錄》)
	憲宗	成化元年春三月，遣使祀北嶽於廟。
		四年夏四月，大旱，遣使禱祀於廟。
		七年春正月，大雪，遣使祈祀北嶽。

		十三年夏四月，雨雪，遣使祈祀北嶽。
		二十年冬十二月，不雪，遣使禱祀北嶽。
		二十三年夏五月，大旱，遣使禱祀北嶽。（《明史》）
	孝宗	弘治元年春三月，遣使祀北嶽於廟。
		四年春三月，大旱，遣使禱祀於北嶽。
		六年春四月，大旱，遣使禱祀於北嶽。
		十年夏四月，大旱，遣使禱祀於北嶽。
		十四年，宣府、大同、延綏馬災，遣使禱祀北嶽恒山，災止。
		十五年，詔建廟於恒山。兵部尚書馬文升請釐正祀典，改北嶽祭於恒山。禮部尚書倪岳覆議，曲陽廟祀已久，當仍舊，山在渾源者，修治其廟。詔從之。
		十七年夏五月，大旱，遣使禱祀於北嶽。（《會典》）
	武宗	正德元年春三月，遣使祀北嶽於廟。
		六年秋八月，平寧夏，遣使祀北嶽。
		七年冬十一月，流寇復起，遣使祈祀北嶽。（《武宗實錄》）
	世宗	嘉靖元年夏四月，遣使祀北嶽於廟。
		九年夏五月，大旱，蝗為災，遣使禱祀北嶽。
		十一年夏六月，大潦，遣使禱祀北嶽。
		十八年春二月，帝南巡楚，望祭北嶽。
		三十三年，大旱，遣使禱祀北嶽。
		四十年，蝗為災，遣使祈祀於北嶽。（《明史》）
	穆宗	隆慶元年秋八月，遣使祀北嶽於廟。（《穆宗實錄》）
	神宗	萬曆元年春三月，遣使祀北嶽於廟。
		十五年秋八月朔，雨雹，傷禾稼，遣使祈祀於北嶽。（《神宗實錄》）
	熹宗	天啟元年夏四月，遣使祀北嶽於廟。（《熹宗實錄》）
	思宗	崇禎元年夏四月，遣使祀北嶽於廟。（《明史》）
清	世祖	順治十七年，改祀於山西渾源州，曲陽之祀遂罷，今春秋二仲，縣官祀以少牢，已不列於祀典。

（資料來源：乾隆《恒山志》、光緒《重修曲陽縣志》）

A.5　北嶽恒山祭祀沿革

表 A.5　北嶽恒山歷代祀典年表

朝　代	帝　王	文獻記載
上古		古祭山除地為壇，不立廟，立廟而祭非禮也。
秦		秦祠官所奉名山十二，其二曰恒山。（《通典》）
		秦併天下，自殽以東，名山五曰：太室、恒山、泰山、會稽、相山，春以脯酒為歲祠泮涷秋涸涷冬賽，禱祠其牲用牛犢各一牢，具珪幣各異。
漢	文帝	漢文帝詔曰，名山大川太祝，盡以歲時致禮，如故。
	武帝	武帝祀常山，瘞元玉。
		天漢三年春三月，幸北地、泰山，修封。還過祠恒山，瘞元玉。（《前漢書》）
三國	魏文帝	魏文帝禮五嶽，瘞沈珪璧。
北魏	明元帝	泰常三年四月，幸代，至雁門關，望祀恒嶽，建嶽瀆祠於□陰。祀用牲幣。（《通志》云，此即今渾源州之北嶽也。）
		四年正月，南巡恒嶽，祀以太牢。秋八月，東巡，遣使祀恒山。
		後魏明元帝，祀以太牢。
	太武帝	延和三年春正月，至代，祀恒山。
		太延元年春，祀恒山，建祠山上，置侍祀九十人，祀用牲牢、玉帛。十二月癸卯，遣使者以太牢祀北嶽。
		恒山嶽廟創自元魏太武帝太延元年，於宣武帝景明元年乃災。
隋	煬帝	大業三年，有事於恒嶽。四年秋八月，巡河北，親祀恒嶽。西域吐谷渾十餘國咸來助祭。（《隋書》）
		隋煬帝有事恒嶽，西域十餘國，咸來助祭，河北道郡守，畢集，大赦天下。
		大業中，上幸晉陽，因祭恒嶽。其禮頗採高祖拜岱宗儀，增置二壇，命道士、女官數十人於壇中設醮。（《隋書》）
唐	太祖	唐武德、貞觀之制：年各一祭，牲用太牢，祠官以當界都督、刺史充廟置令一人，齋郎三十人，祝吏三人，歷朝歲，舉三獻之禮。
		唐武德間復建，唐末頹圮。

金		金復建恒山嶽廟，天會、大定間重修，金末廟毀於亂兵．
元	世祖	至元五年，加號安天大貞元聖帝。(《元史》)
		元復建，元末復毀。
明	太祖	洪武三年，詔更北嶽稱恒山之神。(《會典》)
		明洪武中，都指揮周立復建恒山嶽廟。
	憲宗	成化初，都御史王世昌檄知州關宗重修恒山嶽廟。
	孝宗	弘治初，知府閻鉦檄知州董錫重修恒山嶽廟。
		十五年，詔建廟於恒山。兵部尚書馬文升請釐正祀典，改北嶽祭於恒山。禮部尚書倪岳覆議，曲陽廟祀已久，當仍舊，山在渾源者，修治其廟。詔從之。
		二十四年，奉敕擴修，都御史劉宇行視，以古廟狹隘，度地中峰之陽，建朝殿、廡門，規制始備，改古廟為寢宮。
	世宗	世宗嘉靖初，科臣陳棐題請正嶽祀，乞將渾源州北嶽恒山定為秩祀之所，其廟制量加修拓，以後凡遣告祈請皆詣此致祭。 其曲陽祠廟，但令有司致祭飛石殿，扁並令改撤之。(《續通考》)
	神宗	巡撫胡來貢，請改祀北嶽於渾源州。(《明史》) 禮臣言：《大明集禮》載，漢唐宋北嶽之祭，皆在定州曲陽縣，與史俱合，渾源之稱北嶽止見州志碑文，經傳無可考。仍祀曲陽。
清	世祖	順治八年，遣官致祭。
		順治十七年，改祀於山西渾源州，曲陽之祀遂罷，今春秋二仲，縣官祀以少牢，已不列於祀典。
		十八年，遣官致祭。
	聖祖	康熙二十一年，遣官致祭。
		二十三年，遣官致祭。
		二十七年，遣官致祭。
		三十六年，遣官致祭。
		四十二年，遣官致祭。
		四十七年，遣官致祭。
		五十八年，遣官致祭。
		雍正元年，遣官致祭。

（資料來源：順治《恒嶽志》、乾隆《恒山志》、《山西通志》）

A.6　中嶽嵩山祭祀沿革

表 A.6　中嶽嵩山歷代祀典年表

朝　代	帝　王	文獻記載
上古	黃帝	黃帝遊於太室,與神會。
漢	武帝	元狩四年,帝使公孫侯卿神於太室上。
		元封元年三月,帝東幸緱氏,禮登中嶽太室,從官在山下,聞若呼萬歲者三。問上,上不言,問下,下不言。於是詔以三百戶,封太室奉祠,命曰崇高邑,禁民無伐其山木,復其民。
		《武帝內傳》云:「元封元年甲子,祭嵩山,起神宮,齋七日,祠訖乃還。」詔曰:朕用事華山,至於中嶽,獲駮鹿,見夏后啟母石。翌日親登嵩高,御史乘屬在廟旁,吏卒咸聞呼萬歲者三。登禮罔不答,其令祠官加增太室祠,禁勿伐其草木,以山下戶三百為之奉邑,名曰嵩高,獨給祠,覆亡所與。
	宣帝	神爵元年,詔太常制五嶽常祀,禮遣使者持節祭嵩山。
	順帝	陽嘉元年,京師旱。敕郡國二千石,各禱名山嶽瀆。遣大夫謁者,謁嵩高請雨。
三國魏	明帝	太和四年八月,東巡,遣使者以特牛祀中嶽。
北魏	明元帝	泰常四年,帝幸洛陽,遣使以太牢祀嵩高。
	太武帝	太延元年,立廟於嵩嶽上。置侍祀九十人,歲時祈禱水旱。其春秋遣官率刺史祭以牲牢,有玉帛。
北齊	宣帝	天寶元年,遣使致祭於嵩嶽。
隋	高祖	開皇十五年三月,帝東巡狩,望祭中嶽嵩山。
唐	武后	武后垂拱四年七月,改嵩山為神嶽,封其神為天中王,配為天靈妃。
		萬歲通天元年臘月,封於神嶽,改元曰萬歲登封。遂禪於少室山。
		二月,尊神嶽天中王為神嶽天中黃帝,天靈妃為天中黃后。
	玄宗	開元十八年,命祀嵩山以王禮,仍封嶽神為天中王。 歲六月,遣河南守至嶽下恭祀,終唐無改。
宋	太祖	乾德元年,令有司制嶽神衣冠劍履,遣使易之。
		二年,遣使祈雨於嵩嶽。
		開寶六年,敕修中嶽祠,詔縣令兼廟令,尉兼廟丞,專主祀事。

		太宗淳化六年夏四月,遣使謁嵩嶽禱雨。
	真宗	真宗景德四年春,帝如西京還,車駕至鄭州,遣使祀中嶽及啟母少姨廟。
		真宗大中祥符四年春二月,帝有事於汾陰,還經洛陽,望祭嵩嶽。
		五月,詔加五嶽尊號。遣冊禮使攝太尉、右諫議大夫陳彭年,副使攝司徒、光祿少卿沈繼宗,奉玉書袞章,加上中嶽號曰「中天崇聖帝」,中嶽后曰「正明后」。翰林禮官詳定儀注及冕服制度,崇飾神像之禮,以州長吏以下充祀官致祭。
		八年二月,皇帝(宋真宗)醮告於嵩山,自製醮告文,即建壇之地構亭,立石柱,刻文其上。
	仁宗	仁宗慶曆三年,遣使謁嵩嶽祈雨。
	神宗	神宗熙寧元年,望祭中嶽。
	高宗	高宗紹興十四年,望祀中嶽,令有司制嶽神衣冠劍履,遣使易之。
金	世祖	世祖大定四年,祭中嶽於河南府。
		十四年,敕修其廟,至二十二年廟成。
元	世祖	世祖至元三年六月,遣使祀嵩山於河南府境。
		五年六月,遣使王沂祀中嶽。 世祖二十八年,加上中嶽為中天大寧崇聖帝。
	仁宗	延祐六年春,皇太后令侍臣謁中嶽設醮。
	順帝	至正九年春,遣內臣資善大夫、宣政院使伯顏忽都馳驛,奉錦幡、白金、銀盒祀中嶽。
		十四年春正月,遣使奉香幣祀中嶽。
		二十五年,遣翰林應奉李國奉,代抵汴路,即城中望祭中嶽。
明	太祖	洪武三年,釐正神號,有詔嶽鎮海瀆,並去前代所封名號,止以山水本名稱之。嵩山稱中嶽嵩山之神。七月,遣典寶彭恭祭告。
		十年八月,遣中山侯湯和致祭中嶽。
		十二年八月,遣使鄭允存致祭中嶽。
		二十八年七月,以徵廣西蠻夷酋長,遣國子監生祭告中嶽。
		三十年九月,以征西南苗夷,遣使祭告中嶽。
	成祖	永樂即位,遣使姜士暗祭告中嶽。
		永樂四年,以徵安南,遣監生李庸祭告中嶽。

	五年五月，以平安南，遣監生屈伸祭告中嶽。
仁宗	洪熙元年二月，以即位，遣大理寺右寺丞楊復祭告中嶽。
宣宗	宣德元年三月，以即位，遣右都御使王彰祭告中嶽。
	十年五月，以祈年，遣登封縣知縣梁成致祭中嶽。
英宗	正統元年正月，以即位，遣使祭告中嶽。
	二年五月，以祈年，遣登封縣知縣孫謙致祭中嶽。
	九年四月，以大旱祈雨，遣翰林院編修薩奇致祭中嶽。
景帝	景泰元年閏正月，以即位，遣給事中奚倫祭告中嶽。
	四年三月，以多雨雪，遣右副都御史王暹祭禱中嶽。
	四年七月，以旱及河決，遣翰林院編修吳匯祭禱中嶽。
	五年四月，以祈年，遣給事中何升致祭中嶽。
	六年閏六月，以旱災祈禱，遣左副都御使馬謹致祭中嶽。
英宗	天順元年二月，以復辟，遣通政司參議兼翰林院侍講劉定之祭告中嶽。
	四年五月，以祈年，遣河南左布政使孫遇致祭中嶽。
	十三年五月，以災異，遣右副都御史張瑄祭禱中嶽。
	二十年三月，以大旱及地震，遣右副都御使趙文博祭禱中嶽。
	二十三年六月，以旱禱雨，遣兵部右侍郎呂愛致祭中嶽。
孝宗	弘治元年四月，以即位，遣武安侯鄭英祭告中嶽。
	四年四月，以旱禱雨，遣太長寺少卿李璋致祭中嶽。
	六年四月，以旱禱雨，遣右副都御使徐恪致祭中嶽。
	十年四月，以旱禱雨，遣右副都御使陳道致祭中嶽。
武宗	正德元年五月，以即位，遣鴻臚寺卿楊璿祭告中嶽。
	四年二月，以旱禱雨，遣河南布政司右參議詹璽致祭中嶽。
	六年十月，以寧夏平水旱、盜賊交作，遣河南布政司右參政胡拱致祭中嶽。
	八年四月，以盜賊、水旱災異，遣南布政司右參議董銳致祭中嶽。
世宗	嘉靖元年四月，以即位，遣太長寺少卿張衍瑞祭告中嶽。
	八年五月，以災異，遣河南按察司僉事李順孫祭禱中嶽。

		九年六月，以災異，遣右副都御使徐贊祭禱中嶽。
		十一年六月，以祈嗣，遣河南府知府范楤致祭中嶽。
		十七年七月，以誕生元子，遣河南府知府張承恩祭謝中嶽。
		三十三年五月，以凶荒災異，遣右副都御使鄒守愚祭告中嶽。
		四十年八月，以萬壽聖節，遣右副都御使蔡汝楠祭禱中嶽。
		四十三年八月，以萬壽聖節，遣戶部右侍郎兼右僉右都御使遲鳳翔祭禱中嶽。
	神宗	萬曆元年四月，以即位，遣光祿寺寺丞嶽相祭告中嶽。
		十五年二月，以旱災，遣河南巡撫、右副都御使袁貞祭禱中嶽。
清	世祖	世祖章皇帝順治八年四月，以親政，遣太常寺卿段國璋祭告中嶽。
	聖祖	今上皇帝（康熙）登極，遣通政司使冀如錫祭告中嶽。
		康熙六年七月，上以親政，遣戶部左侍郎艾元徵祭告中嶽。
		康熙六年七月，上以親政，遣戶部左侍郎艾元徵祭告中嶽。
		康熙十五年二月，上以建儲，遣禮部右侍郎兼翰林院學士加一級楊正中祭告中嶽。
		康熙二十一年三月，上以疆域底定，遣內閣侍讀學士加二級圖納致祭中嶽。
		康熙二十三年十二月，上以時邁省方，遣戶部右侍郎鄂爾多致祭中嶽。
		康熙二十七年十二月，上以孝莊文皇后升祔太廟，遣正白旗漢軍副都統對親祭告中嶽。
		康熙三十三年十月，河南布政使司布政使李國亮齋欽頒御書「嵩高峻極」匾額懸殿內。
		康熙三十五年正月，上以災，遣刑部左侍郎加一級田雯致祭中嶽。

（資料來源：康熙《嵩嶽廟史》卷之六　祀典）

附錄 B　中國五嶽嶽廟歷代重修記錄

B.1　岱廟歷代重修記錄

　　綜合東嶽泰山岱廟歷代文獻，由秦漢發端，延至明清，將岱廟的歷代重修記錄羅列如表 B.1 所示，由此可以看出岱廟歷經將近兩千年的歷史發展脈絡。

表 B.1　東嶽泰山岱廟修建歷史略表

朝代	年　代	公元	修建建築記錄	文獻出處
秦	始皇三年	前216年	東遊海上行禮，祠名山川及八神，諸此祠皆太祝。	《漢書・郊祀志》
	二世元年	前210年	東巡碣石，並海南，歷太山至會稽，皆禮祀之。	《史記・封禪書》
西漢	高祖初	前206年	悉召故秦祀官，復置太祝太宰如其故，儀禮下詔曰：吾甚重祠而敬祭今山川之神，當祠者各以時禮祠之如故。	《漢書・郊祀志》
	文帝十三年	前167年	詔曰：名山大川在諸侯，諸侯祝各自奉祠，天子官不領。及齊、淮南國廢，令太祝盡以歲時致禮如故。明年廣增諸祀壇場。	《漢書・郊祀志》
	文帝十五年	前165年	夏四月，修名山大川嘗祀而絕者，有司以歲時致禮。	《文帝本紀》
	武帝建元元年	前140年	夏五月，詔曰：其令祠官修山川之祠為歲事，曲加禮。	《武帝本紀》
	武帝元狩元年	前122年	濟北王上書，獻泰山及其旁邑，天子以它縣償之。	《漢書・郊祀志》

	宣帝神爵元年	前61年	制詔太常，夫江海百川之大者也，今闕焉無祠，其令祠官以禮為歲事。……，自是五嶽四瀆皆有常禮，東嶽泰山於博，……。	《漢書·郊祀志》
東漢	光武帝建武三十年	54年	三月，幸魯，過泰山，告太守以上過故承詔，祭泰山及梁父。	《後漢書·祭祀志》
	章帝元和二年	85年	二月，東巡狩至泰山，修光武山南壇兆，辛未柴祭天地群神，如故事。	《後漢書·祭祀志》
	章帝元和二年	85年	春二月，……，丙辰，東巡守，辛未幸太山，柴告岱宗，有黃鶴三十從西南來，經祀壇上東北，過於宮屋，翱翔升降，進幸奉高。	《章帝本紀》
	安帝延光三年	124年	春二月辛卯幸太山，柴告岱宗。	《安帝本紀》
			上東巡守至太山，柴祭及祀汶上明堂，如元和三年故事。	《後漢書·祭祀志》
三國	魏文帝黃初二年	221年	六月初，祀五嶽四瀆，咸秩群祀。	《魏志·文帝本紀》
	黃初二年	221年	禮五嶽四瀆，瘞沈珪璧。	《晉書·禮志》
晉	元帝建武元年	317年	令郡國有五嶽者，置宰祝二人；及有四瀆若海應祠者，皆以孟春仲冬祠之。	《隋書·禮儀志》
	明帝太寧三年	325年	七月詔曰，自中興以來五嶽四瀆名山大川，載在祀典應望秩者，悉廢而未舉主者，其依舊詳處。	《晉書·明帝本紀》
北魏	明元帝泰常三年	418年	立五嶽四瀆廟於桑乾水之陰，春秋遣有司祭有牲及幣。	《北魏書·禮志》
	太武帝太平真君十一年	450年	十一月，世祖南征徑恒山，祀以太牢。浮河濟，祀以少牢。過岱宗，祀以太牢。	《北魏書·禮志》
	獻文帝皇興二年	468年	以青徐既平，遣中書令兼太常高允奉玉幣祀於東嶽。	《北魏書·禮志》
	孝文帝太和四年	480年	二月癸巳，詔曰：……，敕天下祀山川群神及能興雲雨者，修飾祀堂，薦以牲璧。	《高祖本紀》
	太和十九年	495年	春正月己亥，車駕濟淮。夏四月己未，行幸瑕丘，遣使以太牢祀岱嶽。	《高祖本紀》
北齊	文宣帝天保元年	550年	六月己亥，詔分遣使人致祭於五嶽四瀆	《北齊書·宣帝本紀》

隋	文帝開皇十四年	594 年	將祠泰山，令使者致石神像神祠之所	《岱覽》
	開皇十五年	595 年	春正月壬戌，車駕次齊州，親問疾苦。庚午，上以歲旱祀泰山，以謝愆咎，大赦天下。	《隋書‧高祖本紀》
唐			唐制：嶽鎮海瀆祭於其廟。無廟則為之壇坎，廣一丈，四向為陛者。	《唐書‧禮樂志》
	武德、貞觀	618 年後	唐武德貞觀之制：五嶽四鎮四海年別一祭，各以五郊迎氣日祭之。東嶽岱山祭於兗州，……，其牲皆用太牢，禮官以當界都督刺史充。	《文獻通考》
	武后年間	684 年後	嶽廟在嶽之南麓，則岱嶽 、升元二觀前當為漢址，唐則天時改今地，或云宋改，蓋建徙糜不可考矣。	《岱嶽觀至元碑》
	玄宗開元時	713 年後	天台道士司馬承禎言，……，請別立齋祠之所，上奇其說，因敕五嶽各置真君祠一所。	《文獻通考》
	玄宗開元十三年	725 年	十一月壬辰，詔封泰山神為天齊王，禮秩加三公一等，宜令所管，崇飾祠廟，去山十里禁樵採。	《冊府元龜》
	玄宗天寶十一年	752 年	天寶十載八月九日，奉敕修嶽，至天寶十一載五月。	廟內出土唐《修嶽官題名碑》
	玄宗天寶十二載	753 年	二月，制五嶽四瀆各委郡縣長官祭其祠宇，頹毀者，量事修葺。	《冊府元龜》
五代	後晉高祖天福二年	937 年	三月，詔宜令長吏差官點簡，如有墮損處，便委量事修葺，貴申嚴飭，以合陰功。……，州府量事修崇，有近廟山林，仍宜禁斷樵牧。	《冊府元龜》
	後晉高祖天福六年	941 年	詔曰：……，其嶽鎮海瀆廟宇等宜令各修葺，仍禁樵蘇。	《冊府元龜》
	後周太祖廣順二年	952 年	五月親征兗州，遣翰林學士竇儀祭東嶽廟。	《冊府元龜》
宋	太祖建隆元年	960 年	六月，平澤潞，遣官祭泰山廟。	《禮志》
	太祖建隆四年	963 年	詔制嶽神衣冠劍履	《岱覽》引《宋史》

乾德五年	967 年	六月五日詔嶽瀆及東南海以令尉兼廟令丞。	《玉海》
乾德六年	968 年	七月丁亥，命修五嶽祠廟。	《泰山志》
乾德六年	968 年	命修嶽祠，以封禪創天貺殿。	《宋史藝祖》
太祖開寶三年	970 年	命李昉、盧多遜、王祐、扈蒙等分撰嶽瀆祠、及歷代帝王碑，遣翰林待詔孫崇望等分詣諸廟，書於石。	《禮志》
開寶五年	972 年	詔，自今嶽瀆並東海、南海廟，各以本縣令兼廟令，尉兼廟丞，專掌祀事，……，每月一詣廟察舉縣近廟者，遷治所就之。	《文獻通考》
開寶九年	976 年	秋七月丁亥，命修五嶽、四瀆祠廟。	《太祖本紀》
太宗淳化二年	991 年	案五郊迎氣之日，皆祭逐方嶽鎮海瀆，……，就迎氣日各祭於所隸之州長吏，以次為獻官，其後立春日祀東嶽岱山於兗州，……。	《宋史·禮志》
淳化二年	991 年	二月，秘書監李至請五郊迎氣祭其方嶽鎮海瀆，北鎮於北嶽望祭。	《玉海》
真宗大中祥符元年	1008 年	加號泰山為仁聖天齊王，遣執方郎中沈為宗致告……，；詔泰山四面七里禁樵採，給近山二十戶以奉神，祠社首、徂徠，並禁樵採。	《禮志》
大中祥符四年	1011 年	五月乙未，加上五嶽帝號，作奉神述，……，又加上五嶽帝后號。東曰淑明。……帝自製五嶽醮告文，遣使醮告，即建壇之地，構亭立石柱刻文其上。	《宋史·禮志》
大中祥符五年	1012 年	八月己未，作五嶽觀。	《真宗本紀》
大中祥符六年	1013 年	晁迥奉敕撰《大宋東嶽天齊仁聖帝碑》，立於岱廟中。	《岱覽》
大中祥符五年～八年	1012～1015 年	五年二月命晁迥等撰五嶽碑；七年十月十九日，上親製東嶽醮告文。八年三月十四日，製五嶽醮告文刊石於廟。	《玉海》
大中祥符間	1008 年後	東嶽廟一在州城西北隅，宋大中祥符間創建。	明弘治元年《泰安州志》
哲宗元符三年	1100 年	修東嶽廟，命曾肇為碑為殿三曰：嘉寧、蕃祉、儲祐。	《玉海》

	哲宗元符四年～徽宗建中靖國元年	1101 年	先是魯人相率出財，為正殿，重門，頗極壯麗，而他殿若門、若廊制度庳隘，不足以稱。……，總為屋七百九十有三區，繚以崇墉，表以雙闕，……。	《東嶽廟碑》引自《曲阜集》
	徽宗宣和六年	1124 年	宣和四年重修東嶽廟，……，遂偕五嶽咸升帝號。自是宮廟加修焉，獻加厚，……增治宮宇，隙牆外周，罘罳分翼，……，凡為殿寢堂閤門亭庫館樓觀廊廡，合八百一十有三楹。	宇文粹中撰《重修泰嶽廟碑記》
金	金廢帝正隆中	1156 年後	完顏亮，正隆中泰安守貝實勒始到都歆，謁東嶽廟，遍禮群祠，至淑明寢殿，地有流血大驚，躬率從吏周行檢視，見後塑像一指折血淋漓弗止，……。	《夷堅志》中《淑明殿馬》篇
	金世宗大定四年	1164 年	六月甲子，詔依典禮，以四至土旺日就本廟致祭其在他界者遙祀。立春祭東嶽於泰安州，……，其封爵並仍唐宋之舊。	《金史·世宗本紀》
	大定十八年	1178 年	六月三日，檢擬東嶽廟災，……，自虞舜至於成周以來俱言望祭，不預廟之存亡也，不可謂火焚神像而廢泰山之祀，合依例差人臨時齎送祝板，前去致祭施行，蒙准呈。	《大金集禮》
	大定十九年	1179 年	十月，看嶽廟道士告乞依舊例，差設百姓廟子人等勾當本部，……，蒙批降仰設道士十人，管勾如本處。	《大金集禮》
	大定二十一年	1181 年	正月十二日，奉敕旨東嶽宮，裏蓋來底，五大殿、三大門撰名。……。 奉敕旨：泰山三峰左側護繚十餘里，並至廟沿路不得教採斫樹木。	《大金集禮》
	大定二十二年	1182 年	二月，兵部擬呈，嶽廟殿廊共八百五十四間，各設兵士三十人，依舊清衛指揮名稱，常穿日夜巡防，如有修造便充夫役，蒙批降。	《大金集禮》
	大定二十二年	1182 年	四月二十一日，以修蓋東嶽廟告成奏奉勅旨，令翰林侍講學士楊伯仁撰碑文。十月九日又左傳雲山嶽配天取日之象取月之象，以中嶽、西嶽、北嶽重修廟宇，工畢，命待制黃久約修撰、趙擽應奉、黨懷英定撰各廟碑文。	《大金集禮》

	大定二十二年	1182 年	大定十八年，歲在戊戌春，岱廟災，雖門牆儼若，而堂室蕩然，主上聞之，震悼不已，俾治有司不戒之罪……，二十一年辛丑冬告成，凡殿、寢、門、闈、亭、觀、廊、廡、齋、庫，雖仍舊制，加壯麗焉。	《岱覽》楊伯仁撰《大金重修東嶽廟碑》
	大定十九年～大定三十年	1179～1190 年	嶽祠在城中，大定十九年被焚，二十一年新廟成。	元好問撰《東遊略記》
	金宣宗貞祐間	1213 年後	又三十年，毀於貞祐之兵，今惟客省及誠享殿在耳。此殿是貯御香及御署祝版之所。	元好問撰《東遊略記》
元	元世祖中統二年	1261 年	嶽鎮海瀆代祀：自中統二年始，凡十有九處分五道，後乃以東嶽、東海、東鎮、北鎮為東道，……，既而又以驛騎迂遠，復為五道道遣使二人，集賢院奏遣漢官，翰林院奏遣蒙古官，出璽書給驛以行。中統初，遣道士或副以漢官。	《元史·祭祀志》
	元世祖至元三年	1266 年	我世祖皇帝踐祚之七年，創構仁安殿，以妥嶽靈。	元至正《東嶽別殿重修堂廡碑》
	至元三年	1266 年	夏四月，定歲祀嶽鎮海瀆之制：正月東嶽鎮海瀆土旺日祀泰山於泰安州。秋七月丙午，遣使祀五嶽四瀆。	《祭祀志》《世祖本紀》
	至元二十八年	1291 年	正月，帝謂中書省臣言曰，五嶽四瀆祠事，朕宜親往，道遠不可，大臣如卿等又有國務，宜遣重臣代朕祀之。漢人選名儒及道士習祀事者，其禮物則每處歲祀，……，是年春二月加上東嶽為齊天大生仁聖帝。	王圻《續通考》
	元泰定帝泰定年鼠兒年	1324 年即泰定元年	泰安州有的泰山東嶽廟住持提點、通義守正、淵靖大師張德璘先生每根底，……，廟宇損壞了呵，修理整治者。這的每其間裏，不揀是誰，休入來休沮壞者。……，聖旨，泰定年鼠兒年十月二十三日。	元泰定《東嶽廟聖旨碑》
	元惠帝至正十三年	1352 年	至正丁亥，歲值覃懷範君德清來提點廟祀……，於是掄材召工，未閱歲，而殿堂廊廡燦然一新，又創新堂五楹，前軒後闈，高明虛敞，以待賓客；西為神庫，以歲天子賜物，總計若干楹。	元至正十三年《東嶽別殿重修堂廡碑》

明	明太祖洪武三年	1370 年	皇帝祝曰：「泰山於敬則致，於禮則宜。自唐始加神之封號，歷代相因至今。……，懼不敢加號，特以『東嶽泰山之神』名其名，以時祭神，惟神鑒之。」	明太祖《御製去東嶽封號碑》
	明成祖永樂元年	1402 年	永樂元年，明成祖詔修東嶽廟。	《明太宗實錄》卷二六
			國朝永樂初重為修理。	弘治元年《泰安州志》
	明宣宗宣德三年	1427 年	宣德岱廟火災：宣德三年三月己亥東嶽泰山廟，火。	《明史》
			宣德中復火之。	弘治元年《泰安州志》
	明英宗正統八年	1442 年	明正統八年，敕修嶽廟。「正統八年敕，凡嶽鎮海瀆祠廟屋宇牆垣或有損壞，即命各該官司修理」。	《大明會典》
			正統間，奉敕重建。	弘治元年《泰安州志》
	明英宗天順四年～天順五年	1460～1461 年	銓始至泰安，謂修葺嶽廟，……，始事於天順庚辰（即天順四年，1460 年）秋七月，次年辛巳（天順五年，1461 年）夏五月訖工，殿宇、周廊、門觀、繚垣，悉皆完備，不陋於前，不侈於後。……，泰安州知州李琪修正殿；同知馮驥修鐘鼓樓、廊房；判官成誼孔希升修三門四角樓；……。	天順五年薛瑄撰《東嶽泰山之神廟重修碑》
			天順間，知府陳銓改創今殿。	弘治元年《泰安州志》
			濟南太守陳君銓走書京師，告予曰：東嶽泰山神廟傾頹，上請得旨重修。……，經始於天順四年八月二十六日，落成於五年九月初一日，內外煥然一新，俾是方之人依而敬之有加於前。	明天順五年李賢《東嶽廟記》
	弘治十二年	1499 年	弘治十二年，詔修東嶽廟	清嘉慶續編《泰山志》
	明弘治壬戌年，即弘治十五年	1502 年	弘治己未冬，敬承祖宗禮神之意，發內帑銀八千餘兩，並在廟積貯香錢，命山東鎮巡等官葺之。自壬戌冬，越明年夏，乃就。訖自三殿而下，若廊廡、若門垣等凡傾者	明弘治癸亥年《孝宗御製重修東嶽廟記》

			以易，圮者以完，漫漶者以鮮以潔，金璧輝映，廟貌深嚴。	
明世宗嘉靖丁未，即嘉靖二十六年	1547 年		時嘉靖丁未，廟災。僅存寢宮及炳靈、延禧二宮。	明嘉靖四十二年李欽《重修東嶽廟碑》
			嘉靖丁未毀於回祿，猶請修廟於朝。……於是聚財鳩工，積十餘年乃復舊觀。從此小有修葺，不復請水衡錢矣。	萬曆三十六年黃克纘《重修東嶽廟碑》
世宗嘉靖壬戌，即四十一年	1562 年		越十五年，壬戌始興修，凡數十月告成，經費皆藉香帛。董其事者，濟南同知翟濤，岱史所具碑略如此。	明嘉靖四十二年李欽《重修東嶽廟碑》
神宗萬曆甲申，即萬曆十二年	1584 年		萬曆甲申，廟漸圮，……，乙酉秋八月告成，凡費金九百餘，不動民財，不勞民力，而大工就緒。	明萬曆甲申《參政許天贈重修岱廟記略》
萬曆十四年	1586 年		環詠亭在東嶽廟御香亭西，周垣畝許，四面石刻古今名人詩詠，故以命名也。……，歲久亭廢，諸石刻淪於荒穢中。萬曆十四年，……仍其舊址，復構亭宇……。	明萬曆查志隆撰《岱史》第九卷
萬曆乙巳年～丁未年，即萬曆三十三年～三十五年	1605～1607 年		適廟貌年久不葺，將至大壞，……凡垣牆棟宇之圮者、頹者、蠹而折者、穿且漏者，悉易而新之。計所繕治為正殿者一、為宮者三、為小殿者二、為樓者七、為亭者二、為門者十一、為城者百堞，以及齋房、步檻、神祠、客舍罔不修飾，金璧耀日，甈稜拂雲而廟貌煥然改觀焉。經始於乙巳十月，落成於丁未十二月。厥費頗巨，不可不記其始末。	萬曆三十六年黃克纘《重修東嶽廟碑》
清	康熙四十四年	1705 年	與皇帝踐位之六年，……，明年竣事，城之雉堞，殿之垣墉，戶之杗樞，土者為臺，木者為樹，鼓鐘之樓，齋福之所，宗廟窊楹、瓴甋罘罳，莫不畢治，穹碑斷碣，踣者復立，……，新門有伉，四阿重屋，亦有寢宮陳其牲玉……。	清康熙六年《重修泰安州東嶽修碑》
	康熙十五年	1676 年	康熙十五年，重修遙參亭。	康熙十五年《重修遙參亭碑》

康熙八年～康熙十七年	1669～1678年	自殿、廡、齋、寢、門、塾、堂、□以至垣堞、樓觀，□為更新，造夫榜題、銘刻、庭植之屬，咸釐整滌濯，俯仰瞻顧，耳目為易。……是役也，始於康熙戊申年（康熙八年，1669年）春二月，告成於康熙丁巳年夏五月。……。	清康熙十七年《重修東嶽廟碑》施天裔撰
康熙二十三年	1684年	康熙二十三年，詔直隸各省修理文廟銀照舊存留，以供修葺其五嶽五鎮四海四瀆，廟宇傾頹者，令該地方官修理以昭誠敬。	《欽定大清會典則例》
二十八年	1689年	二十八年，奉旨泰山祠宇，舊有儲備修葺工銀嗣後，著每歲分給東嶽廟、岱頂祠各二百兩，令守祠廟祝時加修葺。	
三十四年	1695年	三十四年諭，凡五嶽五鎮四海四瀆神廟有傾頹者，該地方官估計價直具奏修葺欽此。	
四十二年	1703年	四十二年，詔修嶽鎮海瀆廟宇如前諭。	
康熙五十三年	1714年	乃命泰安州牧張五福，鳩工庀材，若殿、若宇、若堂、若廡、若舍、若寮、木者、石者、陶者、鈣者、丹堊而髹者，百度咸集，可仍仍之，否則易之，甚者撤而增之。經始於五十一年十月，畢工於五十二年三月，至頂莫不煥然一新……。	清康熙五十三年《重修嶽廟碑記》
清雍正二年	1724年	清雍正二年，御賜泰山廟匾額。	清《世宗憲皇帝朱批諭旨》
雍正七年～九年	1729～1731年	其廟宇重修於康熙十六年，距今五十餘年矣。茲據署巡撫費金吾奏稱，廟宇盤路有傾圮頹□之□，善加繕葺，盤路亦當修整。著發內帑銀兩，命內務府郎中丁皁保、赫達塞前往督工，敬謹修理。務使廟貌輝煌，工程堅固，速行告竣，以副朕為民報享之至意，特諭。	清雍正九年《重修泰安州神廟諭旨碑》
乾隆三十三年	1755年	遙參亭者，本與岱廟相連。……，乾隆三十三年，巡撫富公明安重加修葺，殿宇恢宏，丕基孔固。	清咸豐八年《重修遙參亭碑記》
乾隆三十五年～三十六年	1757～1758年	凡神像大殿以及各殿宇廊廡門垣全行拆倒，新修次第，具舉丹□藻繪，輪奐一新，茲庚寅歲冬月之吉，大工告成。仰見廟貌，巍巍聿新孔固。……	清乾隆三十六年劉浩《重修岱廟碑文》

乾隆三十五年	1757 年	岱廟在泰安府治之西。雍正七年敕修，極為閎麗。西偏有環詠亭，歷代題詠甚富。東有漢柏，黛色霜皮，亭亭矗立。乾隆三十五年遵旨重修。不增式廓。御製碑文，奎章炳耀。撫臣復於此恭構行殿數楹，皇上省方秩祀胥，於是乎憩適焉。	清乾隆《欽定南巡盛典》
嘉慶十九年	1814 年	嘉慶十九年奉敕修理正殿。	清道光八年《泰安縣志》
清咸豐八年	1858 年	粵自乾隆戊子（即乾隆 33 年，1755 年）至咸豐丁巳（咸豐 7 年，1857 年），計已八十有九年矣，古殿傾頹，金身脫落，高山仰止，陟降何依。……，凡有正殿、配殿以及廓、廡、庭、除，罔不修飾整齊，遂使氣象焜燿，煥然改觀焉。是工始於丁巳十二月，落成於戊午（咸豐 8 年，1858 年）春三月。	清咸豐八年《重修遙參亭碑記》
清光緒七年	1881 年	導泰山之源，自王母池而下，環繞岱廟，貫注遙參亭前，結大池以停奔湍之勢。水不在深，有龍則靈，因顏曰「雙龍池」，都人士具大觀焉。	清光緒七年《雙龍池記碑》

B.2　南嶽廟歷代重修記錄

表 B.2　南嶽衡山南嶽廟修建歷史略表

朝代	年　代	公　元	修建建築記錄	文獻出處
周			周制六年，王時巡諸侯，朝於方嶽。當時，嶽有明堂，為享帝尊親之所，禮特隆焉。歷漢而唐，報祀不衰。	明嘉靖《重修南嶽廟記》
漢	武帝元封五年	前106 年	漢元封五年，帝巡南郡，至於江陵禮南嶽。漢武帝封禪以衡山道遠，望祭於南郡，以灊之天柱山為南嶽。	清光緒《湖南通志》
隋	文帝	594～604 年	南嶽宮，四面皆絕，人獸莫至，漢武帝移於江北霍山，隋文帝復移於今所。	唐《元和郡縣志》
			司天霍王廟，在嶽觀前，去觀百餘步，…，本廟在祝融峰上，隋代還移，廢華藪觀而建立，今祝融峰頂有石廟基存焉。	唐咸通《南嶽小錄》

唐	唐初		唐初建司天霍王廟。	清光緒《湖南通志》
	玄宗開元時	713年後	天台道士司馬承禎言，……，請別立齋祠之所，上奇其說，因敕五嶽各置真君祠一所。	《文獻通考》
	玄宗開元十三年	725年	唐開元十三年，始封南嶽為司天王，秩加三公一等，冠冕章服，五嶽皆有名數，從司馬承禎之請也。	清乾隆《衡山縣志》
			開元十三年，建南嶽真君祠。	清光緒《湖南通志》
	玄宗開元十五年	727年	開元十五年，廟火。	清光緒《湖南通志》
	天寶五載	746年	春，正月封中嶽為中天王，南嶽為司天王，北嶽為安天王，天下山水名稱或同義且不經，多因於里諺，宜令所司，各據圖籍改定。	《舊唐書玄宗本紀》
	玄宗天寶十二載	753年	二月，制五嶽四瀆各委郡縣長官祭其祠宇，頹毀者，量事修葺。	《冊府元龜》
五代	後梁開平初	907年	梁開平初，重修。	清光緒《湖南通志》
	後晉高祖天福二年	937年	三月，詔宜令長吏差官點簡，如有墮損處，便委量事修葺，貴申嚴飭，以合陰功。……，州府量事修崇，有近廟山林，仍宜禁斷樵牧。	《冊府元龜》
	後晉高祖天福六年	941年	詔曰：……，其嶽鎮海瀆廟宇等宜令各修葺，仍禁樵蘇。	《冊府元龜》
北宋	太祖建隆四年	963年	建隆四年四月四日以湖南平，命李昉祭南嶽。	《玉海》
	乾德四年	966年	乾德四年，重製五嶽祠衣冠。	《玉海》
	乾德六年	968年	七月丁亥，命修五嶽祠廟。	《泰山志》
			乾德六年七月十日，復南嶽四瀆常祭。	《玉海》
	開寶九年	976年	秋七月丁亥，命修五嶽、四瀆祠廟。	《太祖本紀》
			開寶九年七月，詔修南嶽廟。	《文獻通考》

	太宗端拱二年	989年	端拱二年六月五日，立西南角樓。	宋陳田夫《南嶽總勝集》中《玉冊文》
	真宗景德三年	1006年	東北角樓，大宋新修；南嶽司天王廟碑，翰林學士李昉奉敕撰，景德三年二月二十五日立。	宋陳田夫《南嶽總勝集》中《玉冊文》
	大中祥符五年	1012年	宋大中祥符五年，建南嶽後殿，仗衛齊整，繪畫尤精。	清光緒《重修南嶽志》
	大中祥符八年	1015年	大中祥符八年九月一日立西北角樓	宋陳田夫《南嶽總勝集》中《玉冊文》
			祥符八年三月十四日製南、西、北、中嶽醮告文，刊石於廟	《玉海》
南宋	高宗紹興十一年	1141年	紹興十一年，安仁縣百姓捨東南角樓。	宋陳田夫《南嶽總勝集》中《玉冊文》
	高宗紹興末	1160年左右	紹興末，值回祿，宮殿、廊宇焚至五六分，五年重葺，方始周備。	宋陳田夫《南嶽總勝集》中《玉冊文》
			紹興二十五年，廟火，帥司重修，稍復舊觀。	清光緒《重修南嶽志》
	南宋淳熙二年	1175年	淳熙二年閏九月十四日，南嶽廟火……，既而詔於經總制錢內撥賜錢一萬五千貫，上供米內支三千石，照紹興二十六年（1156年）體例蓋造。	《宋會要瑞異》
	南宋景定二年	1261年	景定辛酉四月三十夜，遭回祿，正殿、後宮殆盡，惟存三門、散廊而已。	宋陳田夫《南嶽總勝集》中《玉冊文》
元	元世祖至元年間	1264年以後	我皇元混一區宇以來，廟宇一新，寢擬宸極，視四嶽有加焉。經數十年震凌蠹食，……將正殿、寢殿、五門、廊廡等處一新修理，及創造寢殿。遂捐己財中統鈔五十錠，結蓋梵砌，彩繪粲然。外捐白銀五十兩，重助建嶽龍橋，繼又主建景陽鐘閣。……。	元失名《重修南嶽廟記》
	元世祖至元二十年	1283年	嶽神廟在赤帝峰下，其制一擬天子之宮，宋末為盜所毀。至元二十年詔行中書省考舊鼎建，越若干年大殿成。	元《明善敕賜南嶽昭聖萬壽宮碑》

	元成宗元貞二年～大德七年	1295～1303年	元貞二年言於朝曰：「廟之大殿及鎮南門迤麗如舊，飭多未備，且四嶽皆有別館以居道流，以嚴祀事，而南嶽舊獨無有，……。」上累錫白金及歲入錢米，築館廟之東偏，並夫廟之未備者，……，因相基繪圖，……。越大德七年告成。	元《明善敕賜南嶽昭聖萬壽宮碑》
	元惠帝至正八年	1348年	……而廟在赤帝峰下，其制亦擬帝者之居，列聖尊敬有加，肆克至於今日，至正八年戊子六月，上以靈區祠宇，更風雨霜暑，木腐瓦毀，庭寢門廡，材久易敝，特降玉音，委官相視廟宇損壞去處，從新修理，命下有司欽奉，既而恐干禁忌，輟之又二年，竟成厥事。湖南道長沙守臣劉光祖祗承上意，商材度工，……，經始於是年六月一日甲申，七月而告成，……。	元至正十年虞世魁《重修南嶽廟記》
明	明太祖洪武三年	1370年	明洪武三年，去帝號，改稱南嶽衡山之神。	清光緒《湖南通志》
	明英宗正統七年	1441年	正統七年，藩、臬二司命衡州、長沙二府重修低舊殿五尺，將完，忽風雷大作，盡晦如夜，餘時開霽，視殿柱拔去半里許，乃更造如舊，然以本地雜木易朽。	弘治《衡山縣志》
	明成化辛卯年，即成化六年	1503年	……始於辛卯春三月，至明年冬十二月訖事。落成之數：正殿九間，高七尺二丈，象七十二峰；後殿五間，東西廊房九十六間，嘉應門三座，中御香亭、御碑亭、祭碑亭各一，西廊後神祠一，東廊後宰牲房，神庫，次為正南門，周圍崇垣，四角有樓，外為靈星門，飾以丹漆，施以彩繪，深邃崇嚴，宏敞壯麗。……。	成化九年商輅《重修南嶽廟記》
	世宗嘉靖壬寅，即二十一年	1542年	南嶽山神廟，自成化庚寅歲上請鼎建，至嘉靖壬寅，歷七十年傾倒，久無後寢、前門、兩廊坦，亦殆盡；正殿穿漏，階庭鞠為草莽。分守藩司少參，寧夏潘公九齡，……，集議重修。	明嘉靖劉黻《重修南嶽廟記》
	明神宗萬曆壬午，即萬曆十年	1582年	，而西南以匯於湘江。自前代惑於讖文，乃鑿廟後引水，以斷來脈，建黑神祠以衛赤帝，……，出藏金二百一十二兩有奇，……，新潤由集福碑右，歷萬壽宮左，跨街東，趨野南匯於西橋，共五百九十步	明萬曆管大勳《開復水道填接後龍記》

			零八分，……，經始於壬午八月，該工於癸未閏二月十日。……。	
清	順治五年	1648 年	順治五年，殿燬於火；奉神像於嘉應門，春秋致祭，就門裏事。	乾隆《南嶽志》
	康熙四十四年～四十六年	1705～1707 年	康熙四十四年，巡撫趙申喬欽奉諭旨，大修式廊舊基，增建亭樓，費白金四萬兩有奇，始事於康熙四十四年六月，竣役於四十六年九月。	乾隆《南嶽志》
	雍正十一年	1733 年	雍正十年，湖南湖南巡撫趙宏恩欽奉諭旨重修，動支項銀八千四百兩有奇，始事於雍正十一年二月，是年九月竣工，御書「功弘育物」匾額。	乾隆《南嶽志》
	乾隆十五年	1750 年	乾隆十五年，巡撫開泰，估工議修；十六年，巡撫楊錫紱、范時綬，先後奉諭旨，動帑銀一萬七百兩有奇，六月興工，十月工竣，御書「靈曜南雲」匾額。	乾隆《南嶽志》
	嘉慶九年	1804 年	嘉慶九年，衡山紳士劉盤捐金重修，費銀五萬一千六百兩；巡撫阿林保奏請御書「宅南標極」匾額。	乾隆《南嶽志》
	同治四年	1865 年	同治四年，巡撫李瀚章、委員同知銜知縣賀宗瀾、委紳按察使銜候選道符信等，籌款修葺，至六年六月工竣，費錢二十二萬八千串，奏請御書「銓德鈞物」匾額。	乾隆《南嶽志》
	同治十二年	1873 年	同治十二年閏六月二十一日，正殿火。	乾隆《南嶽志》
	光緒六年	1880 年	光緒六年，巡撫李明墀、委員二品銜候補道吳錦章、委紳布政使銜前雲南按察使李元度等，重修大殿，用錢六萬六千六百七十餘緡，整修全廟及祝融峰老殿、行像、公社、角樓、殿臺、神像，用錢一萬五千三百餘緡；八年七月，御書「黃離永吉」匾額。	乾隆《南嶽志》
民國	民國庚申，即民國九年	1920 年	民國庚申，李公杜生、鄭公虞琴，倡修殿柱，甫易二楹，款細輒止。……，蓋易朽為新者十有四柱焉，經始於是年八月，竣事於壬戌四月。一若嶽神呵護，相與以有成也者。	民國歐陽謙《重修南嶽廟記》

B.3　西嶽廟歷代重修記錄

表 B.3　西嶽華山西嶽廟修建歷史略表

朝代	年　代	公　元	修建建築記錄	文獻出處
先秦時期			西嶽廟，在華陰縣東五里，自虞舜西巡狩，三代以降，莫不有祀，然皆不廟。	清乾隆《華陰縣志》
西漢	武帝	前 140 年～前 81 年	孝武皇帝修封禪之禮，思登假之道，巡省五嶽，禋祀豐備。故立宮其下，宮曰「集靈宮」，殿曰「群仙殿」，門曰「望仙門」。仲宗之世，重使使者持節祀焉，歲一禱而三祠。	東漢延熹《西嶽華山廟碑》
東漢	敬宗永和元年	136 年	弘農太守元氏張勳為西嶽華山作石闕，高二丈二尺	東漢永和《漢西嶽石闕銘》
	威宗延熹四年	161 年	延熹四年七月甲子，弘農太守安國亭侯汝南袁逢掌華嶽之主位，應古制，修廢起頹，……，勒銘斯石，垂之於後。	東漢延熹《西嶽華山廟碑》
	孝靈帝光和二年	179 年	廟舍久舊，牆屋傾圮，世室不修，春秋作譏。特部行事荀斑與縣令先譔，以漸補治。設中外館，圖珍琦、畫怪獸，嶽瀆之精作出禎秀。役不干時，而功已著。	東漢光和二年《修華嶽廟碑》
			於是與邑令巴郡，朐忍先譔公，謀圖役繕。故斷度桴廊，立室異處，左右趣之，莫不競慕。二年正月己卯，興就既成。……，因繕舊室，整頓端平，在其板屋，執不加精。	東漢光和二年《修華山亭碑》
	孝獻帝建安中	196 年後	修飾享廟壇場之位，荒而復辟，禮廢而復興。又造祠堂，表以三闕，建神路之端，首觀壯麗乎。	東漢建安《造華山堂闕碑》
晉	世祖太康八年	287 年	晉太康八年，修立壇廟，夾道樹柏。	清乾隆《華陰縣志》
			太康八年，弘農太守河東魏叔始為華陰令，河東裴叔恂役其逸力，修立壇廟，夾道樹柏，訖於山陰。	《水經注·渭水》
北魏	太祖太延元年	435 年	太延元年，立廟於恒嶽、華嶽、嵩嶽上，各置侍祀九十人，歲時祈水旱。	《北魏書·禮志》

			太延元年,立廟於華嶽上,置侍祀九十人,歲時祈禱水旱,其春秋泮涸,遣官率刺史祭以牲牢有玉帶。	
	文成帝興光初	454年	文成皇帝即位,三年正月,遣有司旨華嶽修廟立碑。	《北魏書·禮志》
			魏興光初遷於官道北,今之灝靈宮是也。——按:文帝三年改元興光。	清《募修萬壽閣疏》
	孝文帝太和四年	480年	二月癸巳,詔曰:……,敕天下祀山川群神及能興雲雨者,修飾祀堂,薦以牲璧。	《高祖本紀》
西魏	文皇帝大統七年	551年	大統七年,歲在旃蒙,命車騎大將軍、儀同三司、西兗州大中正、華山郡守、成陽縣開國公弘農楊子昕,經營締構,別更列植青松兩千餘根。堂廟顯敞,房廊肅穆。芬哉闠席,赫矣神居。	北周天和二年《修西嶽華山神廟之碑》
北周	保定三年	563年	保定三年,大旱,敕同州刺史達奚武祭西嶽。武以太保為同州刺史,時天大旱,敕武祀華山廟。	《後周書》
	天和二年	567年	周天和二年修廟	清乾隆《華嶽志》
隋	煬帝大業十年	614年	煬帝大業十年十二月,祀華嶽,築場於廟側。	道光《華嶽志》
唐	先天二年,即開元元年	713年	封華嶽為金天王。	《文獻通考》
	開元十二年	724年	開元十有二年冬十一月,立碑於華嶽祠南之通衢。	《唐書·會要·開元傳信錄》
			開元十二年十一月庚申,幸東都,至華陰,上制文勒碑立於通衢。舊路在嶽北,因是移於嶽南,而北廟獨顯。	《唐書·舊紀》
	開元十八年	730年	百僚及華州父老,累表請上尊號並封西嶽,不允。	《舊唐書玄宗本紀》
	玄宗開元時	713年後	天台道士司馬承禎言,……,請別立齋祠之所,上奇其說,因敕五嶽各置真君祠一所。	《文獻通考》
	玄宗天寶九年	750年	天寶九載三月辛亥,嶽廟災,關內旱,乃停封。	《唐書·帝紀》

			唐天寶九年正月《唐御書華嶽碑堂修飾記》（已佚）	《唐御書華嶽碑堂修飾記》
	玄宗天寶十二載	753 年	二月，制五嶽四瀆各委郡縣長官祭其祠宇，頹毀者，量事修葺。	《冊府元龜》
	穆宗長慶元年	821 年	長慶元年□月十三日朝散大夫行華山縣令上柱國裴奉勾當再修中門屋，至二十五日功畢。	唐《華嶽廟修中門記》
	文宗開成二年	837 年	開成元年九月戊戌，遣元舅侍中太宰、征東大將軍遼西常英冠，將軍禮部尚書、河內公荀尚，立節將軍安定侯、值勤侯尼須，薦以三犅，建立殿貌，造作碑闕，遮使神安其居。	唐開成《李商隱修華嶽廟記》
	僖宗中和元年	881 年	僖宗中和元年庚子，金天王廟元宗御製碑自鳴，聲聞數里，浹旬而後定明年，黃巢亂廟，為賊所焚，墮其門觀，碑燔為石。	《賈氏談錄》
五代	後晉高祖天福二年	937 年	三月，詔宜令長吏差官點簡，如有墮損處，便委量事修葺，貴申嚴飭，以合陰功。……，州府量事修崇，有近廟山林，仍宜禁斷樵牧。	《冊府元龜》
	後晉高祖天福六年	941 年	詔曰：……，其嶽鎮海瀆廟宇等宜令各修葺，仍禁樵蘇。	《冊府元龜》
宋	太祖建隆二年	961 年	廟貌特加修建，闡舊規而從新制，起俾陋而為顯敞，土木之制，盡其壯麗。……。	宋建隆《宋修西嶽金天王廟碑銘》
			本朝建隆二年八月六日修西嶽廟。	《玉海》
	乾德四年	966 年	乾德四年。重製五嶽祠衣冠。	《玉海》
	乾德六年	968 年	七月丁亥，命修五嶽祠廟。	《泰山志》
	開寶九年	976 年	秋七月丁亥，命修五嶽、四瀆祠廟。	《太祖本紀》
	真宗景德二年	1005 年	宋景德二年冬，天王降靈寶三籙壇式於四嶽，敕屬郡僚吏營築於廟殿之前。今□□之鎮，自十月孟旬承郡匠施，至十一月五日畢。將表於上，因刊闕石，以紀藏事之矣。	宋景德《華嶽廟修造靈寶三壇記》
	大中祥符二年	1009 年	祥符二年三月乙丑，修西嶽廟。	《玉海》

	大中祥符四年	1011 年	四年二月，祀汾陰，車駕至潼關，遣官祭西嶽。用太牢備三獻禮，庚午親謁嶽廟，群臣陪位，廟垣內外列黃麾仗，遣官分祭廟內諸神，加號嶽神為順聖金天王。	《宋史·帝紀·禮志》
	大中祥符八年	1015 年	祥符八年三月十四日，製南、西、北、中嶽醮告文，刊石於廟。	《玉海》
	仁宗慶曆中	1041 年	慶曆中復修。	乾隆《華嶽志》
	徽宗大觀初	1107 年	大觀初，太上皇以水行協序，潤下收功。解梁奏鹽澤復興，……，往會漕臣泊郡邑官僚，按封內與夫臨境方邱嶽鎮，凡祠宇載，……靈貺，且為民邀福。而華陰西嶽金天順聖帝廟得重葺焉。……。	宋薛存《拱極觀記碑》
金	大定二十二年	1182 年	大定二十二年四月二十一日以修蓋東嶽廟告成奏奉勅旨，令翰林侍講學士楊伯仁撰碑文。十月九日又左傳雲山嶽配天取日之象取月之象，以中嶽、西嶽、北嶽重修廟宇，工畢，命待制黃久約修撰、趙擴應奉、黨懷英定撰各廟碑文。	《大金集禮》
	金承安三年	1198 年	前係臺門落成年月，主事州牧王某未幾離任，碑係離任後立。	金承安《改修西嶽臺門記》
元	元世祖中統二年	1261 年	嶽鎮海瀆代祀：自中統二年始，凡十有九處分五道，後乃以東嶽、東海、東鎮、北鎮為東道，……，既而又以驛騎迂遠，復為五道道遣使二人，集賢院奏遣漢官，翰林院奏遣蒙古官，出璽書給驛以行。中統初，遣道士或副以漢官。	《元史·祭祀志》
	元世祖至元十六年	1287 年	君名志通，字伯達。名聞天聰，俾悼水旱有應，不為沴，賜號祐德真人，提點嶽祠灝靈宮。又以嶽祠幾雨將騫，內出鈔萬八千鏹為完葺費。三年易弊而新，飾澠為畢，為者改觀，……。	元姚燧《太華真隱褚君傳》
			元氏至元之補救興修。	明正統二年《重修嶽廟記》
明	明太祖洪武年間	1368～1398 年	國朝（明）洪武之起廢增飾，其豐功偉績已極美矣。	明正統二年《重修嶽廟記》

	明宣宗宣德七年	1432 年	宣德壬子，適奉議大夫、華州知州范斌起復再任，之秋，蒙欽差巡撫陝西行在、工部右侍郎□汝□委監工，奉敕重修。	明正統二年《重修嶽廟記》
	明英宗正統八年	1442 年	明正統八年，敕修嶽廟。「正統八年敕，凡嶽鎮海瀆祠廟屋宇牆垣或有損壞，即命各該官司修理」。	《大明會典》
	明成化十八年	1482 年	明成化十八年修西嶽廟。	乾隆《華嶽志》
	嘉靖二十年	1541 年	嘉靖二十年，復修。	乾隆《華嶽志》
	嘉靖三十六年	1557 年	三十六年修嶽廟後寢。	乾隆《華嶽志》
	嘉靖四十一年	1562 年	四十一年，復修嶽廟。	乾隆《華嶽志》
	隆慶七年	1573 年	隆慶七年，遣謁華山，啟建清醮，頒西嶽廟藏經五千三百六十餘卷。	道光《華嶽志》
	萬曆三十年	1602 年	先是灝靈角樓遭回祿頹阤，比歲廟宇為霖潦所齧，丹艧剝落，咸次第修舉。由殿寢、御香亭、神廚齋所漸於金城諸門、灝靈諸樓，周圍環除，約二百餘楹。	明萬曆《華陰縣重修西嶽廟記》
			開山鑿石，覓夫修理渠道。自廟南渠口訖於山趾，渠道並路一丈二尺。水路通行，直達廟內。庶可防火燭而溉樹株，且匯諸後苑放生池內，以茲游泳。	明《公修嶽廟水道碑記》
清	康熙二十三年	1684 年	康熙二十三年，詔直隸各省修理文廟銀照舊存留，以供修葺其五嶽五鎮四海四瀆，廟宇傾頹者，令該地方官修理以昭誠敬。	《欽定大清會典則例》
	三十四年	1695 年	三十四年論，凡五嶽五鎮四海四瀆神廟有傾頹者，該地方官估計價直具奏修葺欽此。	
	四十二年	1703 年	四十二年，詔修嶽鎮海瀆廟宇如前諭。	
			康熙四十二年，中丞鄂海奉發帑金重修。	乾隆《華陰縣志》
	乾隆七年	1742 年	乾隆七年，兵備使孫元奉發帑金三萬重修。	乾隆《華陰縣志》

乾隆四十四年	1779 年	乾隆四十四年，中丞畢沅奉發內帑金十二萬，飭知縣陸維垣監修，增廣殿宇廊祠，垣牆繞以磚石，巍煥倍昔。	乾隆《華陰縣志》
同治六年	1867 年	經始六年十月，訖九年十月，都用銀二萬九千兩有奇，金工、木工、石工、陶者、漆者都一十萬有奇。……而新廟渾堅完整，憑山帶河，規制宏肅，……。	同治左宗棠《重修西嶽廟碑》
光緒四年	1878 年	經始於光緒四年戊寅冬，越五年乙卯冬工竣。木工、泥工、金工、石工、陶人、漆人，共享工六萬有奇，銀一萬兩，又補修御書樓、望河樓、五聖祠、兩角樓、放生池等處，統用工七千有奇，銀一千兩。……	光緒尋鑾煒《修萬壽閣記》

B.4 曲陽北嶽廟歷代重修記錄

表 B.4 北嶽恒山曲陽北嶽廟修建歷史略表

朝 代	年 代	公 元	修建建築記錄	文獻出處
周	周成王		周成王巡狩至於北嶽，北方諸侯朝於明堂。	《通鑒》
秦	始皇二十九年		秦始皇二十九年，復遊海上，至瑯琊，過恒山，從上黨歸。	《史記》
西漢	武帝天漢三年	前 98 年	漢天漢三年春三月，幸北地、泰山，修封。還過祠恒山，瘞元玉。	《前漢書》
	宣帝神爵元年	前 61 年	神爵元年，祠北嶽恒山於上曲陽，一禱而三祠。（祠上曲陽始此）	《前漢書》
			上曲陽，恒山北谷在西北有祠。	《漢書·地理志》
東漢	孝章帝元和三年	86 年	元和三年春二月，章帝北巡。至中山，遣使以太牢祠北嶽於上曲陽。	《後漢書》
	漢末		恒山定祀上曲陽，當在漢末時。	光緒《重修曲陽縣志》
晉	世祖泰始六年	270 年	有晉（北嶽）祠堂頌，泰始六年立。	《金石錄目》

	世祖泰始時	270年後	金趙文《謁北嶽》詩：「卜地恒山曲，移祠泰始元。」注謂晉移祠曲陽。	光緒《重修曲陽縣志》
北魏	太祖太延元年	435年	太延元年，立廟於恒嶽、華嶽、嵩嶽上，各置侍祀九十人，歲時祈水旱。	《北魏書・禮志》
			太延元年，立廟於華嶽上，置侍祀九十人，歲時祈禱水旱，其春秋泮涸，遣官率刺史祭以牲牢有玉帛。	
	明元帝泰常三年	418年	立五嶽四瀆廟於桑乾水之陰，春秋遣有司祭有牲及幣。	《北魏書・禮志》
	孝文帝太和四年	480年	二月癸巳，詔曰：……，敕天下祀山川群神及能興雲雨者，修飾祀堂，薦以牲璧。	《高祖本紀》
			長星溝在上曲陽縣西北，東經恒山下廟北，漢末喪亂，山道不通，此舊有下階神殿，晉魏有東西二廟，廟前有碑闕、壇場相列焉。	《水經注》
	宣武景明元年	500年	宣武景明元年春二月，恒山祠災。	《魏史》
	宣武帝景明、正始、永平、延昌年間	500～512年	北魏景明、正始、永平、延昌年間：上曲陽縣治由現曲陽縣城西四里遷至今址，北嶽廟隨遷，並落成。	《曲陽北嶽廟》
隋	煬帝大業三年	607年	大業三年，有事於恒嶽。	《隋書》
			帝有事恒嶽，詔毗營立壇場。	《隋書・閻毗傳》
	煬帝大業四年	608年	四年秋八月，巡河北，親祀恒嶽。西域吐谷渾十餘國咸來助祭。	《隋書》
			隋煬帝有事恒嶽，西域十餘國，咸來助祭，河北道郡守，畢集，大赦天下。	《光緒重修曲陽縣志》
	煬帝大業中	605～617年	大業中，上幸晉陽，因祭恒嶽。其禮頗採高祖拜岱宗儀，增置二壇，命道士、女官數十人於壇中設醮。	《隋書》
唐	太宗貞觀中	627～649年	唐貞觀中修之。	《康熙曲陽縣新志》
			至唐貞觀中，始有重建之說。	《道光直隸定州志》

	玄宗開元時	713年後	天台道士司馬承禎言，……，請別立齋祠之所，上奇其說，因敕五嶽各置真君祠一所。	《文獻通考》
	開元二十三年	735年	……，刺史段公字崇簡，……，公乃審面勢，規曲直，延觀宇，劃垣墉，高閈閎，通巷術，周覽彌望，列樹豐碑，容衛森羅，藻繪彪駁，納日月於扃牖，駐雲物於軒楹，光色焜煌，爛若貝錦。……。	開元鄭子春《大唐北嶽神廟之碑》
	天寶五載	746年	春，正月封中嶽為中天王，南嶽為司天王，北嶽為安天王，天下山水名稱或同義且不經，多因於里諺，宜令所司，各據圖籍改定。	《舊唐書玄宗本紀》
	玄宗天寶十二載	753年	二月，制五嶽四瀆各委郡縣長官祭其祠宇，頹毀者，量事修葺。	《冊府元龜》
	憲宗元和時	806年後	定祀曲陽，當在唐元和時。	光緒《重修曲陽縣志》
五代	後唐天祐十三年	916年	後唐天祐十三年，定州節度使王處直，重修殿宇。	五代《王處直修廟碑》
	後晉高祖天福二年	937年	三月，詔宜令長吏差官點簡，如有墮損處，便委量事修葺，貴申嚴飭，以合陰功。……，州府量事修崇，有近廟山林，仍宜禁斷樵牧。	《冊府元龜》
	後晉高祖天福六年	941年	詔曰：……，其嶽鎮海瀆廟宇等宜令各修葺，仍禁樵蘇。	《冊府元龜》
	五代末		五代末，燬於契丹。（疑晉開運二年，陷曲陽時燬）	清光緒《重修曲陽縣志》
			先是匈奴之犯塞也，來謁祠宇，卜其吉凶。不從猾夏之心，遂縱燎原之火。	淳化《大宋重修北嶽安天王廟碑銘》
宋	太祖建隆二年	961年	本朝建隆二年七月七日，修北嶽廟	《玉海》
	乾德四年	966年	乾德四年。重製五嶽祠衣冠。	《玉海》
	乾德六年	968年	七月丁亥，命修五嶽祠廟。	《泰山志》
	開寶九年	976年	秋七月丁亥，命修五嶽、四瀆祠廟。	《太祖本紀》
			宋開寶九年增修之	清光緒《畿輔通志》

	太宗太平興國四年	979 年	太平興國四年六月八日，平太原，還次定州遣使祠北嶽。	《玉海》
	太宗淳化元年	990 年	宋太宗淳化元年，契丹欲入掠，使詣北嶽廟卜，神不許。遼使怒，縱火焚廟而去，遂不入掠。（《曲陽廟記》）	清乾隆《恒山志》
	太宗淳化二年	991 年	……，五材實繁，百堵皆作，乃復堂殿，於以儼象，設之睟容；乃興廊廡，於以列徒，御之繪事。門闕有翼，階陛斯隆。……	淳化《大宋重修北嶽安天王廟碑銘》
	大中祥符二年	1009 年	祥符二年二月辛卯，修北嶽廟。	《玉海》
	大中祥符八年	1015 年	祥符八年三月十四日，製南、西、北、中嶽醮告文，刊石於廟。	《玉海》
	仁宗嘉祐六年	1061 年	嘉祐六年閏八月辛卯，修北嶽祠。	《玉海》
	仁宗慶曆八年～皇祐元年	1048～1049 年	……，慶曆八年夏六月，……於是，敝陋朽撓之跡，煥然一新。又於其庭起士民薦獻之字，俾勿褻於神，而神益以尊。彩繪塗塈，罔不精極。……皇祐元年冬十月九日以訖功來告，僚屬請以鄙文誌於廟石，……。	皇祐《大宋重修北嶽廟記》
	神宗熙寧中	1068 年後	神宗熙寧中，守臣薛向重修。	康熙《曲陽縣新志》
	紹聖四年	1097 年	紹聖四年，縣令趙君壽增建大殿引簷。	紹聖《北嶽大殿增建引簷記》
	崇寧五年	1106 年	崇寧五年，又修北嶽廟。	《韓容碑》（今佚，見《寰宇訪碑錄》）
金	大定二十二年	1182 年	大定二十二年四月二十一日以修蓋東嶽廟告成奏奉勅旨，令翰林侍講學士楊伯仁撰碑文。十月九日又左傳云山嶽配天取日之象取月之象，以中嶽、西嶽、北嶽重修廟宇，工畢，命待制黃久約修撰、趙攄應奉、黨懷英定撰各廟碑文。	《大金集禮》
元	元世祖中統二年	1261 年	嶽鎮海瀆代祀：自中統二年始，凡十有九處分五道，後乃以東嶽、東海、東鎮、北	《元史·祭祀志》

			鎮為東道，……，既而又以驛騎迂遠，復為五道道遣使二人，集賢院奏遣漢官，翰林院奏遣蒙古官，出璽書給驛以行。中統初，遣道士或副以漢官。	
	元世祖至元七年	1270 年	世祖受命，肇新祠宇。	元至正《代祀恒嶽記》
			世祖受命，肇新祠宇。今大殿牓文為至元七年題建，疑修祠時為之；	光緒《重修曲陽縣志》
明	明英宗正統八年	1442 年	明正統八年，敕修嶽廟。「正統八年敕，凡嶽鎮海瀆祠廟屋宇牆垣或有損壞，即命各該官司修理」。	《大明會典》
	弘治十五年	1502 年	弘治十五年，詔建廟於恒山。兵部尚書馬文升請釐正祀典，改北嶽祭於恒山。禮部尚書倪岳覆議，曲陽廟祀已久，當仍舊，山在渾源者，修治其廟。詔從之。	乾隆《恒山志》
	嘉靖初	1522 年	世宗嘉靖初，科臣陳棐題請正嶽祀，乞將渾源州北嶽恒山定為秩祀之所，其廟制量加修拓，以後凡遣告祈請皆詣此致祭。其曲陽祠廟，但令有司致祭飛石殿，扁並令改撤於。	王圻《續通考》
	嘉靖十四年	1535 年	嘉靖十四年，巡撫劉夔委官重修。	光緒《重修曲陽縣志》
	嘉靖十五年	1536 年	始於嘉靖乙未之秋，訖於丙申冬十月，而膚功奏成矣。……，仰瞻廟制，傾者圮之，頹者修之，缺者補之，舊者新之，棟楹梁栿之腐黑撓折者，皆以堅飭善，瓦級磚之破缺者，皆以完固，赤白之漫漶不鮮者，皆以光潔。……，真足以侈前制而狀後觀。萬於舊制之外，特建一亭，名曰御香，以俟聖天子時遣敬祀者駐焉，隆殊典也。……。	嘉靖《重修北嶽廟題名記》
	嘉靖十六年	1537 年	……，廟貌或馳，易舊為新，即令急務，乃聚財鳩工，增大益美，庶民子來，長屬勤事，不數月而工告成。梁棟榱題煥乎，莫加其雄健；門廡階垣廓乎，無尚其恢宏；……。	嘉靖《曲陽縣重修北嶽廟碑文》
	嘉靖二十六年	1547 年	……，獨昭福門圮傾，朝嶽門坊為風雨所摧折，厥明年咸修葺之。……，廟之址在	嘉靖《明北嶽廟圖記》

			於邑城之西內，南西北三面俱距城之垣，而東臨居民，日改月易，牆垣傾頹，或有假罷祀之說以侵之者，因繪圖於石陰，並記廟之器物、基址丈數、閒田之畝，可田可□□，每歲計其所獲，復擇其人以掌之少，有損壞資以修理，一以省財用，一以崇廟貌。……。	
	萬曆十四年		巡撫胡來貢，請改祀北嶽於渾源州。	《明史》
	萬曆十八年		明萬曆十八年，仕及撫按何出光，奉敕同修。	光緒《重修曲陽縣志》
			……，卒以己丑四月十五日就事，……，閱三歲而工竣，門殿廊寢，厥制仍舊，加以堅新，垣墉階級，……。	萬曆《重修北嶽恒山廟碑》
清	順治十二年	1655年	本朝（清）順治十二年，縣令葛綏復加修葺。	清光緒《畿輔通志》
			國朝（清）順治十二年，知縣葛綏誠恐日久侵蝕，立石於內記之。	康熙《曲陽縣新志》
	順治十七年	1660年	順治十七年，改祀於山西渾源州，曲陽之祀遂罷，今春秋二仲，縣官祀以少牢，已不列於祀典。	乾隆《恒山志》
	康熙十一年	1672年	康熙十一年，縣令劉師峻修正殿，額曰：「德寧之殿」。	清光緒《畿輔通志》
			康熙十一年夏，積雨日久，殿基西北柱礎傾仄，知縣劉師峻捐俸倡修，廟貌如故。	康熙《曲陽縣新志》
	乾隆三十年	1765年	……，是役經始於乙酉之春，落成於丙戌之冬，其督工度料，縣尉潘景安之力為多云，……。	乾隆《重修古北嶽廟碑記》
	道光二十五年	1845年	……，乃鳩厥工，乃莊厥材，計修大殿五十四間，長廊廣廡，窈窕連曼，激極浮柱，重樂相承，層櫨曲枅，芝栭校峰，修缺補墜……	道光《重修北嶽廟之碑記》
	光緒二十三年	1897年	……，除拾遺補闕、煥然一新外，其餘王君之所未及經營者，均一律增其式廓，歸於至當事始於二月初，訖於七月，秒六閱月而工始竣，計費金錢六千餘緡……	光緒《清重修古北嶽廟碑記》

| 民國 | 民國壬午年 | 1942 年 | ……，實與國家文化古蹟攸關，守先待後，責無旁貸，整理修繕，不容或緩，爰就地方財力所及，鳩工庀材，量為補葺，致力所在，蓋有數端。計自夏壬午二月初開工，迄三月末工竣，歷時二月，費款五千，……。 | 民國李經正《重修北嶽廟記》 |

B.5　渾源北嶽廟歷代重修記錄

表 B.5　北嶽恒山渾源北嶽廟修建歷史略表

朝代	年　代	公　元	修建建築記錄	文獻出處
三代			古祭山除地為壇，不立廟，立廟而祭非禮也。	清順治《恒嶽志》
北魏	太祖太延元年	435 年	太延元年，立廟於恒嶽、華嶽、嵩嶽上，各置侍祀九十人，歲時祈水旱。	《北魏書・禮志》
			太延元年，立廟於華嶽上，置侍祀九十人，歲時祈禱水旱，其春秋泮涸，遣官率刺史祭以牲牢有玉帶。	
	明元帝泰常三年	418 年	立五嶽四瀆廟於桑乾水之陰，春秋遣有司祭有牲及幣。	《北魏書・禮志》
			長星溝在上曲陽縣西北，東經恒山下廟北，漢末喪亂，山道不通，此舊有下階神殿，晉魏有東西二廟，廟前有碑闕、壇場相列焉。	北魏《水經注》
	宣武景明元年	500 年	宣武景明元年春二月，恒山祠災。	《魏史》
			恒山嶽廟創自元魏太武帝太延元年，於宣武帝景明元年乃災。	清順治《恒嶽志》
唐	高祖武德間	618～626 年	唐武德間復建，唐末頹圮。	清順治《恒嶽志》
	玄宗開元時	713 年後	天台道士司馬承禎言，……，請別立齋祠之所，上奇其說，因敕五嶽各置真君祠一所。	《文獻通考》
	玄宗天寶十二載	753 年	二月，制五嶽四瀆各委郡縣長官祭其祠宇，頹毀者，量事修葺。	《冊府元龜》

金	大定二十二年	1182 年	大定二十二年四月二十一日以修蓋東嶽廟告成奏奉勅旨，令翰林侍講學士楊伯仁撰碑文。十月九日又左傳雲山嶽配天取日之象取月之象，以中嶽、西嶽、北嶽重修廟宇，工畢，命待制黃久約修撰、趙擴應奉、黨懷英定撰各廟碑文。	《大金集禮》
	天會、大定間		金復建，天會、大定間重修，金末毀於兵。	清乾隆《恒山志》
元	元世祖中統二年	1261 年	嶽鎮海瀆代祀：自中統二年始，凡十有九處分五道，後乃以東嶽、東海、東鎮、北鎮為東道，……，既而又以驛騎迂遠，復為五道道遣使二人，集賢院奏遣漢官，翰林院奏遣蒙古官，出璽書給驛以行。中統初，遣道士或副以漢官。	《元史‧祭祀志》
			元復建，元末毀。	清乾隆《恒山志》
明	太祖洪武中	1368～1398 年	明洪武中，都指揮周立復建。	清順治《恒嶽志》
	英宗正統八年	1442 年	明正統八年，敕修嶽廟。「正統八年敕，凡嶽鎮海瀆祠廟屋宇牆垣或有損壞，即命各該官司修理」。	《大明會典》
	憲宗成化初	1465 年後	成化初，都御史王世昌檄知州關宗重修。	清順治《恒嶽志》
	孝宗弘治初	1488 年後	弘治初，知府閻鉦檄知州董錫重修。	清順治《恒嶽志》
	弘治十五年	1502 年	弘治十五年，詔建廟於恒山。兵部尚書馬文升請釐正祀典，改北嶽祭於恒山。禮部尚書倪岳覆議，曲陽廟祀已久，當仍舊，山在渾源者，修治其廟。詔從之。	乾隆《恒山志》
	弘治二十四年	1511 年	弘治二十四年，奉敕擴修，都御史劉宇行視，以古廟狹隘，度地中峰之陽，建朝殿、廡門，規制始備，改古廟為寢宮。	清順治《恒嶽志》
	嘉靖十四年	1535 年	嘉靖十四年，巡撫劉夔委官重修。	光緒《重修曲陽縣志》
	嘉靖二十五年	1546 年	嘉靖二十五年，戶科河南陳公奏罷曲陽廟祀，朝廷准奏，統一改祀北嶽於渾源，但仍遙祭於曲陽。	《曲陽北嶽廟》，頁 15

| | 萬曆十四年 | | 巡撫胡來貢，請改祀北嶽於渾源州 | 《明史》 |
| 清 | 順治十七年 | 1660年 | 順治十七年，改祀於山西渾源州，曲陽之祀遂罷，今春秋二仲，縣官祀以少牢，已不列於祀典。 | 乾隆《恒山志》 |

B.6　中嶽廟歷代重修記錄

表 B.6　中嶽嵩山中嶽廟修建歷史略表

朝代	年　代	公　元	修建建築記錄	文獻出處
先秦			中嶽廟，舊在東南嶺上。年祀綿邈，莫知其經始之由。	金黃久約《重修中嶽廟碑》
西漢	武帝元封元年	前110年	漢武帝元封元年，令祠官加增太室祠，詔以三百戶，封太室奉祠，命曰崇高。	清康熙《嵩嶽廟史》
東漢	安帝元初五年	119年	太室闕在廟正南神道百步許，漢安帝元初五年，陽城長呂常造。	清康熙《嵩嶽廟史》
北魏	太祖太延元年	435年	太延元年，立廟於恒嶽、華嶽、嵩嶽上，各置侍祀九十人，歲時祈水旱。	《北魏書·禮志》
			魏太武帝太延元年，立廟於嵩嶽上。	清康熙《嵩嶽廟史》
	太安中	455～459年	太安中，徙中嶽廟於神蓋山。	金黃久約《重修中嶽廟碑》
	孝文帝太和四年	480年	二月癸巳，詔曰：……，敕天下祀山川群神及能興雲雨者，修飾祀堂，薦以牲璧。	《高祖本紀》
			魏徙廟於嶽之東南。	唐韋行儉《新修嵩嶽中天王廟記》
唐	唐武后垂拱四年	688年	唐武后垂拱四年，改嵩山為神嶽。封其神為「天中王」，配為「天靈妃」。	清康熙《嵩嶽廟史》
	萬歲通天元年	696年	萬歲通天元年，尊神嶽天中王為「神嶽天中神帝」，天靈妃為「天中黃后」。	清康熙《嵩嶽廟史》
	玄宗開元初	713年	開元初，改卜建廟於嵩山之東麓。（見金黃久約《重修中嶽廟碑》）	清康熙《嵩嶽廟史》

	開元十八年	730 年	開元十八年，命祀嵩山以王禮，仍封嶽神為「天中王」，再飾祠宇。	清康熙《嵩嶽廟史》
	玄宗開元時	713 年後	天台道士司馬承禎言，……，請別立齋祠之所，上奇其說，因敕五嶽各置真君祠一所。	《文獻通考》
	天寶五載	746 年	春，正月封中嶽為中天王，南嶽為司天王，北嶽為安天王。	《舊唐書玄宗本紀》
	玄宗天寶十二載	753 年	二月，制五嶽四瀆各委郡縣長官祭其祠宇，頹毀者，量事修葺。	《冊府元龜》
			申漢南元戎滎陽鄭公，崇飾中嶽中天王廟，自中天王洎夫人，縷緯冕服，首飾步搖，間以金翠。	唐韋行儉《新修嵩嶽中天王廟記》
			登封縣令李方郁，奉河南尹府庫十萬修中嶽廟。	唐李方郁《修中嶽廟記》
	後晉高祖天福二年	937 年	三月，詔宜令長吏差官點簡，如有墮損處，便委量事修葺，貴申嚴飭，以合陰功。……，州府量事修崇，有近廟山林，仍宜禁斷樵牧。	《冊府元龜》
	後晉高祖天福六年	941 年	詔曰：……，其嶽鎮海瀆廟宇等宜令各修葺，仍禁樵蘇。	《冊府元龜》
宋	太祖乾德元年	963 年	宋太祖乾德元年，製嶽神衣冠劍履。	清康熙《嵩嶽廟史》
	乾德二年	964 年	乾德二年，宋留守侍中差軍將孫禧，又差登封鎮將郭武等，重修中嶽廟行廊一百餘間，飾以丹青，繪之部從，載松植木。	駱文蔚《重修中嶽廟記》
	乾德四年	966 年	乾德四年，重製五嶽祠衣冠。	《玉海》
	乾德六年	968 年	七月丁亥，命修五嶽祠廟。	《泰山志》
	開寶六年	973 年	開寶六年，敕修中嶽中天王廟，詔縣令兼廟令，尉兼廟丞。	清康熙《嵩嶽廟史》
	開寶九年	976 年	秋七月丁亥，命修五嶽、四瀆祠廟。	《太祖本紀》
	真宗景德四年	1007 年	景德四年，修嵩嶽祠。	《玉海》
	大中祥符四年	1011 年	真宗大中祥符四年，加上中嶽尊號曰「中天崇聖帝」，中嶽后曰「正明后」。命翰林官詳定儀注及冕服制度，崇飾神像之禮。	清康熙《嵩嶽廟史》

	大中祥符六年	1013 年	大中祥符六年，命中使增修中嶽中天崇聖帝廟殿，造碑樓等共八百五十間，移塑尊像及裝修新舊功德畫壁等，共四百七十所。	清康熙《嵩嶽廟史》
	大中祥符八年	1015 年	祥符八年三月十四日，製南、西、北、中嶽醮告文，即建壇之地構亭，立石柱，刻文其上，刊石於廟。	《玉海》
	高宗紹興十四年	1144 年	高宗紹興十四年，望祀中嶽，令有司製嶽神衣冠劍履，遣使易之。	清康熙《嵩嶽廟史》
金	金熙宗皇統五年	1145 年	……，歲月浸久，薦經兵火，殿宇廊廡，悉皆圮壞。歲時禱祀，遠邇輻輳，曾不足以稱崇奉之意。……，越自皇統乙丑歲，鳩工聚材，命統制孫堅董其役，縣令隨琳相之。始造於孟夏，斷手於仲秋。不取於公，不勞於民。……。	金皇統《重修中嶽廟記》
	世宗大定十四年	1174 年	金世宗大定十四年，敕修中嶽廟，十八年六月告成。廟制規模小大廣狹、位置像設悉仍其舊。為屋二百三十八間。其西齋廳以待每歲季夏遣使祭祀之次舍，不與焉。	清康熙《嵩嶽廟史》
	大定二十二年	1182 年	大定二十二年四月二十一日以修蓋東嶽廟告成奏奉勅旨，令翰林侍講學士楊伯仁撰碑文。十月九日又左傳雲山嶽配天取日之象取月之象，以中嶽、西嶽、北嶽重修廟宇，工畢，命待制黃久約修撰、趙攄應奉、黨懷英定撰各廟碑文。	《大金集禮》
	章宗承安五年	1200 年	降及金源，大定、正大、承安三朝，復相繼興造，而承安間獨成廊屋七百餘間，具見金承安五年（公元 1200 年）建立的《大金承安重修中嶽廟圖》。	劉敦楨《河南省北部古建築調查記》
	大安三年	1211 年	……，越自大安三年三月五日，工部以符下河南府。慮其曠日持久，湮壞損剝，給錢命官，俾完葺而修起之，委芝田主簿邵公親督其事。……，自四月十七日始，後十月初一日告成。陀滿公贊就其事，正殿、廊廡、雙亭、草樂亭、門額、丹楹畫棟，翠瓦朱甍，煥若一新。內遵制度，外飾彩色，其文質彬彬然，……。	金大安《重修中嶽廟記》
	正大五年	1228 年	正大五年，邑宰蒲察公重修中嶽廟，一遵向日制度而潤色之。三潨寒泉，六植僕碑。	清康熙《嵩嶽廟史》

元	元世祖中統二年	1261 年	嶽鎮海瀆代祀：自中統二年始，凡十有九處分五道，後乃以東嶽、東海、東鎮、北鎮為東道，……，既而又以驛騎迂遠，復為五道道遣使二人，集賢院奏遣漢官，翰林院奏遣蒙古官，出璽書給驛以行。中統初，遣道士或副以漢官。	《元史·祭祀志》
	元至元五年	1268 年	……，廟廢於兵久矣。國朝以來，因仍苟且，雖歲時香火不絕，而神之所棲，僅庇風雨。今聖上出內府之財，修歷代之典，經營締構者三歲。適峻極之殿成，而香幣來享，使神安新宮之潔，而歆聖祀之豐。百年廢墜，一朝而復。……。	元王沂《代祀中嶽記》
	至元二十八年	1291 年	元世祖至元二十八年，加上中嶽為「中天大寧崇聖帝」。	清康熙《嵩嶽廟史》
	元末	1370 年左右	元末兵荒之餘，存者不過百餘間。	劉敦楨《河南省北部古建築調查記》
明	太祖洪武三年	1370 年	明太祖洪武三年，詔去其前代所封名號，嵩山稱中嶽嵩山之神。	清康熙《嵩嶽廟史》
	洪武二十二年	1389 年	明洪武二十二年，修廟。	劉敦楨《河南省北部古建築調查記》
	正統三年	1437 年	正統三年，又予修治。	
	明英宗正統八年	1442 年	明正統八年，敕修嶽廟。「正統八年敕，凡嶽鎮海瀆祠廟屋宇牆垣或有損壞，即命各該官司修理」。	《大明會典》
	成化間	1464～1487 年	大明成化間，候觀鼎修。	隆慶《登封縣志》
	成化十八年	1481 年	成化十八、十九兩年，修葺寢宮。	劉敦楨《河南省北部古建築調查記》
	嘉靖四十一年	1562 年	嘉靖四十一年至四十三年，建前部天中閣。	
			嘉靖壬戌年，縣令劉汝登、屬縣經歷李元實修黃中樓，表以重臺，覆之重屋，改名曰「天中閣」。	清康熙《嵩嶽廟史》
	隆慶元年	1567 年	隆慶元年，鄧南金建「中天第一山」，「嵩高聖壽」，「嶽降賢臣」三坊。	隆慶《登封縣志》

		降慶、萬曆間	1567～1620 年	隆慶、萬曆間，又建黃籙殿於廟後，以藏道籙。	劉敦楨《河南省北部古建築調查記》
		崇禎十四年	1640 年	崇禎末，流寇蹂躪登封，前後數次，此廟復遭殘毀。	
				崇禎十四年三月，大殿毀於火，兩廡俱燼。	清康熙《嵩嶽廟史》
清		順治十年	1653 年	皇清順治十年，邑民王貢募修，規制煥然一新	清康熙《嵩嶽廟史》
		康熙二十三年	1684 年	康熙二十三年，詔直隸各省修理文廟銀照舊存留，以供修葺其五嶽五鎮四海四瀆，廟宇傾頹者，令該地方官修理以昭誠敬。	《欽定大清會典則例》
		康熙三十年	1691 年	中嶽嵩山神道碑在廟正南玉案山，康熙三十年，景日昣父景星倡眾重修。	清康熙《嵩嶽廟史》
		三十四年	1695 年	三十四年諭，凡五嶽五鎮四海四瀆神廟有傾頹者，該地方官估計價直具奏修葺欽此。	《欽定大清會典則例》
		四十二年	1703 年	四十二年，詔修嶽鎮海瀆廟宇如前諭。	《欽定大清會典則例》
		康熙五十二年	1713 年	康熙五十二年，修理。	劉敦楨《河南省北部古建築調查記》
		乾隆十五年	1750 年	乾隆十五年，高宗奉皇太后謁廟，建東側行宮。	
		乾隆二十五年	1760 年	乾隆二十五年復修葺之。	
		乾隆元年	1736 年	乾隆元年，知縣施奕簪倡捐重修，峻極殿、寢殿、長廊、兩廡、南嶽殿、遙參亭、名山第一坊，俱煥然一新。	乾隆《登封縣志》
		乾隆五十一年	1786 年	乾隆五十一年，巡撫畢沅奉敕重修，並改建四坊。	乾隆《登封縣志》